"十二五"职业教育国家规划教材
经全国职业教育教材审定委员会审定

店铺运营

（第二版）

主　编：王华新　林日银　宋夕东
副主编：马立金　赵　琪　王文慧

中国财经出版传媒集团
中国财政经济出版社

图书在版编目（CIP）数据

店铺运营 / 王华新，林日银，宋夕东主编．--2 版．--北京：中国财政经济出版社，2021.6（2025.9重印）
“十二五”职业教育国家规划教材
ISBN 978-7-5223-0484-7

Ⅰ.①店… Ⅱ.①王… ②林… ③宋… Ⅲ.①网店-运营管理-中等专业学校-教材 Ⅳ.①F713.365.2

中国版本图书馆 CIP 数据核字（2021）第 060738 号

责任编辑：陈　冰　　　　责任校对：胡永立
封面设计：华夏育林　　　责任印制：张　健

店铺运营
DIANPU YUNYING

中国财政经济出版社 出版
URL：http：//www.cfeph.cn
E-mail：cfeph@cfeph.cn

社址：北京市海淀区阜成路甲 28 号　邮政编码：100142
营销中心电话：010-88191522
天猫网店：中国财政经济出版社旗舰店
网址：https：//zgczjjcbs.tmall.com
北京鑫海金澳胶印有限公司印刷　各地新华书店经销
成品尺寸：185mm×260mm　16 开　14.5 印张　349 000 字
2021 年 6 月第 2 版　2025 年 9 月北京第 13 次印刷
定价：38.00 元
ISBN 978-7-5223-0484-7
（图书出现印装问题，本社负责调换，电话：010-88190548）
本社质量投诉电话：010-88190744
打击盗版举报热线：010-88191661　QQ：2242791300

编写说明

本书是“十二五”职业教育国家规划教材，经全国职业教育教材审定委员会审定，作为全国中等职业学校财经商贸类专业教材使用。

网店运营是系统化工作，从业者需全面掌握市场调研、店铺设计与推广、店铺促销、客服与物流等全过程的知识和技能，才有可能助力所运营的网店在激烈竞争市场上胜出。

本书引入山东福瑞达生物工程有限公司（福瑞达美业）的产品——颐莲玻尿酸补水定妆喷雾，作为贯穿始终的项目载体进行学习任务分解与设计，有利于学习者建立学习情境，以系统掌握网店运营的要领，并探究网店运营的一般规律。同时，学习过程中建立起良好的系统化思维，提升团队合作与协调能力、时间与资源管理能力、成本意识与资金管理能力、数据分析与应用能力等。

本书编写特色

- 真实项目贯穿、强调实战：本书立足于真实商业环境，引入真实企业项目贯穿始终，设置相应的实战项目与任务。统一的项目背景、真实的网店运营氛围，便于学习者系统学习并掌握网店运营的知识、技能。
- 图文并茂呈现、强调应用：本书采用图解教学的形式，图文并茂，让学习者在学习过程中更直观、更清晰地掌握网店运营的知识和技能，全面提升学习效果。
- 系统思维引导、强调协同：网店运营是一项系统工程，本书不仅教会学习者如何调研、如何开店、如何促销等具体知识和技能，更注重系统化的运营思路与方法的培养，以期达到网店运营技术技能学习与系统思维提升并重的目的。

本书编写组织

本书编写团队由来自山东商业职业技术学院的王华新、马立金，温州市职业中等专业学校的林日银，山东省潍坊商业学校的宋夕东，青岛酒店管理职业技术学院的赵琪，青岛职业技术学院的王文慧等6位教师组成。分工如下：项目一由赵琪编写，项目二由王文慧编写，项目三由林日银编写，项目四由宋夕东编写，项目五至项目七由王华新、马立金编写，全书由王华新、马立金负责统稿。本书在编写过程中得到山东福瑞达生物工程有限公司的大力支持，在此感谢其为本书提供的翔实、生动的案例资源及专业指导。

本书的配套资源，教师可以电子邮件形式向中国财政经济出版社索取（请注明学校、全书名、版次），Email：caijingjiaocai@ 163. com。配套资源亦可登录以下网址下载：http://jiaocai. cfeph. cn 或 cjjc. cfeph. cn。

尽管在编写过程中力求准确、完善，但受限于编者的专业水平，书中难免有疏漏与不足之处，恳请广大读者批评指正，在此深表谢意！

编 者

2021 年 3 月

目　录

项目一　市场调研…………………………………………………… 1

任务一　调研与分析市场…………………………………………… 4

任务二　分析商家及规划店铺……………………………………… 8

【实战与提升】　………………………………………………… 21

【思考与练习】　………………………………………………… 22

项目二　店铺搭建　……………………………………………… 23

任务一　申请与设置网店　……………………………………… 24

任务二　选用网店管理工具　…………………………………… 27

【实战与提升】　………………………………………………… 36

【思考与练习】　………………………………………………… 36

项目三　店铺视觉设计　………………………………………… 37

任务一　拍摄商品图片　………………………………………… 39

任务二　美化商品图片　………………………………………… 47

任务三　设计店铺首页　………………………………………… 57

任务四　设计店铺详情页　……………………………………… 70

任务五　设计店铺二级页面　…………………………………… 78

【实战与提升】　………………………………………………… 83

【思考与练习】　………………………………………………… 83

项目四　店铺推广　……………………………………………… 84

任务一　获得免费流量——SEO 优化　………………………… 86

任务二　采用精准推广——直通车……………………………… 102

任务三　引爆流量——智钻……………………………………… 129

任务四　利用粉丝流量——淘宝直播…………………………… 146

任务五　找人卖货——淘宝客…………………………………… 153

【实战与提升】　………………………………………………… 162

【思考与练习】　………………………………………………… 163

项目五　店铺促销活动……164
任务一　申报网店活动……166
任务二　策划与实施网店活动……175
任务三　监测与复盘网店活动的效果……188
【实战与提升】……193
【思考与练习】……194

项目六　网店客服……195
任务一　认知网店客服……197
任务二　售前客服……200
任务三　售中客服……205
任务四　售后服务……206
任务五　应用智能客服……209
【实战与提升】……213
【思考与练习】……213

项目七　网店物流……214
任务一　处理商品订单……215
任务二　选择物流方式……216
任务三　掌握商品包装的技巧……220
任务四　发货与退换货物流……222
【实战与提升】……224
【思考与练习】……224

项目一
市场调研

学习导图

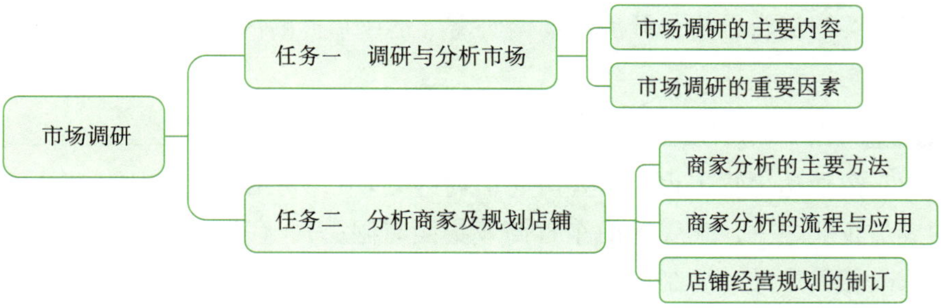

学习目标

素质目标

- □ 具备正确的世界观、人生观、价值观
- □ 强化心理抗压与解压能力
- □ 强化数据思维与互联网意识
- □ 培养创新思维与创业精神
- □ 培养科学思维与批判精神

知识目标

- □ 了解市场调研的主要内容
- □ 熟悉市场调研的重要因素
- □ 掌握商家分析的主要方法
- □ 掌握商家分析的流程与应用
- □ 掌握店铺经营规划的制订

能力目标

- □ 具备良好的团队合作与协调能力
- □ 具备良好的图文表达与沟通能力
- □ 具备良好的时间与资源管理能力
- □ 具备良好的数据采集、分析与应用能力
- □ 具备良好的成本意识与资金管理能力

电子商务相对于传统零售业来说，最大的特点就是一切都可以通过数据化来监控和改进。通过数据可以看到用户从哪里来、如何组织产品以实现较高的转化率、投放广告的效率如何等问题。基于数据分析的每一点点改变，就是一点点提升赚钱的能力，所以，网店运营前期的市场调研显得尤为重要。当用户在某网店有了购买行为之后，就从潜在客户变成了网店的价值客户。网店会将用户的交易信息，包括购买时间、购买商品、购买数量、支付金额等信息保存在数据库里，基于对网店运营数据的调研，对他们的交易行为进行分析，可以估计每位客户的价值，以及针对每位客户的扩展营销的可能性。如何在网店营运过程中使用市场调研的方法，如何应用数据对网店的商品、数量、订单以及客户进行分析是开展市场调研需要迅速掌握的内容。

项目导入

山东福瑞达生物工程有限公司（福瑞达美业），是山东福瑞达医药集团公司旗下重要的成员企业之一，隶属于山东省商业集团有限公司（简称“鲁商集团”），主要从事与化妆品相关产品的研制、开发、生产和销售。

1988 年，福瑞达医药集团开始进行透明质酸护肤品的研发。1998 年，福瑞达美业成立。在全球范围内，依托福瑞达医药集团国际领先的透明质酸（HA，又名“玻尿酸”）研究开发水平及透明质酸多领域应用的行业奠定者地位，福瑞达美业秉承匠心精神，用制药的理念研究化妆品，开创了国内透明质酸护肤品研发的先河。福瑞达美业与国家级新药研发技术大平台——山东药学科学院联合成立了“化妆品研究所”作为企业的研发中心，是国内最早进行透明质酸成分护肤品的研发、生产、品牌运营及销售的化妆品企业。

福瑞达美业也是透明质酸“原液”护肤产品的开创者和领军者，最早推出的“日抛（次抛）原液”等成分产品已成经典，引领行业且经久不衰。旗下的国内首个以透明质酸为核心成分的化妆品品牌“颐莲”，在 2003 年已经开始进行透明质酸护肤产品的生产与销售。目前，福瑞达美业除了“颐莲”品牌，还拥有高端护肤定制品牌“善颜”，专业眼护品牌“心生爱目”，精准修护品牌“瑷尔博士”等品牌，年销售额达 3 亿多元。

山东福瑞达生物工程电商营销部是以颐莲系列品牌化妆品为主的集团主要销售部门，是成立于 2010 年顺应时代发展的新兴销售渠道。电商营销部下有以阿里系、京东、直播商橱、社交平台商城、分销商为主的多平台网络销售渠道，力求全面覆盖电商渠道，形成立体化网销矩阵。

自 2010 年成立以来，电商营销部连续 8 年销售增长率超过 30%，承接了颐莲品牌 70% 左右的销售，2016—2018 年连续 3 年承接了福瑞达生物工程公司 50% 左右的销售。2011 年创造了成交金额同期增长 600% 以上的销售记录。同年开展颐莲品牌打造，获得阿里巴巴集团天下网商财富榜最佳传统型网商称号。

2012—2017 年电商营销团队快速成长稳步突破，拓展了除阿里系之外的网络销售渠道，创造了一个个销售高点。立体化网络销售矩阵基本成型，实现销售增长率年年攀升。同时颐莲品牌正式打响，跻身美容护肤行业销售前 200 名，大大提升了品牌知名度和产品铺货量。

2018 年电商营销部在达成 190%（为旗舰店的数据）同比增长的同时，成功打造出 4 款销售过百万、代表公司美容护肤品科研水平的明星产品，其中玻尿酸补水喷雾连续 2 年蝉联阿里系补水喷雾类目销量冠军，玻尿酸多重修护原液在精华类目名列第 3。

电商营销部在销售额稳定增长的同时，不断开拓创新，2019 年与颐和园文化 IP 达成合作，作为国产护肤科技的代表品牌参展中法文化建交巴黎展会，在互联网渠道打造有影响力的国产科技美容护肤品牌，跻身“知名品牌”行列。

项目任务

颐莲店铺主营产品是以玻尿酸添加为主的功效护肤产品，涉及精华、原液、面膜、水乳套装、身体护理、喷雾等。颐莲玻尿酸补水定妆喷雾是颐莲品牌最近重点打造的爆款产品之一，属于高客单价商品。其主要功效为：补水、保湿、舒缓肌肤；适合肤质为所有肤质；分为 300ml 与 450ml 两种包装（见图 1－1）。

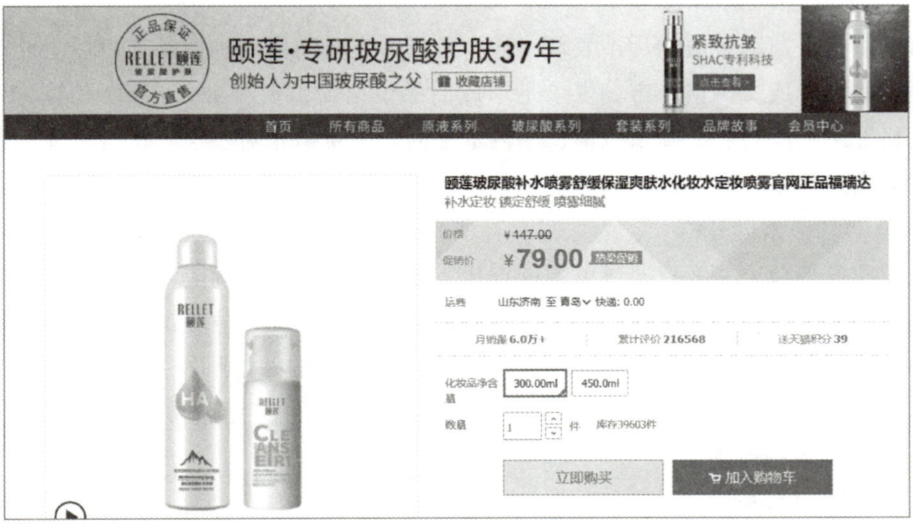

图 1－1　颐莲玻尿酸补水定妆喷雾产品详情页

该商品自 2016 年 6 月上线以来通过多种途径进行推广促销，为了更好地制订店铺经营规划，需要对化妆品市场进行市场认知和市场调研，并以此为基础进行商家分析及店铺经营规划的制订。

任务一 调研与分析市场

微课：市场认知与市场调研分析

电子商务公司在制订营销战略和营销组合策略时，需要考虑战略方面和策略方面的问题。在战略方面，首先要考虑细分市场，包括细分市场的需求和欲望、细分市场的大小和可接近性、怎样选择细分市场、选择哪些细分市场作为目标市场等；其次要考虑竞争对手，包括竞争对手是谁，我们和竞争对手之间的差异；最后要考虑定位，即采用什么样的产品和定位来满足细分市场的需要。在营销战略确定之后，就要解决营销组合策略的问题，也就是根据细分市场和定位，来确定产品、价格、渠道和促销。每一个问题的解决都需要决策，而在决策之前就需要进行市场调研。

一、市场调研分析的内容和步骤

（一）市场调研分析的主要内容

1. 消费者人群特征分析

消费者人群特征分析是从多个维度对消费者人群进行分析，然后总结出消费者全貌的过程。消费者人群特征分析的常见维度有购买能力、购买次数、性别、年龄、地域、使用终端等。对消费者人群特征进行归类分析，能够形成消费者人群画像，帮助企业了解消费者人群特征。

2. 市场同类产品价格段分析

市场价格是商品价值的货币表现，通常是指一定时间内某种商品在市场上形成的具有代表性的实际成交价格。市场供求是形成商品价格的重要参数，当市场需求扩大时，商品价格处于上涨趋势，高于价值；当供求平衡时，价格相对稳定，符合价值；当需求萎缩时，商品价格趋跌，低于价值。

3. 消费者搜索词分析

电子商务平台上，客户通过关键词查找所需的商品而产生的流量往往在店铺整体流量中占据很大的比重。因为搜索即入口，通过优化关键词、投放关键词广告，就能提升产品的曝光机会。在企业电子商务经营活动中，最常见的关键词推广方式即淘宝/天猫直通车，在进行关键词推广效果分析过程中，其分析的流程通常是：展现量、点击（率）、花费、投入产出比。

4. 市场产品分析

产品数据分析是指通过产品在其生命周期中各个阶段的数据变化来判断产品所在阶段，指导产品的结构调整、价格升降，决定产品的库存系数以及引进和淘汰，并对后期产品的演进进行合理的规划。具体包括收集用户对产品需求的偏好；整理分析需求偏好，提出产品开发的价格区间、功能卖点、产品创新、包装等建议；树立用户对产品及品牌持久的黏性。

（二）市场调研分析的步骤及主要指标

1. 市场调研与分析步骤

市场调研分析可以分为以下六个步骤：

第一步，确定分析目的。要进行市场调研分析，首先就需要明确分析的作用，因为调研分析根据其作用的不同，类型也不同：如果作用侧重于发现事物新的属性、规律，则是探寻式分析；如果作用侧重于验证某件事物的真假情况，则是验证性分析；如果作用侧重于更加客观地描述事物，则是描述性分析。其次还需要明确分析的对象，是商业、学术还是其他。在清楚对象的前提下还要明确基于此对象分析的目的，不同目的调研方法和渠道是不一样的，使用的分析手法也不同。

第二步，采集调研数据。在明确市场调研与分析的目的后，就可以开始着手进行调研数据的采集。通常，市场调研分析的数据来源如下：

（1）自家网店的后台数据库。在没有购买数据分析软件的情况下，淘宝卖家也可以查看自家店铺的数据，方法是依次找到“我是卖家”—“我的快捷菜单”—“店铺营销中心”—“数据中心”，就可开始查看店铺数据了。其他类型网店经营者也均有后台数据库。

（2）淘宝集成的软件。利用淘宝集成的相关软件来获得相关的网店数据是搜集数据的重要方法。例如淘宝“生意参谋”是市场调研分析最常见的工具之一，在“生意参谋”中的“经营概况”中可以看到网店的访客数、浏览量、支付金额、支付转化率、客单价、退款金额和服务态度评分等的数据。

（3）互联网。在互联网高速发展的时代，网络上发布的数据越来越多，例如国家及地方统计网站、行业网站、政府机构网站、传媒网站等，从这些网站的数据中都可以得出与行业相关的动态。

（4）行业市场调查。行业市场调查就是指用可实施的方法，有目的、有系统地搜集、整理有关市场营销的信息与资料，分析市场情况，了解市场现状及其发展趋势，为市场预测和营销决策提供客观、正确的数据资料。行业市场调查可以弥补其他数据搜集方式的不足，但是进行行业市场调查的缺点是调查所需要的费用较高，因此不太适应中小规模的网店。

第三步，调研数据加工。初步搜集到的调研数据往往是数量大、杂乱无章、没有顺序可言的，如果直接在此基础上进行调研分析，就会无形中增加分析的难度，难以高效率地推导出所期望的、具有一定意义和价值的结果。调研数据加工的方法有多种，例如可以将搜集到的数据进行分组、排序、筛选，或者是简单计算以便下一步高效进行等。在进行调研数据分析时，Excel 就是一个既实用又功能强大的工具。

第四步，分析调研数据。分析调研数据需要通过分析手段、方法和技巧对准备好的数据进行探索、分析，从中发现因果关系、内部联系和规律，为商业目的提供决策参考。分析调研数据涵盖了方差分析、因子分析、回归分析、主成分分析、聚类分析、逻辑回归等方法，工具也可能涉及专业的分析软件 SPSS，EViews 等。但是对于一般的网店卖家来说，只要用 Excel 表进行简单操作分析即可。

第五步，表现结果。调研分析的结果要遵循以下原则：能用图及图表说明问题的就不用表格，能用表格说明问题的就不要用文字。通常情况下，调研分析最常用的表现形式是图表。常用的数据图表包括饼图、柱形图、条形图、折线图、散点图、雷达图等。

第六步，得出结论。市场调研分析的结论需要有完整的分析框架，层次清晰，让阅读者一目了然；要结构清晰、主次分明，以便阅读者正确地理解报告内容；图文并茂，令数据更加生动活泼，提高视觉冲击力，有助于阅读者更形象、直观地看清楚问题和结论，从而产生思考；市场调研与分析的结论要明确清晰，最好是在包含结论的同时也包含建议或解决方案，以便在决策时做参考。

2. 网店运营从认识指标体系开始

网店的指标有很多种类，具体包括流量类指标、转化率指标、成交类指标等，指标分类详解见表1－1、表1－2。

表1－1　网店流量指标

流量指标	指标解释
PV（浏览量）	店铺内页面被点击的数量，点击一次就被记为一次浏览（PV），一个用户多次点击或刷新同一个页面，就会被记为多次浏览（PV）
UV（访客数）	店铺各页面的访问人数。在所选的统计时段内，如果同一访客多次访问会自动进行去重计算
纯PV	总PV减去广告弹窗、站外广告等PV后剩下的PV。纯PV反映的是用户的主动行为
纯UV	减去广告弹窗、站外广告等页面的访问后，剩余页面访问者去重后的访问者之和
宝贝页UV	访问该宝贝页面的访客数
到达页浏览量	通过该来源给店铺入口页面带来的查看次数
页面平均停留时间（秒）	用户平均浏览店铺单个页面花费的时间
人均店内停留时间（秒）	平均每个用户连续访问店铺的时间
店铺收藏访客数	将店铺加入自己收藏夹内的访客数量
宝贝收藏访客数	将店铺内宝贝加入自己收藏夹内的访客数量
回头客数量	在特定的一段时间内有过两次购买记录的顾客数量
回访客比例	在特定的一段时间内有过两次以上访问店铺的顾客数量比例。回访客比例＝回访客数量/访客数量
跳失率	顾客从登录页面进入店铺后，不是继续访问店铺的其他页面而是关闭了当前页面去了另外店铺的人数比率。跳失率＝跳失人数/登录页面的访问人数
跳变率	顾客从登录页面进入店铺后，离开当前页面，但是继续访问了店铺其他页面的人数比例。跳变率＝跳变人数/登录页面的访问人数
平均访问页面数	平均每个顾客访问店铺的页面数量。平均访问页面数＝总访问数/UV（访客数）

表 1－2　网店分析其他指标

其他指标	指标解释	
转化率类指标	成交转化率	店铺成交访客数量占总访客数量的比例。成交转化率 = 成交人数/访客数
	静默转化率	没有咨询客服直接下单购买商品的顾客比例
	访客—咨询转化率	来店铺访问的顾客中主动咨询客服的人数比例
	咨询—成交转化率	来店铺访问并且主动咨询客服的顾客中成功下单交易商品的顾客人数比例
	新顾客成交转化率	第一次在店铺下单购买商品的顾客人数比例
	老顾客成交转化率	曾在店铺发生过交易，并且再次下单购买商品的用户人数比例
成交率类指标	总成交数	在特定的时间内所有成功交易的订单数量
	平均访客价值	平均每个访客带来的销售额，平均访客价值 = 销售额/访客数
	客单价	客单价 = 成交总金额/成交用户数
	人均成交件数	平均每个用户所购买的宝贝件数。人均成交件数 = 总成交件数/成交用户数
	人均成交笔数	平均每个用户购买的交易次数。人均成交笔数 = 支付宝交易笔数/成交用户数
	宝贝成交均价	宝贝平均成交的价格。宝贝成交均价 = 总成交金额/成交宝贝件数
	重复购买率	一段时间内有过重复购买的顾客数比例

二、市场调研分析的重要因素

1. 电子商务市场调研分析需要商业敏感

电子商务公司的市场调研分析师像老板的军师，必须有从枯燥的调研数据中解开市场密码的本事。例如，具有商业意识的调研分析师发现，网站上的婴儿车的销售增加了，那么他基本可以预测奶粉的销量也会跟上去。网站上的产品发挥的作用并不一样，有的产品是为了赚钱，有的产品是为了促销，有的产品是为了吸引流量，不同的产品在网站上摆放的位置是不一样的。一个敏感的商业调研分析师要懂得用什么样的数据实现公司的目标。一家刚进入市场的 B2B 公司和已经占领大部分市场的 B2B 公司的目标是不一样的，前者是看流量赚人气，后者对流量并不看重，更看重的是交易转化率及回头率。

2. 电子商务调研分析衡量指标的设定

指标是让我们更好地从数据量化的层面来了解运营的状况。网站分析采用的指标多种多样，根据网站的目标和网站的客户的不同，可以有不同的指标来衡量。常用的网站分析指标有内容指标和商业指标。内容指标指的是衡量访问者的活动的指标；商业指标是指衡量访问者活动转化为商业利润的指标。电子商务的数据可分为两类：前端行为数据和后端商业数据。前端行为数据指访问量、浏览量、点击流及站内搜索等反映用户行为的数据；后端商业数据有交易量、投资回报率以及全生命周期管理等。

3. 某些指标异常变化的原因分析

网站的某些指标的异常变化是外界市场变化的客观反映，网站的数据分析人员一定要引起注意。例如 PV 减少（异常），那就要分析用户是搜索来源减少还是直接访问减少？若是搜索减少就要观察用户的关键字、搜索引擎等。对于一些数据的异常增加或减少，一定要分析其产生的原因与市场时机，这对平台以后的发展及政策导向非常有借鉴意义。

4. 利用调研分析用户的行为习惯

市场调研分析应该分两个层次：第一，网站调研分析，是针对产品而言。就围绕产品如何运转做封闭路径的分析，得出产品的点击是否顺畅、功能展现是否完美。第二，研究客户的访问焦点，挖掘客户潜在需求。如果是以交易为导向的电子商务网站，就是要研究如何高效地促成交易。用数据来分析用户的心理和消费习惯，数据会告诉你用户需要什么。当然利用调研数据整合分析也是必然的，据此做出针对性的方案来改善用户体验，确定基本的产品定位及相关推广活动。

5. 客户的购买行为分析

当用户在电子商务网站上有了购买行为之后，就从潜在客户变成了网站的价值客户。电子商务网站一般都会将用户的交易信息包括购买时间、购买商品、购买数量、支付金额等信息保存在自己的数据库里面，所以对于这些用户，可以基于网站的运营数据对他们的交易行为进行分析，以估计每位用户的价值及针对每位用户扩展营销的可能性。客户的购买行为分析，如传统的 RFM 模型，会员聚类，会员的生命周期分析、活跃度分析等，这些对网店运营都是非常重要的。

任务二　分析商家及规划店铺

微课：商家分析及店铺经营规划

商家分析是指为了一定的商业目的，对网店商品的市场行情、销售的个性化营销、商品的风格属性等相关内容所进行的分析。通过综合分析，使得众多分散的市场信息相互融合，互为补充，辅助电商企业进行决策，如是否应进入该行业、如何制定销售目标、如何安排营销节奏等。网店的访客数和网店的营业额有着紧密的联系。访客数增加营业额不一定提升，但是如果访客数很少，则营业额一定不会高。而影响访客数首要的因素就是店铺属于什么行业，里面卖的究竟是什么东西。只有选择适当的行业，卖广大客户所需要的东西，开网店才会事半功倍。

一、商家分析主要数据采集平台

分析一款商品的市场行情的流程是：找到数据并进行简单的整理然后再进行数据分析，分析出不同行业商品的市场需求量及盈利大小。分析市场所需要的数据就是相关商品在某一时间段的市场成交量、交易额数据。采集数据的方法有多种，淘宝提供两个平台：

1. 生意参谋市场洞察

生意参谋市场洞察是一款为中高端商家打造的市场分析数据产品，可满足市场大盘全景洞察、市场机会深度解析、市场客群多维透视、竞对实时监控分析四大核心场景的分析诉求，帮助店铺清晰了解市场结构，深度挖掘潜客需求，为市场扩展提供支持决策。

（1）掌控市场大盘。秒级实时市场大盘监控、本店层级监控、行业 TOP 排行等；快速了解行情动态；支持同周期对比，最长可查三年数据。

（2）发现市场黑马。对行业 TOP 商家/商品/品牌排行实时监控与分析，智能识别高潜力对手，实时监控竞争动态，帮助店铺快速超越竞争对手。

（3）开拓市场机会。对行业客群、搜索客群、品牌客群、属性与产品分析等深度解析，支持在线多维客群透视，轻松锁定热门人群特质及人群变化趋势，挖掘市场红蓝海。

2. 阿里指数

阿里指数以阿里电商数据为核心，面向媒体、市场研究员以及社会大众提供的社会化大数据展示平台。该平台提供地域、行业等角度指数化的数据分析，作为市场及行业研究的参考、社会热点的洞察工具。

（1）区域指数。通过区域指数，可以了解一个地方的交易概况，发现它与其他地区之间贸易往来的热度及热门交易类目，找到当地人群关注的商品类目或者关键词，探索交易的人群特征。

（2）区域贸易往来。可以查看当前选择省份与全国各省间交易情况，查询交易热度及热门类目分布。

（3）热门类目。可以查看不同省份的地域热门交易二级类目；包括东部的浙江、中部的安徽、南部的广东、西南的四川、有地方特色的海南，了解典型地区特色。

（4）行业指数。通过行业指数，可以了解一个行业的现状，获悉它在特定地区的发展态势，发现热门商品，知晓行业下卖家及买家群体概况。

二、商家分析的流程与应用

商场如同战场，如果不清楚市场行情，没有进行自我分析而盲目地选择一个市场进行财力、人力、物力的投资，最后很可能以失败告终。在确定目标之前，先要考察清楚市场的蛋糕究竟有多大，而自己又能分到多少。市场就意味着需求，有买家有需要，才能从中赚取利润。

（一）对市场进行分析

市场分析的方法有多种，要想比较全面地了解大众对各商品的关注程度，可以通过查看百度指数这样的第三方数据平台实现。百度指数是通过用户的搜索行为、点击行为、输入的关键词等信息来为使用者提供大量参考数据，从而帮助使用者进一步了解行业动态、自身竞争力、消费者的喜好、大众对不同产品和市场的关注度等。

1. 分析不同品牌/行业市场热度变化

利用百度指数可以通过输入品牌/行业关键词，自由选择时间为 7 天或者 30 天，查看在一定地域范围内的大众热度的变化。

图 1 - 2 为百度指数的热点趋势图，显示的是两个化妆品品牌（颐莲、雅漾）在最

近 30 日内及全国范围内大众对其搜索热情的变化曲线以及搜索指数概览情况。

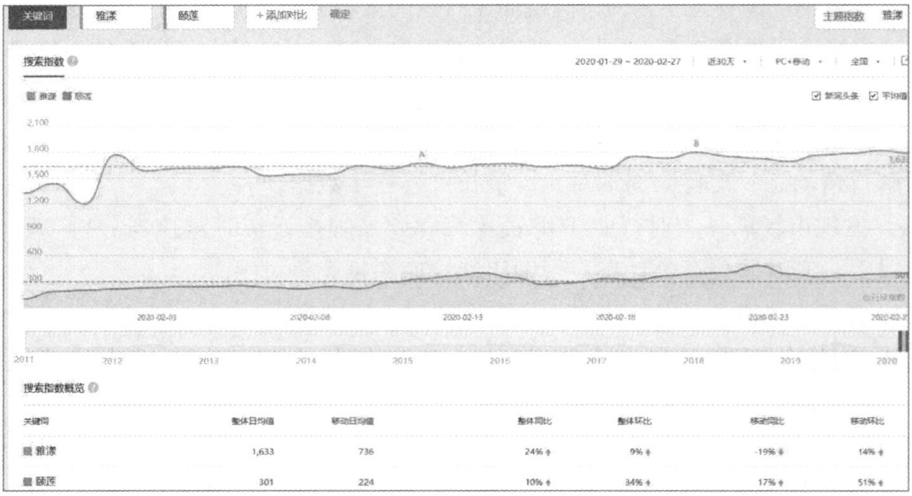

图 1－2　百度指数——热点趋势

2. 分析不同品牌/行业在不同区域的指数变化

在百度指数中不仅可以通过关键词查看不同品牌的指数情况，还可以通过地域的不同来查看不同品牌的指数概况。

图 1－3 所示展示了两个化妆品品牌在全国主要省份的用户搜索变化情况。清楚地展现了不同地区对特定的化妆品品牌用户的关注变化情况。该结果可以使得广告投放效果更为精准。

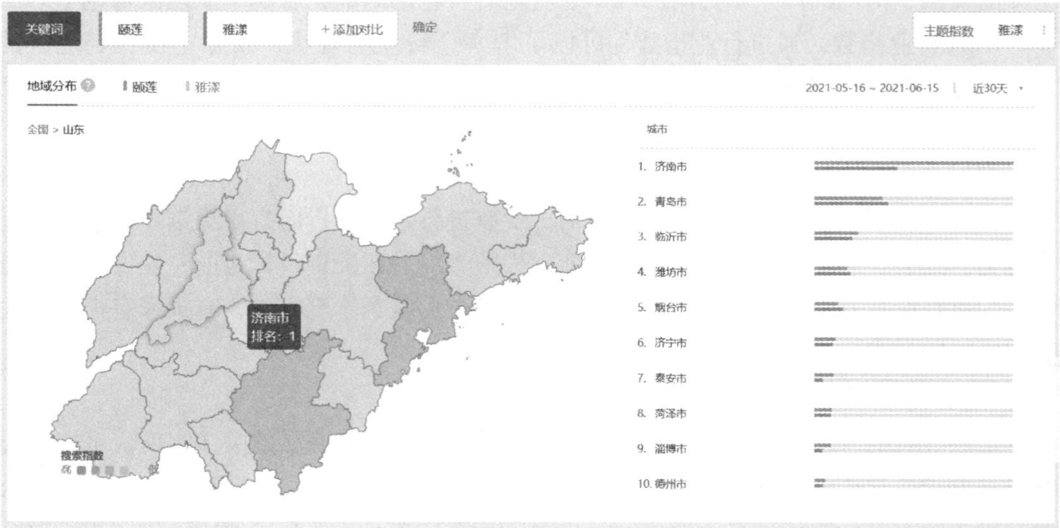

图 1－3　百度指数——地域分布

3. 分析用户需求的变化

为网店选择市场，最需要考察的就是用户的需求。在百度指数中就有关于用户需求的数据图表。图 1－4 反映的是雅漾品牌的月度需求变化情况，从中可以分析出店铺的营销推广手段和方向。

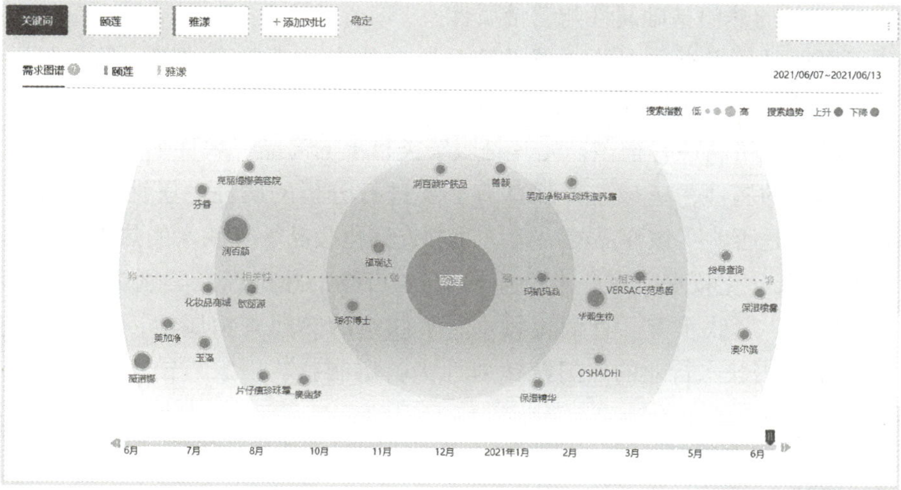

图 1－4　百度指数——用户需求变动情况

（二）对经营商品进行分析

做好网店商品的个性化营销，可以帮助卖家节约营销费用、赢得更多买家。以下我们以一款商品为例进行说明。

有一款爽肤水喷雾售价是 99 元，面向顾客年龄在 30 岁左右。考虑到营销成本问题，卖家需要有针对性地发送这款商品的营销短信给顾客。但是卖家并不确定所要发送短信的目标顾客是什么样的顾客群体，也不清楚这个售价是否恰当，是否会被自己的顾客群体所接受，这就需要进行商品人群定位分析。

1. 分析商品的大致市场行情

在网页中打开“阿里指数”网页，然后在“关键词”文本框中输入“化妆水”“爽肤水”这样的关键词搜索，就会出现相应的市场趋势图。将时间选择为半年，查看一定时段化妆市场趋势（如图 1－5 所示）。春节过后面部护理类美容护肤产品市场开始回暖，除去“双 11”的搜索指数偏高外，市场将保持热搜一段时间。所以卖家可以据此制订化妆品、爽肤水的短信营销计划。

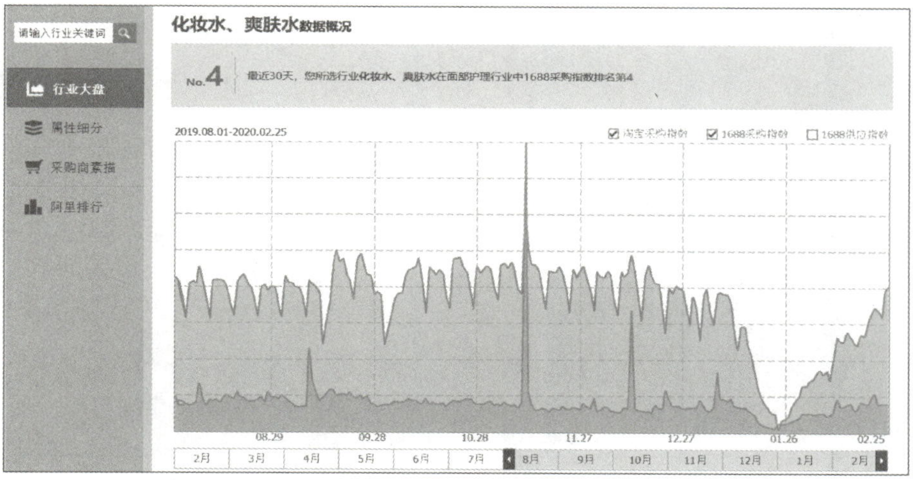

图 1－5　化妆水、爽肤水的市场趋势

2. 了解商品的热门基础属性与营销属性

网店可以通过阿里指数中的“属性细分”功能来分析搜索关键词的相关属性，具体包括热门基础属性、热门营销属性和价格带分布。

网店商品的风格属性有很多，尤其是服装类目下的商品，属性多达几十种，所以卖家分析网店商品的属性，应该选择那些有必要进行分析的属性。属性对买家来说很重要，可影响买家是否购买该商品的决策。通过查询化妆品、爽肤水的热门基础属性可以得知，最近 30 天，化妆水、爽肤水行业在 1688 市场的热门产品类别为：喷雾、纯露、柔肤水、洁肤水、紧肤水等。查询化妆水、爽肤水的热门营销属性，可以查询到最近 30 天，化妆水、爽肤水行业的热门营销属性为：定制款、厂家直销、产地货源与网店代理（见图 1－6）。

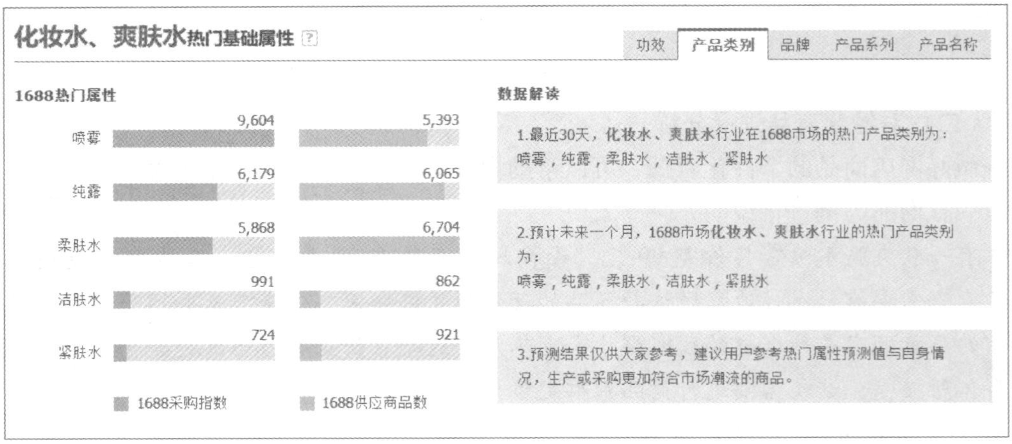

图 1－6　网店商品热门基础属性

网店在分析商品市场价格时，一个很重要的依据是消费者，消费层次和价格承受能力，以此为标准来确定相应的价格带（见图 1－7）。

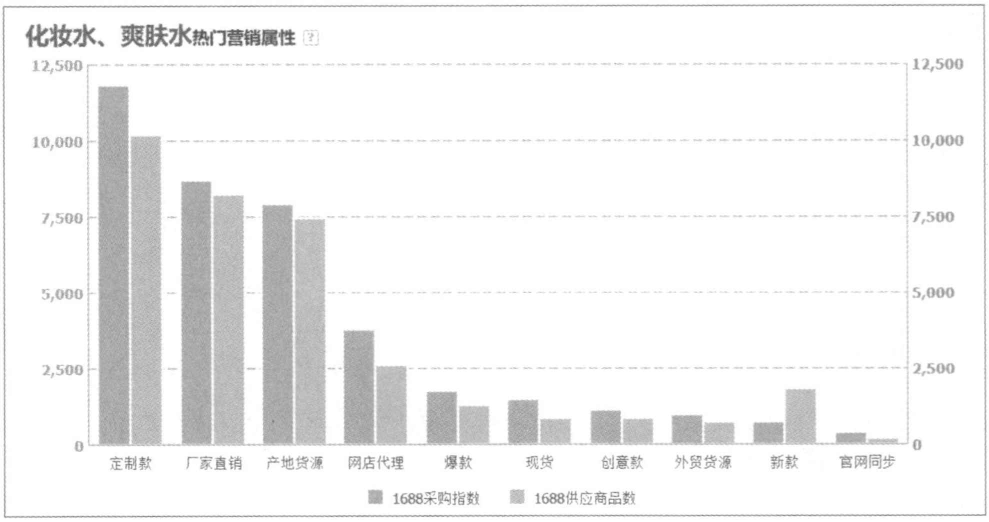

图 1－7　网店商品热门营销属性

3. 了解商品的价格带分布

通过查询商品的价格带分布，可以得知，最近30天，1688市场的化妆水、爽肤水行业，买家浏览最多的商品价格带为4.5～10元，采购最多的商品价格带为4.5～10元（见图1－8）。

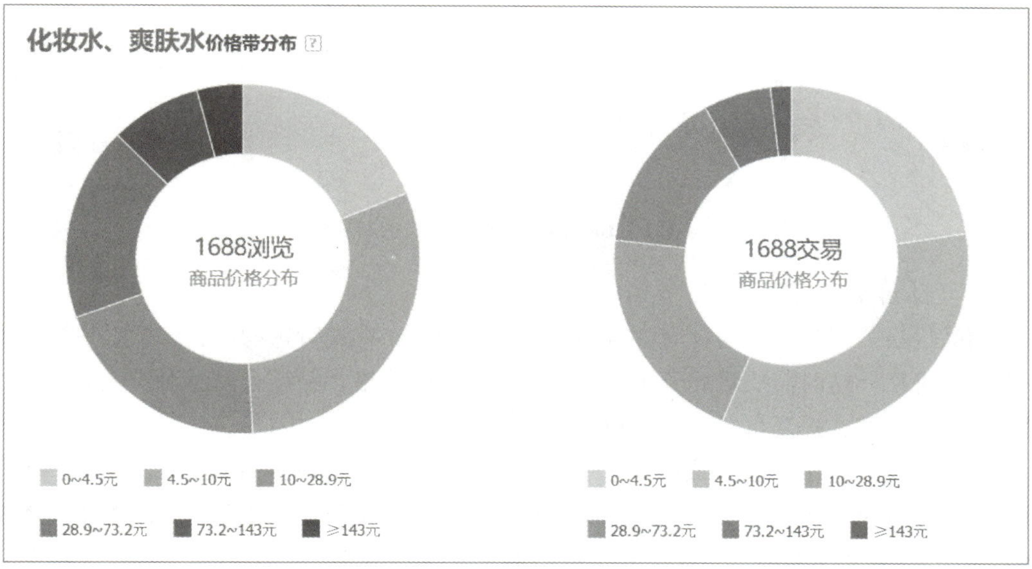

图1－8 网店商品的价格带分布

（三）对竞品进行分析

竞品分析就是对竞争对手的商品进行分析。通过竞品分析，可了解自身网店商品的市场份额和竞争力，有助于及时调整商品布局及营销策略。

“店侦探”是一款能全面跟踪天猫淘宝店铺的运营数据工具，提供爆款关注、标题改动跟踪、改价跟踪、淘宝活动跟踪、自然搜索排名跟踪、直通车关键词排名跟踪等功能（见图1－9）。通过店侦探软件，可以实现对监控店铺的整店情况进行分析，也可以对监控宝贝的情况进行分析（见图1－10）。

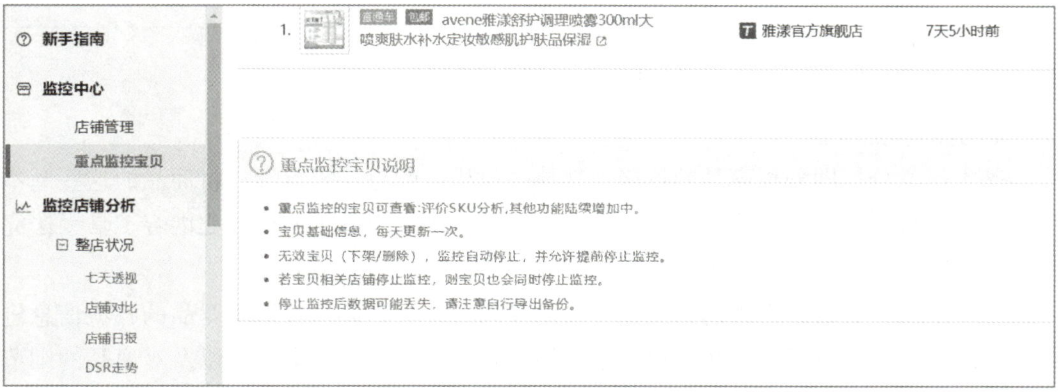

图1－9 店侦探监控店铺分析

图 1－10 店侦探监控宝贝分析

1. 竞品价格分析

商品价格是多数客户购物时参考的一个重要指标。在进行选购前，多数客户已经有一个心理价格，这时需要对比分析自身商品和竞品的价格，并结合商品对应人群，进行商品价位的调整，提高自身商品的转化率。

使用店侦探软件，添加监控店铺为：雅漾官方旗舰店；添加监控宝贝为 avene 雅漾舒护调理喷雾 300ml。查询店侦探中监控店铺分析—宝贝分析—宝贝列表，选择“促销分析”，可以查看竞品的原价及促销价格的基本走势。从图 1－11 可以看出，竞品的价格集中在 180 元左右。

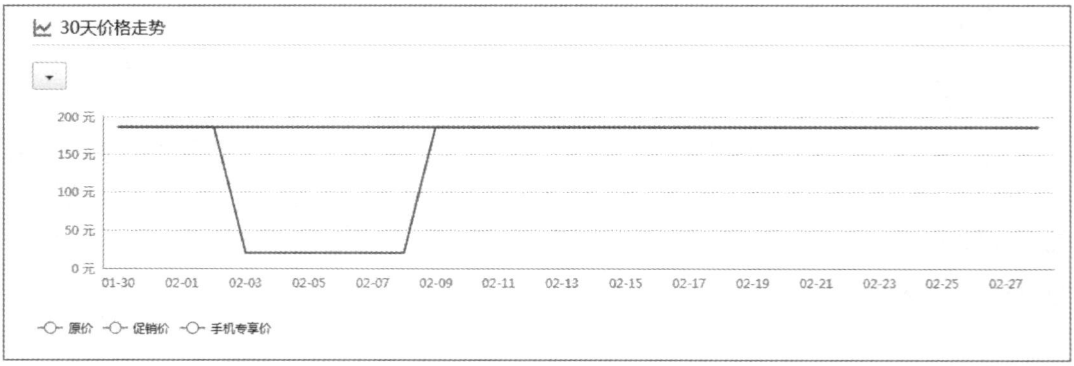

图 1－11 竞品价格分析

2. 竞品卖点分析

基本信息分析即分析商品的价格、功能、材质、颜色、卖点等，将商品的这些基本信息一一进行列举对比，这一部分是竞品分析的基础。因其中的个性化内容工具无法完全抓取，需要人工进行观察采集。

基本信息分析较为直观的方式是查看竞品的详情页，详情页对于竞品的各项信息进行了详细的展示。还可以关注竞争对手近期是否有详情页活动海报，以及对商品的细节展示是否恰到好处，对商品卖点的描述是否简单明了。可通过对比找到竞品详情页值得学习的地方，从而借鉴运用。

打开店侦探软件，选择监控中心—重点监控宝贝，可以查询竞争店铺的商品详情页。图 1－12 为竞店商品详情页。

图 1－12　竞品卖点分析

3. 竞品评价分析

综合比较网店商品和竞品的客户评价，找出竞品客户认可的部分及网店商品不足的部分进行分析，引导网店商品及服务改良或创新。淘宝店铺中 DSR 评分是淘宝店铺动态评分。淘宝店铺动态评分是指在淘宝网交易成功后，买家可以对本次交易的卖家进行如下三项评分：宝贝与描述相符、卖家的服务态度、物流服务的质量。可以通过对竞店 DSR 评分的查询，综合比较网店商品和竞店的客户评价得分情况（见图 1－13）。

打开店侦探中监控店铺分析—整店状况—DSR 走势，可以查询竞争店铺的 DSR 评分情况。

图 1－13　竞品评价分析

4. 竞品推广渠道及转化分析

分析竞店开展了哪些促销推广活动，以及参加各类活动的商品数。持续追踪，分析促销推广活动的频度、深度和效果，结合自身网店的实际情况，制定适当的促销推广策略。

从店侦探上下载的数据，通过分析后得出图 1－14 是自己店铺与竞店的宝贝对比，从图中可以看出两个店铺在总宝贝数、总引流宝贝、直通车宝贝的数量对比，在搭配减、免邮、聚划算等推广渠道上的对比。

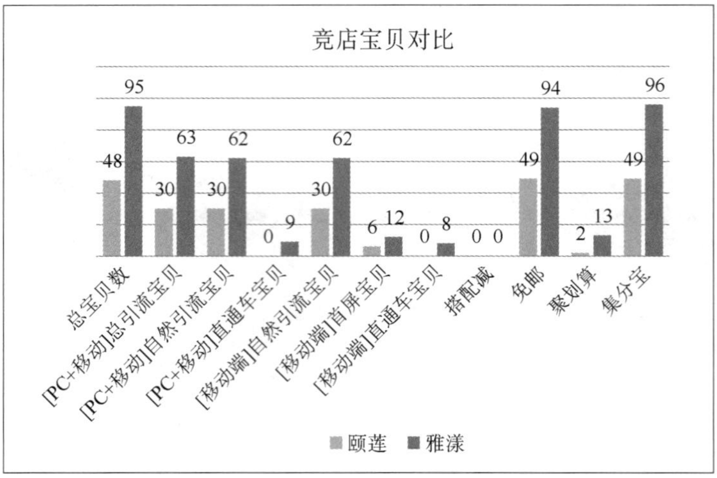

图 1－14　竞品推广渠道分析

5. 优劣势分析

进行竞品分析最重要的目的是提升自身网店商品的销量，因此，销量分析是竞品分析的重点。可以整理自己店铺商品及竞品同一时间段的销售数据，并对两款商品的销售数据进行比较，分析自身处于优势还是劣势，有哪些不足之处。

查询店侦探中监控店铺分析—宝贝分析—宝贝列表，选择日销量分析，可以查询监控宝贝的 30 日成交趋势分析。

图 1－15 中是两店的 30 日成交趋势分析。

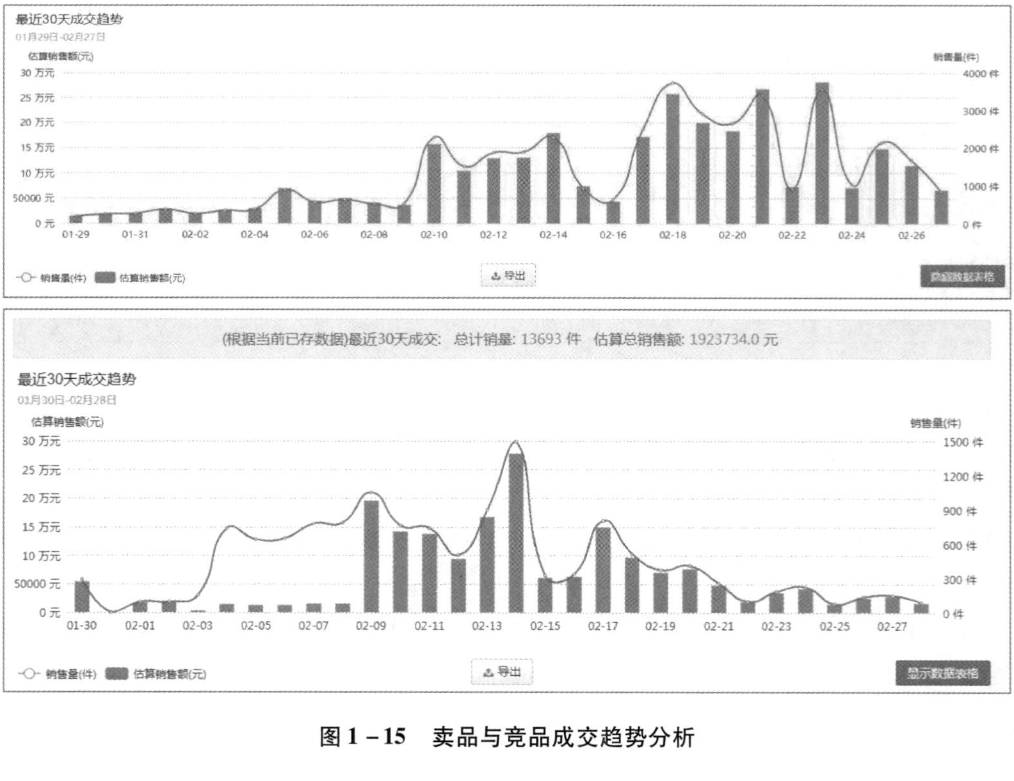

图 1－15　卖品与竞品成交趋势分析

对竞品进行分析也可以应用生意参谋软件竞争模块。设置通过生意参谋软件竞争模块—竞品分析—关键指标对比，设置雅漾舒护调理喷雾为竞品，我们可以得到两种产品的流量指数、交易指数、搜索人气、收藏人气等核心指标的对比（见图1－16），通过竞争模块—竞品分析—入店搜索词，可以查看两种商品的顾客入店搜索的关键词及访客数（见图1－17），通过竞争—入店来源—访客数，可以查询到两种商品的主要入店来源都是手淘淘宝直播（见图1－18）。

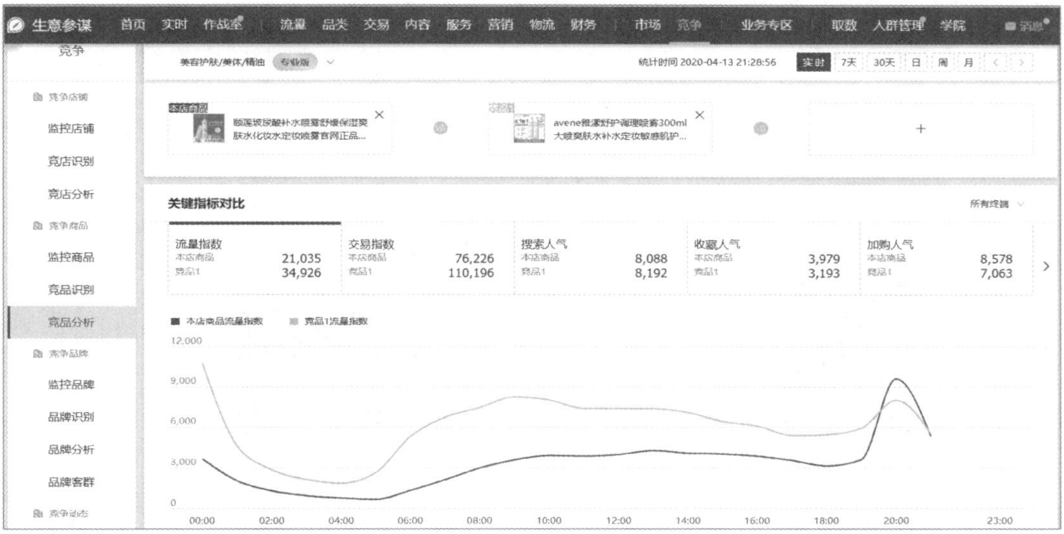

图1－16　关键指标对比

本店商品 关键词	访客数	竞品1 关键词	访客数
颐莲	763	雅漾旗舰店官网正品	1,360
颐莲喷雾	731	雅漾	886
补水喷雾	718	雅漾喷雾	773
颐莲旗舰店	369	补水喷雾	274
喷雾补水	324	喷雾	211
颐莲旗舰店官网正品	254	喷雾补水	178
喷雾	241	定妆喷雾	118
保湿喷雾	198	保湿喷雾	113
爽肤水	144	爽肤水	106
颐莲补水喷雾	143	雅漾喷雾300ml	73
定妆喷雾	103	avene	38
补水喷雾女 保湿补水	57	雅漾补水喷雾	32
化妆水	38	补水保湿水	30

图1－17　入店搜索词对比

图 1－18　入店来源对比

视频：家居产品网店数据营销体系的构建策略

拓展阅读：家居产品网店数据营销体系的构建策略

三、店铺经营规划的制订

在市场调研和竞品分析的基础上，制订店铺经营规划，还需要重视客户价值评估、客户画像分析、转化率以及 ROI 等核心内容。

1. 客户价值评估是网店经营的核心

当客户在网店有了购买行为之后，就从潜在客户变成了网站的价值客户，可以基于网店的销售数据对客户的交易行为进行分析，来估计客户的价值。RFM 模型是衡量客户价值的重要工具与手段之一。RFM 模型主要由三个指标组成：最后一次消费（Recency）、消费频率（Frequency）、消费金额（Monetary）。在三个指标数据基础上计算每个指标数据的均值为 AVG（R）、AVG（F）、AVG（M），最后通过将每位客户的三个指标与均值进行比较，可以将客户细分成 8 类（见表 1－3）。

表 1－3　网店客户类型细分

重要保持客户	一般保持客户
重要挽留客户	一般挽留客户
重要价值客户	一般价值客户
重要发展客户	一般发展客户

通过前面的分析，基本得出了商品的人群定位。

以颐莲玻尿酸补水定妆喷雾所进行的“喷雾推广规划”活动为例，结合前期调研结果，进行上市初期市场调研与竞品分析的具体操作如表1－4所示。

表1－4　市场调研与竞品分析的具体操作

流程	上市初期市场调研	竞品分析
具体操作	通过进行上市初期市场调研与分析，确定目标人群为20～29岁，以办公室白领与学生为主，定价确定在79元这个价格段竞争较弱的区间，主打性价比，核心搜索词以补水喷雾为主	通过进行竞品分析，确定竞品为雅漾，针对雅漾温泉水，添加冰川水，同时颐莲定位玻尿酸护肤，添加玻尿酸成分。以价格为优势，主打科技感，强化产品使用体验，故喷头从德国进口，保证用户体验

2. 客户画像分析是网店经营的依据

客户画像又称客户角色，作为一种勾画目标用户、联系用户诉求与设计方向的有效工具，客户画像在电子商务领域得到了广泛的应用。基于RFM模型从基本属性、消费偏好和消费能力等方面对用户进行画像。

重要保持客户对网店的价值最高，客群特点是活跃度高，贡献度大，对价格不敏感，喜好定制产品等。对客群的营销建议是，在保证客户体验的前提下，尽可能地触达用户促销及产品信息；关注此类用户的购物体验，可通过电话访问形式，了解用户需求。

一般保持客户的特点是活跃度高，购买相对频繁，对促销比较敏感，喜欢简易类商品。对该客群的营销建议是，主要通过促销活动吸引这部分客人到店消费，由于这部分客人非常活跃，可通过小激励手段，让其帮助网店营造品牌形象，如转发微博、评论送积分等。

以颐莲玻尿酸补水定妆喷雾为例，通过生意参谋软件，从市场模块—行业客群与客群透视模块我们可以得知，该款商品的顾客的主要构成为18～30岁的女性公司职员、学生等客群。因此，旗舰店铺搭建的平台应该选择客户更喜欢的、更为聚集的平台（淘宝、天猫等），后期店铺视觉营销、店铺推广与促销活动等活动也均需要围绕该客群群体展开（见图1－19、图1－20）。

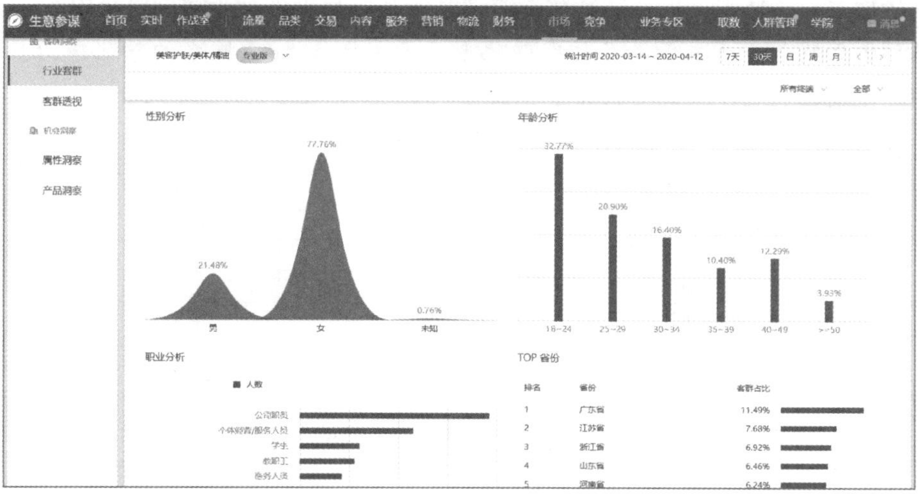

图1－19　市场——行业客群

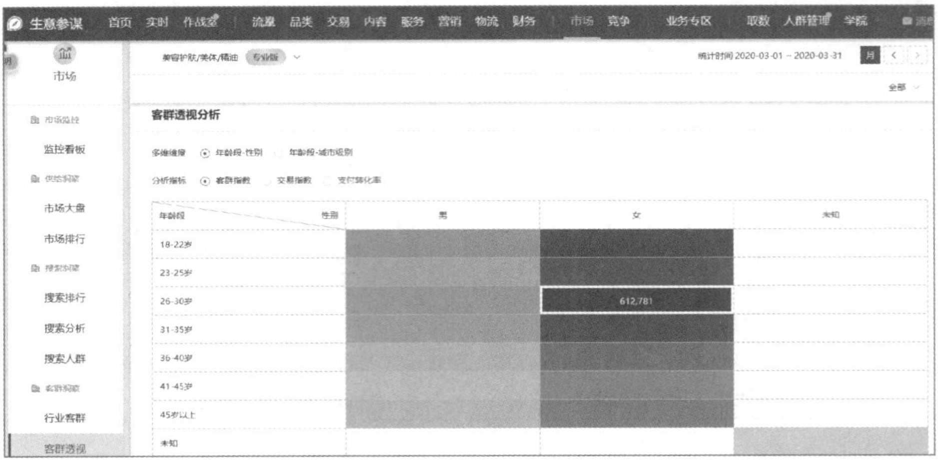

图 1－20　市场——客群透视

视频：疫情下零售业的变革及值得关注的新名词

拓展阅读：疫情下零售业的变革及值得关注的新名词

3. 转化率是网店经营的关键

网店的转化率代表着网店流量最终实现交易的占比。经营者在前期花了心血和金钱引流，目的就是为了让这些流量得到转化，所以引入的流量如果不能被转化为交易金额，那么就是价值低的甚至是没有价值的流量。与网店转化率相关的指标主要包括成交（访客）转化率、自然搜索转化率、咨询转化率、静默转化率等。其中成交（访客）转化率是网店成交访客数量占总访客数量的比例，即成交转化率＝成交人数/总访客数。对于网店而言，了解页面的访客转化率对网站的装修与改进有非常重要作用。

从颐莲天猫旗舰店主营商品访客转化率来看，化妆水/爽肤水的转化率为 8.34%，为旗舰店中商品转化率最高的商品（见表 1－5）。

表 1－5　　颐莲天猫旗舰店主营访客转化率

商品品项	转化率
化妆水/爽肤水	8.34%
洁面	5.59%
贴片面膜	4.65%
涂抹面膜	4.31%
颈霜	4.15%
眼霜	3.61%
乳液/面霜	3.56%
防晒霜	3.07%
彩妆套装	2.84%
液态精华	2.79%
面部护理套装	2.79%

4. 投资回报率（ROI）是网店经营的最终目标

投资回报率（ROI）又称会计收益率、投资利润率。其计算公式为：

投资回报率（ROI）= 年利润或年均利润/投资总额 × 100%

在关注到客户价值评估、客户画像分析、转化率以及 ROI 的基础上，完成颐莲玻尿酸补水定妆喷雾产品在产品增量期与产品维护期的营销推广规划如表 1 – 6 所示。

表 1 – 6　　玻尿酸补水定妆喷雾推广规划

流程	优化产品	产品增量期	产品维护期
内容	1. 产品卖点提炼并优化主图、详情页等 2. 产品评价，客户维护 3. 客服接待话术优化 4. 产品基础销量增加	1. 制订每日单量计划 2. 拆解到各推广渠道，进行数据的跟踪，效果好的渠道及时追究预算，加大投入 3. 准备单量增加的备选方案，及时补充单量 4. 推广过程中，及时优化产品描述，提高转化	1. 监控产品数据，实施调整，随时补充单量 2. 监控竞品，随时调整 3. 进行关联搭配，带动店铺其他产品日销
具体操作	1. 产品卖点突出喷雾的细，后调整为舒缓，增加科技背书 2. 利用老客户，通过在活动期间上新，带来第一波销售基础	喷雾推广主要集中在站内市场，故除重点投放站外，利用达人资源进行整体曝光，持续投放，保证销量的稳步增长	时刻监控竞品动向，如最近国货很多喷雾开始多起来，这时候优化产品描述，强化产品销量第一概念，坚持自身的优势
推广规划	1. 喷雾需要足够细，使用感受要好 2. 面部使用会进入眼睛，要求无刺激性 3. 功效明显，使用肤感清爽	前期老客铺量，目标 2000 瓶，开展试用活动，一方面积累销量，另一方面获取真实消费者反馈评价	中期推广维护，推广资源包括微博达人推广、站内直通车、钻展、抖音达人推广、直播推广，目标日均 1000 瓶，活动期间加大整体的资源投入，累计月销售 3 万瓶

实战与提升

1. 选择您熟悉的一个网店的一种商品，描述对该商品进行市场调研分析的具体步骤。

步骤 1：____________________

步骤 2：____________________

步骤 3：____________________

步骤 4：____________________

步骤 5：____________________

步骤 6：____________________

2. 选择您熟悉的一个网店的一种商品，选择其主要竞品进行分析。

步骤1：____

步骤2：____

步骤3：____

步骤4：____

步骤5：____

思考与练习

1. 为何说电商网站转化率是关键，ROI是最终的目标？
2. 商家分析的主要方法及流程有哪些？

习题：市场调研

项目二

店铺搭建

学习导图

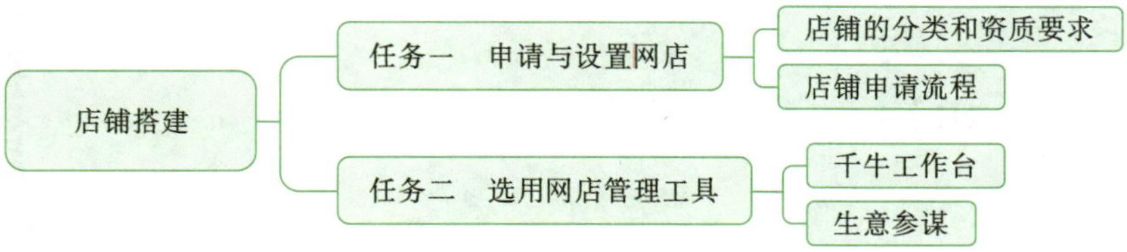

学习目标

素质目标

□ 具备正确的世界观、人生观、价值观

□ 强化心理抗压与解压能力

□ 强化数据思维与互联网意识

□ 培养创新思维与创业精神

□ 培养科学思维与批判精神

知识目标

□ 了解天猫店铺类型

□ 了解天猫店铺入驻资质要求

□ 掌握天猫店铺的申请流程

□ 熟练掌握千牛的常用功能

□ 熟练掌握生意参谋的常用功能

能力目标

□ 具备良好的团队合作与协调能力

□ 具备良好的图文表达与沟通能力

□ 具备良好的时间与资源管理能力
□ 具备熟练使用千牛软件的能力
□ 具备熟练使用生意参谋软件的能力

通过对市场的调研分析和商品经营规划之后，可以明确网店的定位及所经营的产品，接下来的任务就要进行网店申请和设置以及网店常用运营工具的学习。

项目导入

山东福瑞达生物工程有限公司除了“颐莲”品牌，还拥有高端护肤定制品牌“善颜”，专业眼护品牌“心生爱目”，精准修护品牌“瑷尔博士”等多个品牌，为了满足企业多品牌线上发展战略，现需要申请搭建各大电商平台多个店铺。本项目我们以淘系天猫店为例，学习如何进行网店的申请和设置以及网店常用运营工具的使用。

项目任务

任务一 申请与设置网店

微课：注册淘宝店铺

完成了网店定位，并确定了销售产品类别之后，接下来的任务就是根据调研结果开设网店了。卖家可以根据需要选择在淘宝、天猫、京东等电子商务平台搭建店铺。下面以淘系天猫店来讲解店铺申请与设置的流程。

一、店铺的分类和资质要求

（一）店铺的类型

1. 旗舰店

商家以自有品牌（商标为 R 或 TM 状态）入驻天猫开设的店铺。旗舰店可以有以下几种类型：

（1）经营一个自有品牌商品的品牌旗舰店。

（2）经营多个自有品牌商品，且各品牌归同一实际控制人的品牌旗舰店（仅限天猫主动邀请入驻）。

（3）卖场型品牌（服务类商标）所有者开设的品牌旗舰店（仅限天猫主动邀请入驻）。

2. 专卖店

专卖店是指商家持品牌授权文件开设的店铺。天猫专卖店有以下两种类型：

（1）经营一个授权销售品牌商品的专卖店。

（2）经营多个授权销售品牌的商品，且各品牌归同一实际控制人的专卖店（仅限天猫主动邀请入驻）。

3. 专营店

专营店是指经营同一招商大类下两个及以上品牌商品的店铺。天猫专营店有以下几种类型：

（1）经营两个及以上他人品牌商品的专营店。

（2）既经营他人品牌商品，又经营自有品牌商品的专营店。

（3）经营两个及以上自有品牌商品的专营店。

（二）店铺申请资质要求

1. 直接向天猫提交入驻申请开店的类型

（1）开店公司注册资本大于等于 100 万元人民币。

（2）开店公司依法成立并持续经营两年及以上。

（3）开店公司需具备一般纳税人资格。

（4）注册商标的时间要满两年以上，如果商标是转或卖的话，也要达到一年的时间。也就是商标状态为 R 标，而且需注册满两年及以上，并在最近一年内未发生转让。

（5）店铺保证金金额：旗舰店、专卖店持商标注册受理通知书的店铺保证金为人民币 10 万元，持注册商标的店铺保证金为人民币 5 万元；专营店持商标注册受理通知书的店铺保证金为人民币 15 万元，持注册商标的店铺保证金为人民币 10 万元。

（6）软件服务年费金额参照商家经营的一级类目，分为人民币 3 万元、6 万元两档。

2. 通过天猫转让开店的类型

这种类型大多是想在天猫开店但是资质不全或未达标的商家。除了缴纳第一条所述费用外，还需要支付购店费用和佣金。一个天猫旗舰店的转让价格根据类目和经营情况，从几万到几十万不等。

3. 通过平台代入驻开店的类型

这种情况适合那些本身拥有商标和公司的商家，商家自己没有入住成功。入住费用依据所要入驻类目的难易程度和市场需求而有所不同。

（三）天猫店铺与淘宝店铺的区别

天猫是一个企业品牌开店的集合商城，而淘宝店铺是一个个人开店的集市，二者在平台资源、流量供给、诚信交易方面相差甚远。

天猫和淘宝店铺的具体区别，可概括为以下几点：

（1）天猫必须满足相应招商标准才可以入住，比如企业资质、品牌资质等，而淘宝则属于个人开店行为，无须相应资质即可申请开店。

（2）天猫店铺强制缴纳 5 万 ~15 万元的大额度店铺保证金，而淘宝店铺需要缴纳的保证金比较低，且非强制缴纳。

（3）天猫所有交易额都需要向平台方缴纳一定比例的销售佣金，淘宝店则不需要缴纳。

（4）天猫店铺强制执行交易保障，包括正品保证、7 天无理由退换货、提供发票等，淘宝网上面的保障都是开店者自愿提供的。

二、天猫店铺申请流程

天猫店铺申请可以在“百度一下”搜索框里输入“天猫”，点击搜索，然后登陆天猫官方网站首页，点击天猫首页右上方的“免费注册”，跟着导航信息开始注册即可，如图 2－1 所示。

图 2－1　天猫首页免费注册

天猫店铺申请从流程上看，分为四个阶段，如图 2－2 所示。

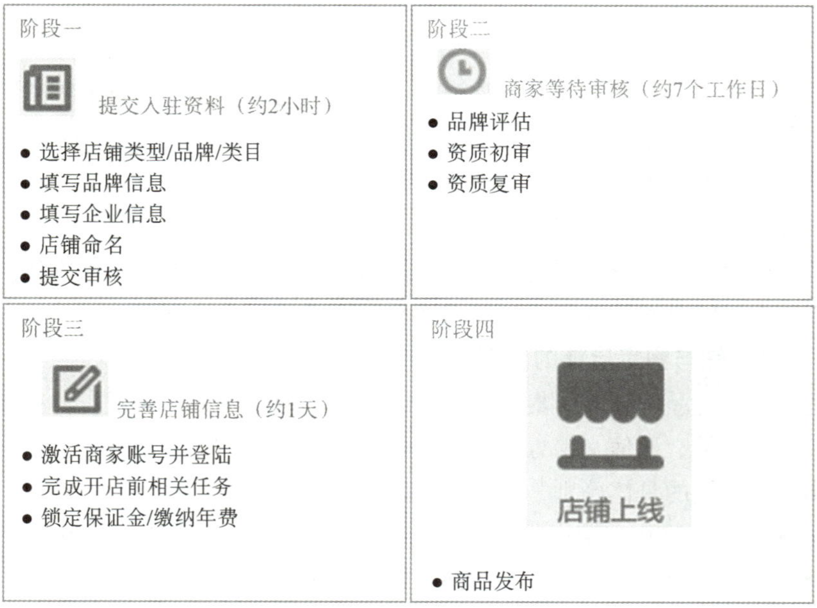

图 2－2　天猫店铺申请流程

淘宝店铺的注册流程跟天猫店铺的注册流程类似，只是需要提交的材料不同。在这里就不再一一赘述。

任务二　选用网店管理工具

微课：下载和安装店铺管理工具——千牛

网店运营过程中进行促销活动、客服管理、商品管理时，可以借助一些特定的工具来完成。对于淘宝网店来说，常用的工具有“千牛工作台”和“生意参谋”。

一、千牛工作台

千牛，是阿里巴巴官方出品的淘宝卖家一站式工作台，分为电脑端和手机端两个版本，其核心是为卖家整合店铺管理工具、经营资讯消息、商业伙伴关系，借此提升卖家的经营效率，促进彼此间的合作共赢，让卖家可以更加便捷和高效地管理店铺，使其做生意游刃有余。

对于淘宝卖家，特别是中小卖家和兼职卖家而言，千牛最突出的优势是可以随时随地做生意，电脑和手机的店铺数据可以同步。只要有网络，卖家可以随时随地在千牛上下架商品，用旺旺聊天接待会员，可以在手机上直接改价，方便查看会员资料，监控店铺数据；对于大卖家而言，由于千牛集成了子账号体系，公司可以根据业务需要设置和管理子账号，不同员工所拥有的子账号都可以在千牛上使用自己被授权范围内的功能。

如图 2－3 所示为千牛工作台首页界面。

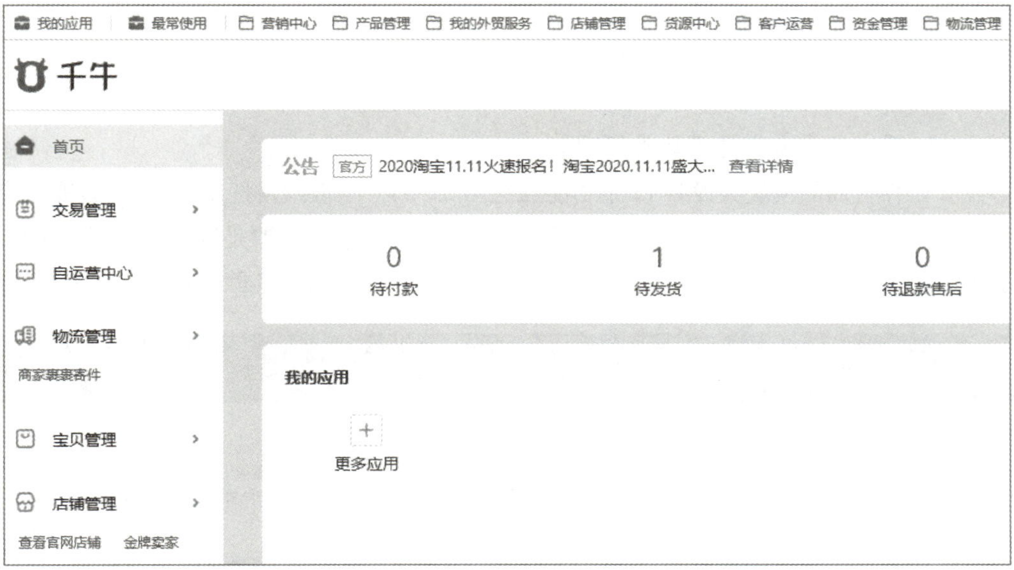

图 2－3　千牛工作台首页界面

（一）千牛工作台店铺模块功能

千牛工作台店铺模块包括“店铺装修”“店铺基本设置”“子账号管理”等 15 个功能（见图 2－4）。

微课：熟悉千牛工作台的各个工具模块

微课：设置店铺基本信息

微课：缴纳店铺保证金和开通账期保障

图 2-4　千牛工作台店铺模块功能展示

（二）千牛工作台商品模块常用功能

千牛工作台商品模块共设有 13 个功能（见图 2-5）。一般经常使用的是："发布宝贝""体检中心""商家素材中心""详情装修"。其中"详情装修"主要是针对手机端的宝贝主图修改和视频修改，更适合手机端尺寸的展现设置，能够增加客户体验的好感度。

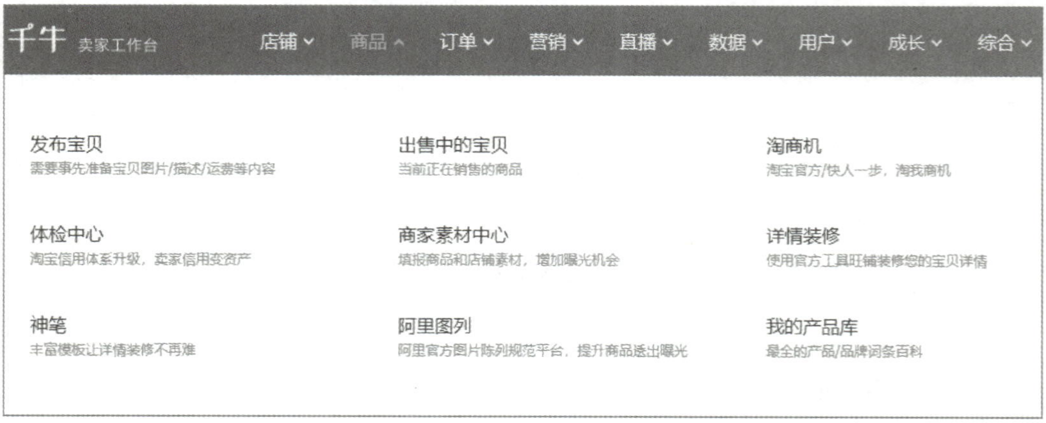

图 2-5　千牛工作台商品模块功能展示

（三）千牛工作台订单模块常用功能

千牛工作台订单模块设有 10 个功能，其中常用的有“发货”“已卖出的宝贝”“评价管理”（见图 2 –6）。“评价管理”是需要经常关注的模块，它影响着店铺的动态评分和成交。

图 2 –6　千牛工作台订单模块功能展示

（四）千牛工作台营销模块常用功能

千牛工作台营销模块是整个店铺的运营核心，店铺的运营大多都是从营销中开始的，最常用的就是“店铺营销工具”“直通车”“钻石展位”和“淘宝客”。新开店铺从这里入手能轻松入门。平台把所有店铺常用营销工具都集中在一起了。图 2 –7 所示为千牛工作台营销模块部分功能展示。

图 2 –7　千牛工作台营销模块功能部分展示

如果双击图 2 –7 中“店铺营销工具”，即可显示平台向商家推荐的营销工具，这些都是属于店铺内部的营销工具，如优惠、单品宝、店铺宝、搭配宝等。这些工具，店家可以自行选择单个使用或多个联合使用，如图 2 –8 所示。

这些店铺营销工具可以按季度、半年、一年购买，价格分别为 45 元、81 元、158 元，平台也会定期进行调整。总的来说，性价比比较高。以优惠券为例，双击图 2 –8 中的“优惠券”，即可进入服务市场，订购优惠券服务，如图 2 –9 所示。

图 2－8 平台推荐的店铺营销工具

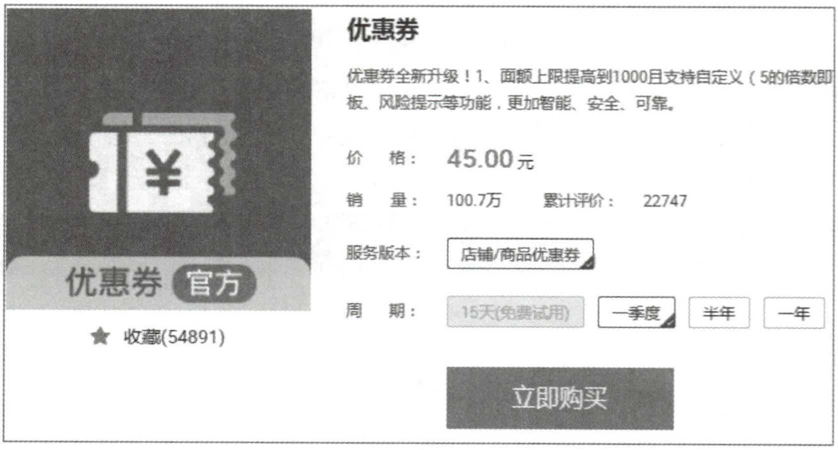

图 2－9 购买优惠券

付费购买之后，店家可以自行设置优惠券的面额和数量。目前，优惠券面额上限提高到 1000 元，支持自定义，只要是 5 的倍数即可。根据导航提示设置好优惠券面额和数量，就可以进行店铺单品或多种商品的推广。一般店家会根据推广需求选择一种或几种营销工具联合使用。

“直通车”“钻石展位”“淘宝客”属于店铺外部的营销工具，后面有专门章节介绍，在这里不再赘述。

（五）千牛工作台直播模块常用功能

千牛工作台直播模块设有 8 个功能（见图 2－10）。

开通直播是有条件限制的，一般新开店铺是没有权限的。新开店铺常用的是“阿里 V 任务”，可以找达人或推手帮忙发文（需要付费）。不想付费则可以自己发微淘，自己编辑好即可发送且每天都可以发。如果被平台采纳了则可以获取很多的有效展现。

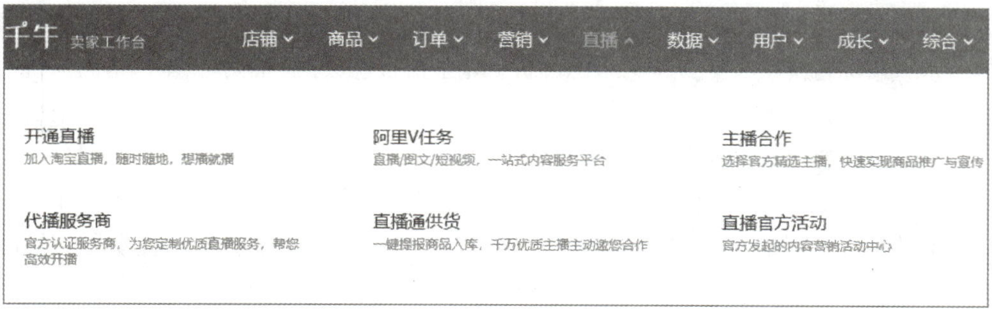

图 2－10　千牛工作台直播模块功能展示

（六）千牛工作台数据模块常用功能

数据是整个店铺运行的核心，好的店铺运营发展和数据的精准分析是离不开的。通常最基础的数据都是免费的，较精准的则需要付费购买以后才可以使用。千牛工作台数据模块设有 7 个功能（见图 2－11）。

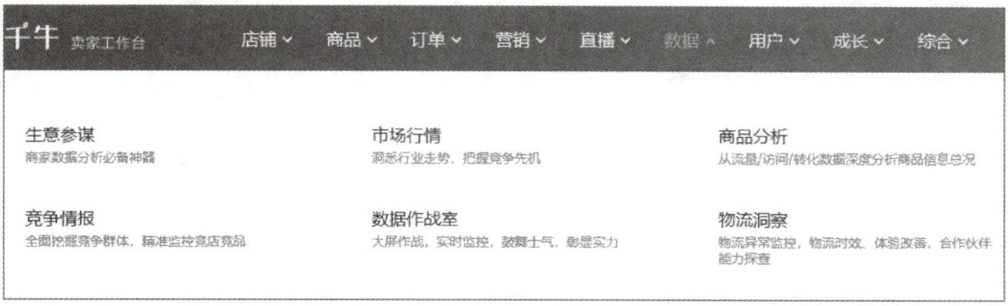

图 2－11　千牛工作台数据模块功能展示

（七）千牛工作台用户模块常用功能

用户需要经常维护，是提升店铺转化率的最有效手段之一，做好用户维护，可以在一定程度上减少运营成本。千牛工作台用户模块设置了 8 项功能（见图 2－12）。

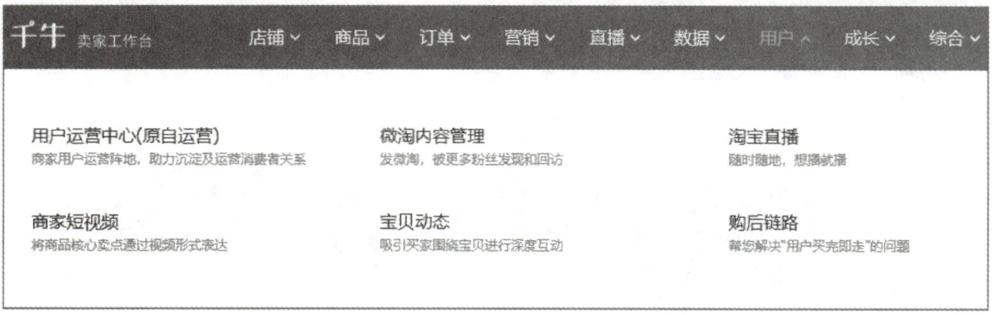

图 2－12　千牛工作台用户模块功能展示

二、生意参谋

“生意参谋”诞生于 2011 年，最早是应用在阿里巴巴 B2B 市场的数据工具，2013 年 10 月起生意参谋正式走进淘系。2014—2015 年，在原有规划基础上，生意参谋分别整合了量子恒道、数据魔方，最终升级成为阿里巴巴商家端统一数据产品平台。生意参谋集数据作战室、市场行情、装修分析、来源分析、竞争情报等数据产品于一体，是商家统一数据产品平台，也是大数据时代下赋能商家的重要平台。下面介绍一下生意参谋常用功能。

（一）生意参谋首页功能

生意参谋的首页全面展示了店铺经营全链路的各项核心数据，包括店铺实时数据、商品实时排行、店铺行业排名、店铺经营概况、流量分析、商品分析、交易分析、服务分析、营销分析和市场行情（见图 2－13）。

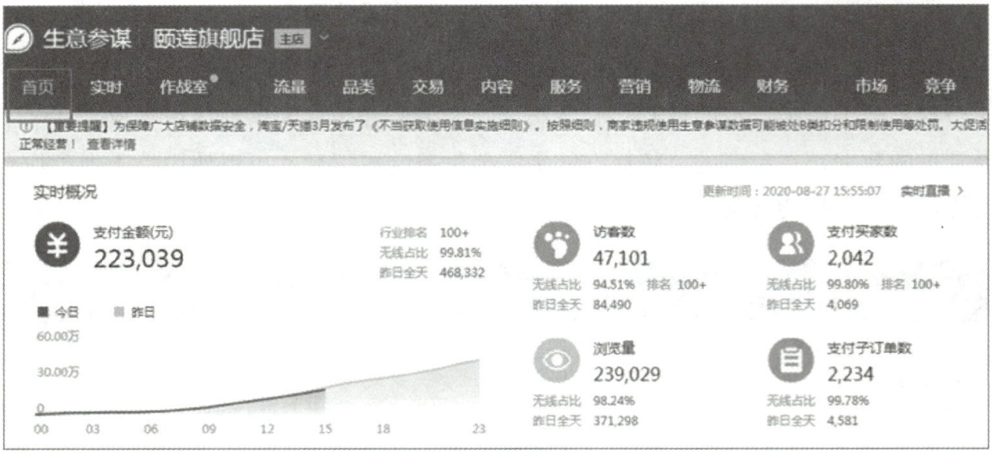

图 2－13　生意参谋首页页面

（二）生意参谋实时直播功能

生意参谋实时直播提供店铺实时流量交易数据、实时地域分布、流量来源分布、实时热门商品排行榜、实时催付榜单、实时客户访问等功能，还有超炫的实时数据大屏模式（见图 2－14）。可使商家洞悉实时数据，抢占生意先机。

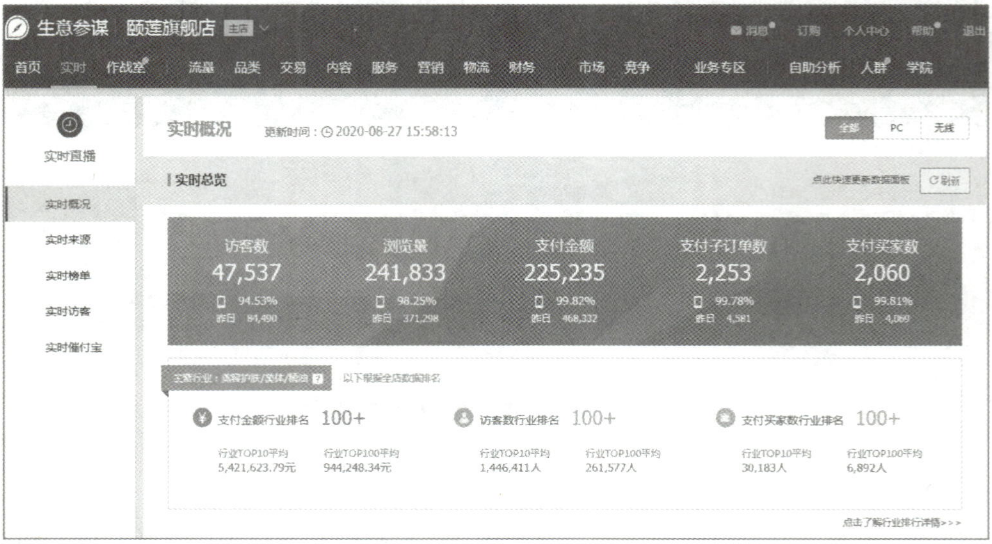

图 2－14　生意参谋实时直播页面

（三）生意参谋流量功能

流量分析展现全店流量概况、流量来源及去向、访客分析及装修分析（见图 2－15）。

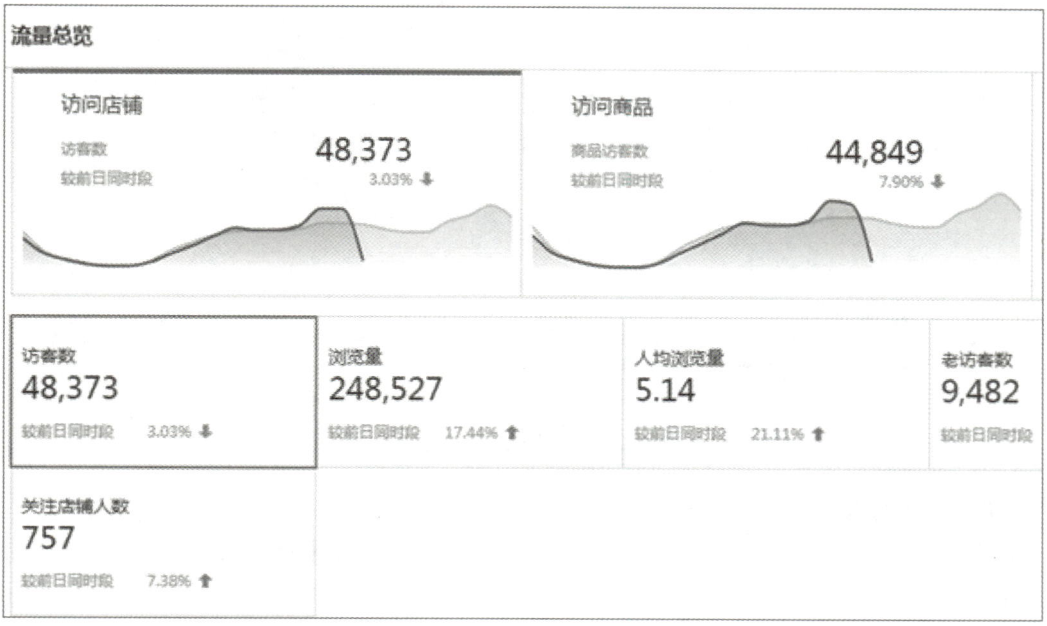

图 2－15　生意参谋流量页面

（四）生意参谋商类功能

商类分析提供店铺所有商品的详细效果数据，目前包括五大功能模块，即商品概况、商品效果、异常商品、分类分析、采购进货（见图 2－16）。

图 2－16　生意参谋品类页面

（五）生意参谋交易功能

交易分析包括交易概况、交易构成、交易明细三大功能（见图 2－17），可从店铺整体到不同粒度细分店铺交易情况，方便商家及时掌控店铺交易情况，同时提供资金回流行动点。

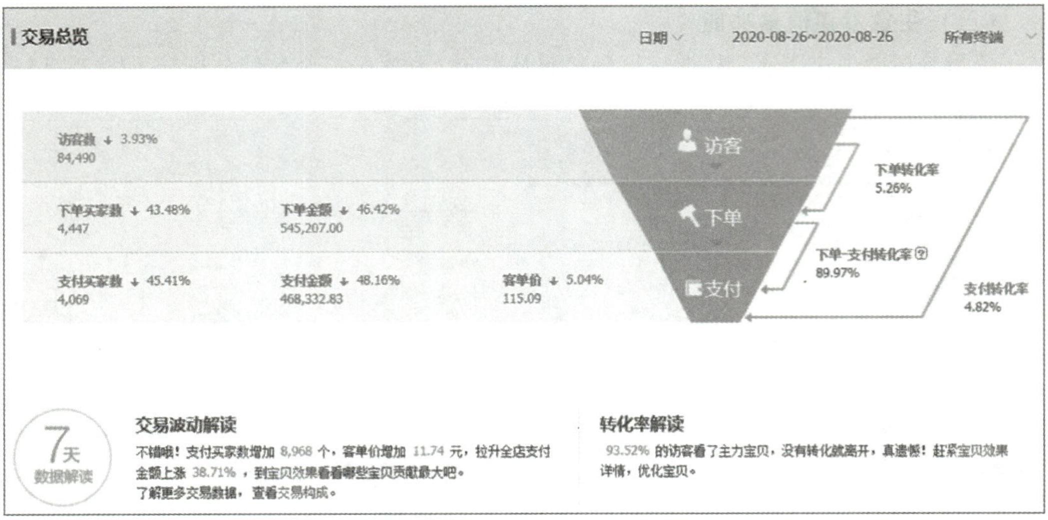

图 2－17 生意参谋交易页面

（六）生意参谋营销推广功能

营销推广包括营销工具、营销效果两大功能，可帮助商家精准营销，提升销量。图 2－18 是生意参谋营销页面。

图 2－18 生意参谋营销页面

（七）生意参谋市场功能

市场行情专业版目前包括三大功能，即行业洞察、搜索词分析和人群画像。

行业洞察具备行业直播、行业大盘分析、品牌分析、产品分析、属性分析、商品店铺多维度排行等多个功能；搜索词分析可以查看行业热词榜，还能直接搜索某个关键词，获取其近期表现；人群画像直接监控三大人群，包括买家人群、卖家人群、搜索人群。此外，市场行情的大部分指标可自由选择时间段，包括 1 天、7 天、自然日、自然周、自然月或自定义时间；可选择的平台包括淘宝、天猫和全网，终端则包括 PC 端、无线端和全部终端。目前，市场行情提供了全网最全面的无线行业数据。图 2－19 是生意参谋市场页面。

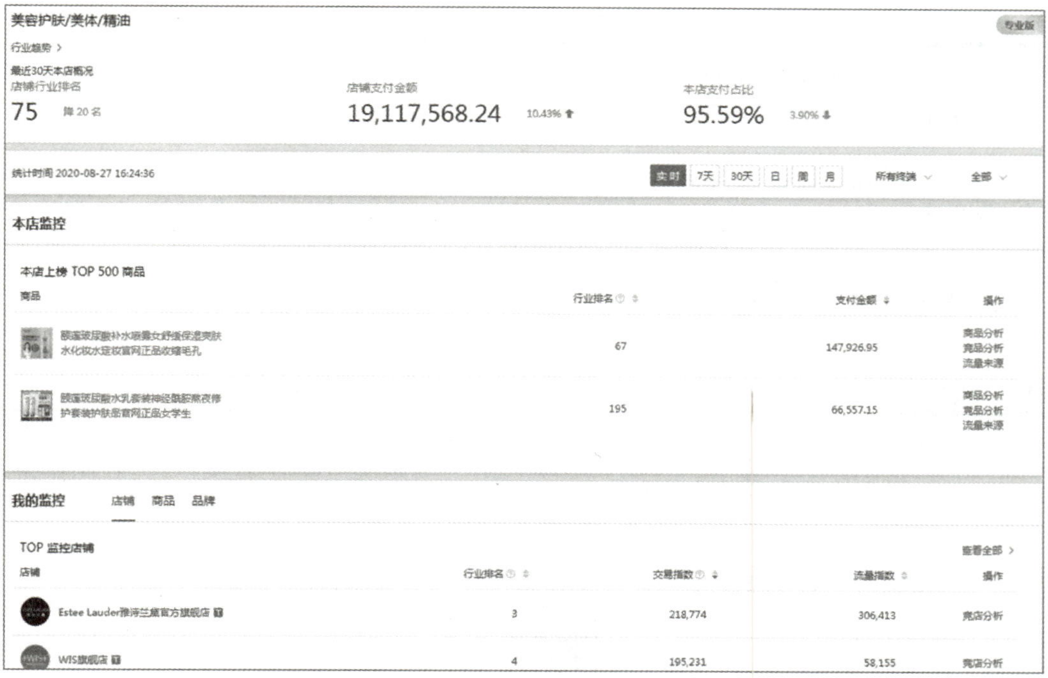

图 2－19　生意参谋市场页面

（八）生意参谋自助分析功能

自助分析是可供商家自由提取数据的工具，可提供不同时段（如自然天、自然周、自然月）、不同维度（如店铺或商品）的数据查询服务。图 2－20 是生意参谋自助分析页面。

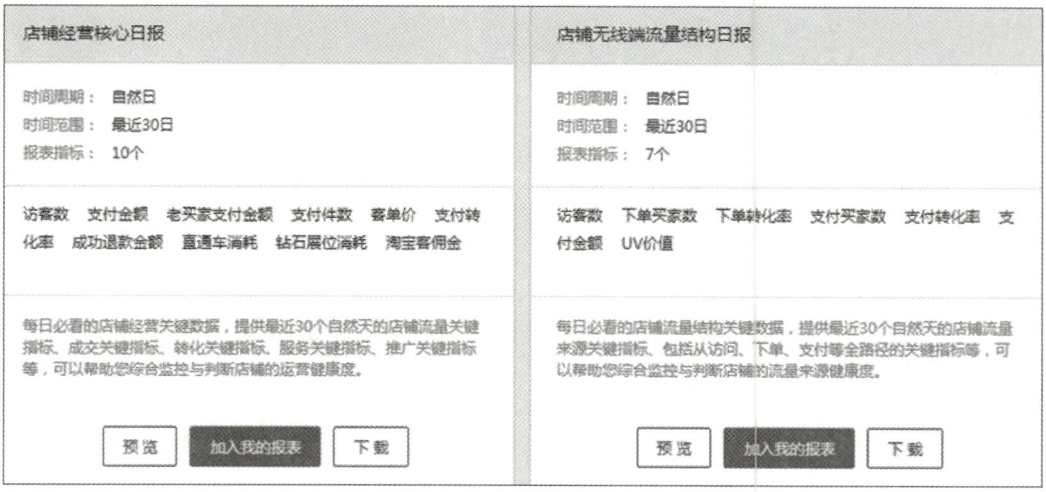

图 2－20　生意参谋自助分析页面

实战与提升

1. 天猫店铺申请的步骤有哪些？

步骤 1：____

步骤 2：____

步骤 3：____

步骤 4：____

2. 自己尝试注册一个淘宝店铺。

思考与练习

1. 天猫店铺的类型有哪些？
2. 天猫对商家入驻资质有什么要求？
3. 网店常用工具千牛都有哪些功能？
4. 网店常用工具生意参谋都有哪些功能？

习题：店铺搭建

项目三

店铺视觉设计

学习导图

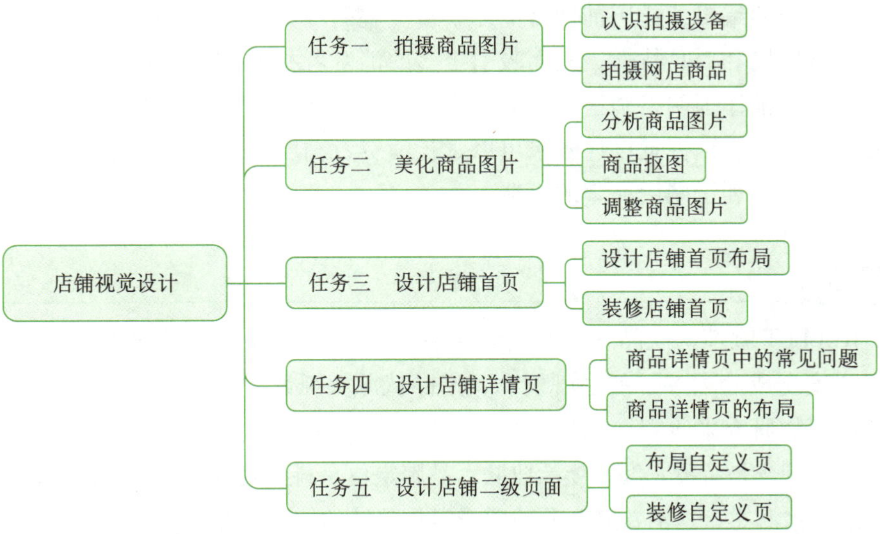

学习目标

素质目标

☐ 逐步树立学生创业意识和视觉敏感度

☐ 初步培养学生协同创新能力

☐ 逐渐培养学生资源整合能力

知识目标

☐ 了解网店拍摄设备

☐ 理解图片处理软件基本调整方法

- ☐ 理解网店店招设计流程
- ☐ 理解营销海报的设计流程
- ☐ 掌握店铺首页的装修流程
- ☐ 掌握店铺详情页的装修流程
- ☐ 掌握店铺二级页面的装修流程

能力目标

- ☐ 能选择拍摄设备并进行商品拍摄
- ☐ 会利用图片处理软件进行图片处理
- ☐ 能设计并装修店铺首页
- ☐ 能设计并装修店铺详情页
- ☐ 能根据网店风格和商品特征设计店铺二级页面

店铺搭建完毕后紧接着就要进行店铺视觉设计。店铺搭建决定店铺的性质和产品定位，而店铺视觉设计则决定了店铺的风格和布局，关乎网店的门面，因此网店视觉设计极其重要。店铺视觉设计是通过商品照片拍摄、商品图片美化、页面布局设计和装修以及程序模板的编辑，让店铺拥有更加丰富美观的视觉效果。通过店铺视觉设计可以突出店铺整体风格和商品特性，从而吸引更多的消费者并提高交易成交率。

网上店铺作为网络销售平台的一个窗户，其装修意义和实体店铺的装修本质上是一样的。精美的店铺视觉设计效果可以延长消费者黏度，最大限度地提升店铺在消费者心中的形象，有利于网店品牌的打造。

项目导入

RELLET 颐莲护肤品牌，专注玻尿酸护肤产品的研发（见图 3－1）。RELLET 颐莲提倡“安全成分配方”的品牌理念，产品从源头抓起，以玻尿酸智能保湿科技为核心，坚持以药物研究来研究护肤品，配方经过严格把关。

品牌理念是沉浸水润，焕活肌肤；品牌定位是科技美肤。在店铺视觉设计时更多关注科技感、水润感，让消费者充分地感受科技美肤的体验。图片美化上充分展示玻璃、金属等透光、半透光、反光体等类型产品的质感，打造具有营销新理念的促销海报，对店铺和商品进行的全方位促销和推广。通过店铺视觉设计，大幅提升消费者购物体验，优化京东店铺、淘系店铺、天猫店铺和商品的浏览量、转化率、复购率，并保持良好上升态势。

那么，打造有品牌理念的店铺应该具备何种技能？对于网店店铺来说又需要装修哪些页面和模块？本项目以淘宝旺铺为例，对商品拍摄、图片处理、网店页面装修进行系统化阐述。

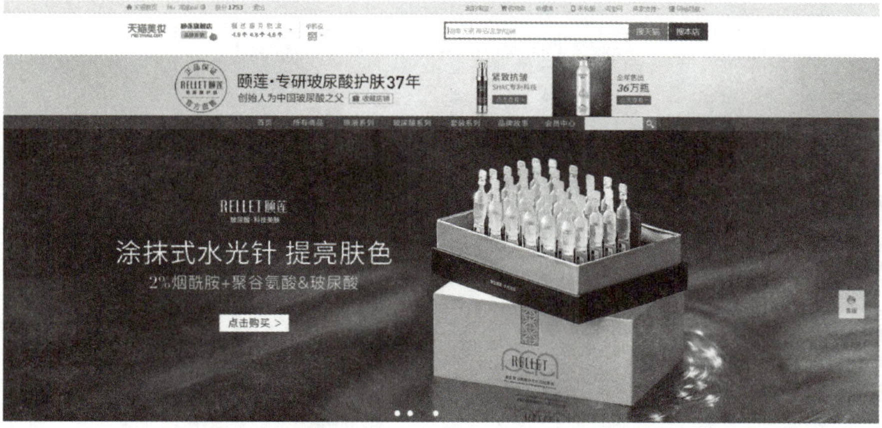

图 3 - 1　RELLET 颐莲旗舰店首页

项目任务

任务一　拍摄商品图片

商品图片拍摄是确定网店产品定位之后的环节。真实、清晰和美观的商品图片是达成交易的重要保证，创意图片更是提升商品点击率、提高店铺流量、强化消费者黏性的重要手段。

通过本任务的学习，学生将了解商品拍摄设备的选择、不同场景不同体征商品的拍摄方法，掌握拍摄布光、布景、构图、景别等方面的技巧。

一、认识拍摄设备

商品拍摄设备最重要的就是相机。目前一般都是使用数码相机为主，常见的数码相机有单反相机（单镜头反光数码相机）、微单相机（微型可换镜头式单镜头数码相机）、卡片相机、长焦相机等（见图 3 - 2 至图 3 - 4）。商品拍摄并不一定需要顶级数码相机，现在有些手机也已经可以拍摄出高清精美的图片，而且有些硬件的制约可以通过打光布景、拍摄经验和技巧来变通，也可以通过图片后期处理来弥补。

图 3 - 2　单反相机

图 3－3　微单相机

图 3－4　卡片相机

（一）了解网店拍摄相机

受显示器的显示精度限制，高像素照片在显示器上并不能呈现出纤毫毕现的效果，所以拍摄网络照片对像素的要求并不高。因此选择数码相机时，像素并不是最重要的参考条件。只要达到以下几个条件，这样的数码相机即可基本满足网店商品拍摄的要求。

1. 感光元件

成像感光元件类似于“胶卷”，是数码相机的核心，也是购机时重要的参考条件。感光元件的尺寸比像素高低更重要，当然感光元件尺寸越大，成像效果越好，像素一般也越高。目前感光元件类型有两种：一种是广泛使用的 CCD（电荷耦合）元件；另一种是 CMOS（互补金属氧化物导体）器件。

2. 手动模式（M 档）

照片成像质量的好坏与曝光量有关，即取决于应该通过多少光线才能够使感光元件得到清晰的图像。数码相机都是用内置曝光计来测量光量，数码相机的自动模式的内置设置是在通常的情况下相机根据环境自动调节，很多情况下达不到专业摄影的效果，此时需要使用手动模式根据现场来手动调节快门速度、光圈大小、ISO 以及曝光补偿等参数调节曝光达到更好的成像效果。因此在选择数码相机时必须查看数码相机是否有手动模式，如图 3－5 所示，M 标记即表示手动模式。

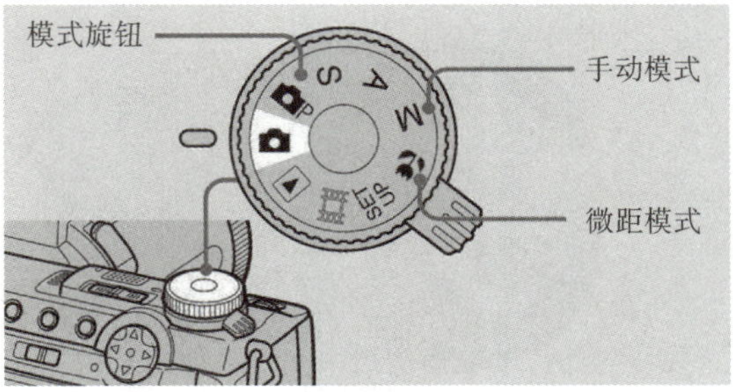

图3－5　数码相机拍摄模式

3. 微距模式

微距功能的标志一般都用“郁金香花”来表示（见图3－5），主要作用就是拍摄微距和特写，最大限度地表现物体的细节部分，从而把商品细节放大呈现给顾客，让消费者可以更加细致地了解商品，以提高消费者信任度。

如果数码相机满足了上述条件：具备手动拍摄模式、微距拍摄模式以及较大的感光元件，那就基本可以满足商品拍摄需求。当然，专业拍摄还会用到摄影棚等专业拍摄布景场所和设备，以达到更加完美的效果。

（二）选择照明设备

由于自然光的易变性导致了在摄影时必须考虑摄影灯照环境的问题，因此摄影灯对商品拍摄显得极其重要，而商品拍摄对时间、空间和环境的要求又有一定的不确定性，导致商品拍摄大部分都会在室内进行，而室内拍摄时灯光效果必不可少。

摄影灯根据光的特性可分为：持续光源和瞬间光源两种。

持续光源即常亮灯，其效果为所见即所得，便于测光和拍摄。但是持续光源由于其亮度较低、光效较差，在专业摄影时效果并非很理想。摄影灯一般会搭配柔光箱、标准灯罩、蜂窝罩以及雷达罩等设备。

瞬间光源即闪光灯，通常闪光灯具有专业的色温、足够的光强、光衰现象少等优点被专业摄影所广泛应用。大部分相机都在机身上配有闪光灯，单反相机上配有热靴装置，可以加装机顶式闪光灯。摄影棚中还必须配备集闪光灯和造型灯于一体的影室灯，它可以通过安装引闪器与相机的热靴接口实现同步闪光（见图3－6、图3－7）。

图3－6　相机热靴接口

图 3－7 摄影灯

刚开始接触摄影或摄影技术并不是很熟练，可以先采用持续光源。在选择光源时需要考虑光源的几个概念：色温、显色性和光通量。通常情况下的标准持续光源的色温在5200～5600K之间，显色性指数接近100，光通量越高越好。

（三）选择摄影附件

商品拍摄不仅依靠数码相机和摄影灯具，还需要摄影附件的配合才能达到最好的效果。摄影附件包括：柔光箱、反光板、灯架以及背景等。

1. 反光板

反光板提供柔和的散射反射光源，也可对被拍摄物品的阴暗部进行补光。

2. 灯架

灯架用于支撑柔光箱、灯源等器材，灯架可以对灯的方向等进行调节，是拍摄必备的器材之一。

3. 三脚架

三脚架是用于固定相机、保持相机曝光时稳定性的辅助摄影器材。在拍摄过程中，利用三脚架可以减少相机震动，拍出清晰的照片。

4. 摄影台和背景

很多新手在拍摄商品的时候，往往忽略背景，只求商品本身拍得清晰，到图片美化时才发现，抠图太费功夫。为了避开这一不必要的环节，在拍摄时可以根据商品的颜色、材质等属性，选择一种合适的背景进行拍摄，这样可以做到事半功倍。常见背景附件有：背景纸、全棉背景布、植绒背景、无纺布背景等，主要用于衬托主体，不能喧宾夺主，不能太过花哨，以简洁为主。

摄影台用于放置被摄商品的桌台，提升摄影效果，是静物摄影中相当重要的附件。拍摄时结合摄影背景的搭配，能拍摄出效果更佳的商品图片（见图3－8）。

图3-8　摄影台

二、拍摄网店商品

（一）认识摄影构图

网店上的商品若只靠语言描述，而不对产品进行一个全方位的展示，将无法吸引顾客。网店需要拍摄出细致完美的照片才能更好地表现丰富多彩的商品。摄影构图是指拍摄者根据特定主题和美学原理，在画面中安排和处理好画面元素以及元素间内在关系和位置。

常用的摄影构图方法包括：对角线构图、井字构图、垂直式构图及对称式构图等。

模特展拍时则要考虑景别因素，景别即指镜头涵盖的区域范围，或者说被摄对象在镜头中的相对大小。商品摄影中最常用的景别为：特写、近景、中景、全景。

1. 对角线构图

对角线构图是指把主体安排在对角线上或通过聚光灯照射主体，能有效利用画面对角线的长度，同时也能使陪体与主体发生直接关系。这种构图方式的呈现富于动感，显得活泼，容易产生线条的汇聚趋势，吸引人的视线，达到突出主体的效果（见图3-9）。

图3-9　对角线构图拍摄

2. 井字构图

井字构图法又称“三分法”，是从黄金分割中引申出来的，画面呈“九宫格”分割，将拍摄主体或重要景物放在“九宫格”交叉点的位置上，“井”字的四个交叉点就是拍摄主体的最佳位置。一般认为，右上方的交叉点最为理想，其次为右下方的交叉点。但也不是一成不变的。这种构图格式较为符合人们的视觉习惯，使拍摄主体自然成为视觉中心，具有突出拍摄主体，并使画面趋向均衡的特点（见图 3 - 10）。

图 3 - 10　井字构图拍摄

3. 垂直式构图

垂直式构图是将拍摄主体呈竖向摆放的构图方式，这种构图方式给人以庄重、严谨的感觉，多用来表现有垂直的线条或外观修长的主体，能充分显示拍摄主体的高大和深度（见图 3 - 11）。

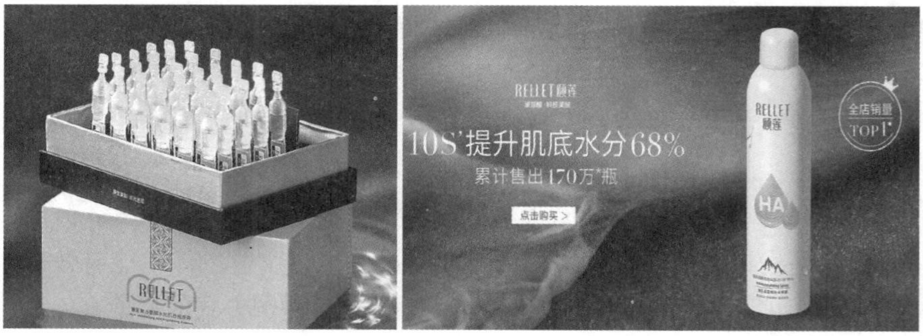

图 3 - 11　垂直式构图拍摄

4. 对称式构图

对称式构图是指所拍摄的主体在画面正中垂线两侧或正中水平线上下对称或大致对称，从而使画面具有布局平衡、结构规矩，画面稳定等特点（见图 3 - 12）。

图 3 - 12　对称式构图拍摄

摄影构图依据每个人的习惯和方法的不同也各有不同，但最重要的是情景交融，让画面具有生命力和感染力，从而吸引顾客。

（二）布置摄影用光

光源的调整涉及数码相机内置参数与环境光源的布局。数码相机内部参数设置包括光圈、景深、曝光补偿以及白平衡等。数码相机是通过镜头和感光元件共同工作的，当适量的光通过镜头到达感光元件成像时即可得到曝光正确的照片；反之，如果光量过多或者过少，就会产生曝光过度或者曝光不足。

1. 合理使用光圈

光圈代表数码相机镜头孔洞开启的大小，光圈越大，进光量越多；光圈越小，进光量越少。通常用光圈值“f”来表示光圈的大小，光圈值与光圈大小成反比，f数值越大，则光圈越小（见图3－13）。

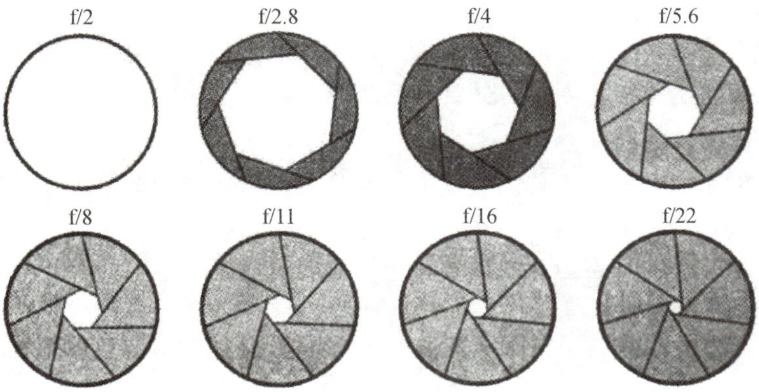

图3－13　数码相机光圈大小示意图

2. 正确控制景深

景深是指在镜头聚焦调节中所能清晰成像的最远部分和最近部分之间的距离，光圈和景深有密切关系，通过调整光圈的大小可以直接控制景深。当景深小时，对焦点区域清晰，其他区域模糊；当景深大时，前后都清晰，对焦点区域更清晰。

图3－14左侧两图采用小光圈拍摄，对焦区域清晰，其他区域则很模糊，这种拍摄景深称为小景深拍摄。右侧图采用的是大光圈拍摄，前后都很清晰，这种拍摄景深称为大景深拍摄。在拍摄商品时，为了突出商品主体，可以采用小景深拍摄；当拍摄成套系列商品时，则采用大景深拍摄，以便将所有的商品都清晰地呈现（见图3－14）。

图3－14　景深拍摄效果对比

决定景深的三个基本因素：

（1）光圈：光圈大小与景深成反比，光圈越大，景深越小。

（2）焦距：焦距长短与景深成反比，焦距越大，景深越小。

（3）物距：物距大小与景深成正比，物距越大，景深越大。

利用手动模式，通过对光圈的调整，就能有效地拍出具有远近层次和虚实效果的照片。

3. 设置白平衡模式

白平衡是指感光元件还原白色的能力。物体成像由物体反射光源形成，受光源色彩的影响极大，在特殊情况下数码相机不能准确还原白色，为了使最后拍出的照片能还原被拍摄物体正确的色彩，数码相机可以根据光源来调整色彩。

数码相机内置白平衡包括：日光、阴影、阴天、闪光灯、荧光灯、钨丝灯及手动调节等。手动调节色温数值时，一般调节范围在 2500 ~ 10000K 之间。通过手动设置白平衡能更好地还原被拍摄物品的色彩。

手动设置白平衡不需要数码相机对准参照物聚焦，只需要把数码相机改为手动对焦模式，将镜头设置为无限远对焦方式，然后拿白色物品作为参照物完成白平衡调整。

4. 布置拍摄光效

布光的目的是为了塑造更佳的表现力，在商品拍摄环节中至关重要。布光根据拍摄环境的不同分为室内布光和室外布光。室内布光对环境的依赖相对较小，可以稳定地控制各个环节，包括亮度、色温、光源方位等。

相关链接

常见的五种布光方式

（1）正面两侧布光：在商品拍摄时为了体现商品整体均匀效果，最多采取的是正面两侧布光的方式。两侧投射出来的光线全面均衡，使商品画面不会有暗角。

（2）两侧 45 度角布光：这种布光主要采取顶部受光，正面不完全受光，适合拍摄较扁平的小商品，不适合拍摄立体感较强且具有一定高度的商品。

（3）单侧 45 度角布光：这种布光采取不平衡方式布光，拍摄时商品一侧严重阴影，底部投影很深，商品表面一些细节无法呈现，但另一侧部分细节和环境渲染表现具有不同韵味。由于环境光线少，拍摄难度大。

（4）前后交叉布光：从商品后侧打光可以表现出更好的层次感，前面的光线也保证了商品的完整性，和单侧布光比较效果相对要好。

（5）后方布光：在拍摄通透性较强的商品（琉璃、镂空等）时，可采用后方布光，以增强商品通透性的质感。

案例：网店商品拍摄（笔记本电脑；家居用品）

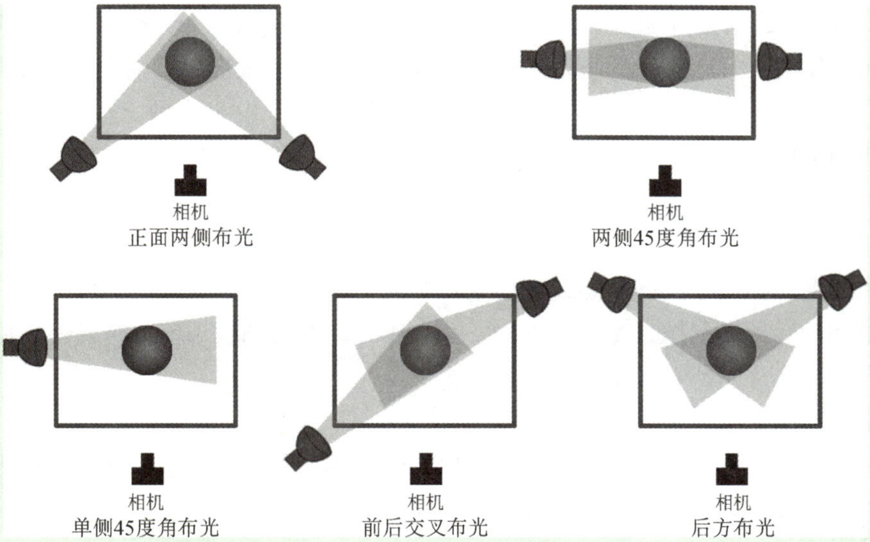

不同商品布光的区别和控制

五种布光方式的组织和使用上不是固定的，所呈现的是商品静止状态和表象特征。由于实物拍摄时还要涉及商品结构、质地以及细节肌理的不同而出现不同的光线反馈，商品大致分为吸光体、反光体和透光体三种，有些商品更是三种特征都有，因此在布光上要加以区别和控制，甚至再增加辅助光源，以达到更好的效果。

（1）吸光体商品布光：皮毛、布料、食品、水果、粗陶、亚光塑料等吸光类商品一般表现为表面不光滑，对光线反射比较稳定，呈现的色彩固定，本身视觉层次较为丰富，因此宜采用侧光、顺光或侧顺光以增强层次和色彩的表现力。

（2）反光体商品布光：表面光滑的金属饰品、瓷器等反光商品表面非常光滑、光反射能力强，拍摄时要充分体现出商品的反差视觉效果和表面的光滑质感，因此布光要采用大面积照明或反光板照明，光源面积越大越好。

（3）透光体商品布光：香水、化妆品等液体以及玻璃制品等透明商品表面非常光滑，其自身材质可以自由传导光线使其产生玲珑剔透的艺术效果，体现质感。在拍摄时一般采用折射光照明，让逆光、侧逆光可以穿过透明商品，以表现商品的精致和玲珑剔透的质感。

布光组合结合数码相机自身设置，对于非摄影专业的网店店主来说可以选择数码相机内置选项。在布光时主灯、辅助灯和背景灯需要根据现场考虑，初始拍摄可以多次试验，熟悉之后即可通过对灯具的变换拍摄出最佳效果的商品照片。

任务二　美化商品图片

完成商品拍摄以后，如果直接把这些照片放到店铺里面肯定是无法吸引来顾客购买，必须对商品照片进行修片调整，对图片进行后期处理，使商品以最优质的形象展现给顾客。商品图片美化主要包括：商品图片分析、商品抠图、商品图片调整等后期处理。

一、分析商品图片

商品拍摄完成之后，通常会存在瑕疵，要进行分析处理：

1. 曝光问题

曝光问题是指由于光圈、感光度、快门时间等操作不当所造成的影像失真，以及拍摄采光的问题导致商品图片曝光不准确。存在曝光问题的图片不能反映商品的原貌，影响消费者体验。

2. 色差问题

色差问题是指由于拍摄时环境、光线以及商品本身色调等因素，导致拍摄出的图片与实物相比存在偏黄、偏蓝或偏红等色差问题。

3. 污点问题

污点问题是指由于拍摄环境或商品本身刮擦等因素，导致拍摄的照片出现杂点，致使商品本身或背景“不干净”，无法表现商品图片的细节，影响图片的美观。

4. 倾斜问题

倾斜问题是指有时拍摄商品图片时因大意而没有精确把握摄影水平线，导致拍摄出倾斜的图片，需要调整商品图片的角度。

5. 大小问题

图片大小问题是指由于现在相机像素和感光比较高，图片非常细腻，直接拍摄的商品照片通常不符合网络平台的规定，存在图片尺寸和容量大小的问题。

二、商品抠图

微课：商品抠图

抠图是图像处理中最常用的操作技能之一，是把图片或影像的某一部分从原始图片或影像中分离出来，为后期营销海报、商品主图、详情页装修做准备。商品抠图根据商品图片背景大致可分为简单背景抠图和复杂背景抠图两种（见图 3－15）。

图 3－15 复杂背景与简单背景商品图片

一般抠图工具包括套索工具、选框工具、快速蒙版、钢笔工具等。当背景比较单纯且背景与商品区分度较大时可以使用魔棒工具或快速选择工具进行商品抠图；当背景颜色不单纯，且商品轮廓比较规则时可以使用选框工具、套索工具等进行抠图；当背景颜色不单纯，且商品轮廓不规则但属于光滑曲线时可以用钢笔工具进行抠图。

（一）商品抠图流程

1. 分拣商品图片

根据图片的呈现状态进行分析，确定商品图中是属于简单背景商品图片或复杂背景商品图片。

2. 设计具体处理方案

观察商品构图，分析使用相关的抠图方法，确定使用相应工具进行抠图方案。

3. 运用抠图工具进行抠图

在 Photoshop 软件中运用抠图工具进行方案实施，完成商品抠图操作。

（二）简单背景抠图（魔棒工具为例）

1. 打开商品图片

启动 Photoshop 软件，双击空白处，弹出“打开”对话框并打开图片文件。

2. 选择魔棒工具

选择“魔棒工具”，设置魔棒属性参数（见图 3－16），单击背景，商品图像周围生成选区，继续执行鼠标右击，在弹出的选项卡中选择“反向选择”将选区反选（反选选区快捷键：Shift＋Ctrl＋I），如图 3－17 所示。

图 3－16　魔棒工具属性栏

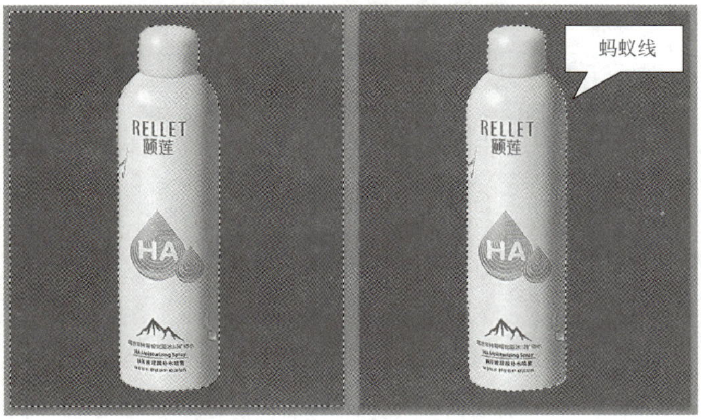

图 3－17　背景建立选区和反选选区对比图

3. 保存图像

复制选区图片（Ctrl＋C 组合键），执行“文件 > 新建”命令，或按 Ctrl＋N 组合键，新建文档，设置背景透明然后粘贴图像（Ctrl＋V 组合键），最后将图像保存为 PSD 格式和 PNG 格式文件。

（三）复杂背景抠图

1. 打开商品图片

启动 Photoshop 软件，按 Ctrl + O 组合键，弹出“打开”对话框并打开图片文件。

2. 钢笔工具抠图

选择“钢笔工具” ，绘制路径（贝塞尔曲线）并调整贝塞尔控制点，如图 3 – 18 所示。

3. 转换路径为选区

调出路径面板选择目标路径，单击“将路径作为选区载入”按钮 ，或 Ctrl + 回车键，实现路径转换为选区，如图 3 – 19 所示。

如果路径绘制不够光滑或者不够精确，可以在清除背景时设置羽化值来柔化边缘（羽化快捷键：Shift + F6）。

图 3 – 18 钢笔工具绘制路径

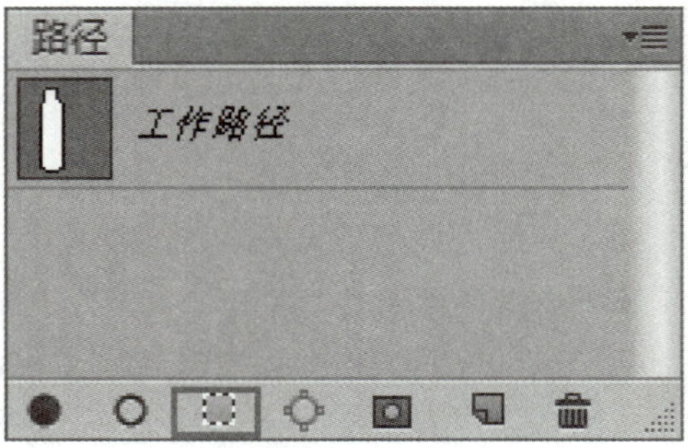

图 3 – 19 将路径作为选区载入

4. 保存图像

复制图像，按 Ctrl + N 组合键新建文档，设置背景透明，按 Ctrl + V 组合键粘贴商品图片，保存为 PSD 格式和 PNG 格式文件。

三、调整商品图片

（一）调整图片色彩和亮度

微课：调整商品图片

色彩和亮度决定了图片成像的效果。由于曝光和光效的问题常常会导致商品图片最后曝光不准确，或者色彩存在色差，可以通过 Photoshop 软件对图片进行相应的调整，以保证商品图片的最佳显示效果。

1. 打开商品图片

启动 Photoshop 软件，执行菜单“文件 > 打开”命令，弹出“打开”对话框并打开商品图片。

2. 调整色彩

执行菜单“图像 > 色相/饱和度”命令（快捷键：Ctrl + U），弹出“色相/饱和度”对话框，通过调整相关数据来对图片进行色彩调整，如图 3 – 20 所示。

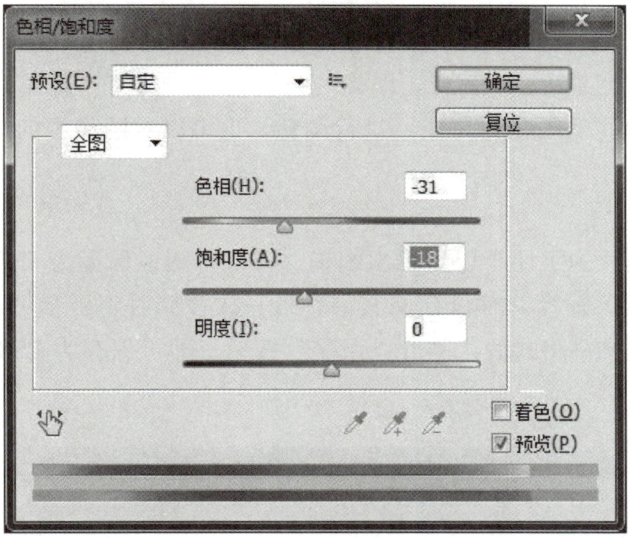

图 3 – 20　“色相/饱和度”对话框

“色相/饱和度”命令中的色相，就是色彩的颜色，红色色相就是红色，蓝色色相就是蓝色。通过调整可以使图像的颜色在各种颜色之间相互转换。比如，图像是红色的，通过调整可以改为蓝色、绿色等。饱和度就是色彩的鲜艳程度，饱和度越高，色彩越鲜艳，当饱和度为 0 时，图像呈现灰度图。

除了“色相/饱和度”命令外，“自然饱和度”“色彩平衡”等命令同样可以进行色差调整操作，在操作时可以根据使用的熟练度选择操作。

3. 调整亮度

执行菜单“图像 > 调整 > 色阶”命令（快捷键：Ctrl + L），弹出“色阶”对话框，通过调整“输入色阶”值和“输出色阶”值来对图片进行亮度调整，如图3 – 21 所示。

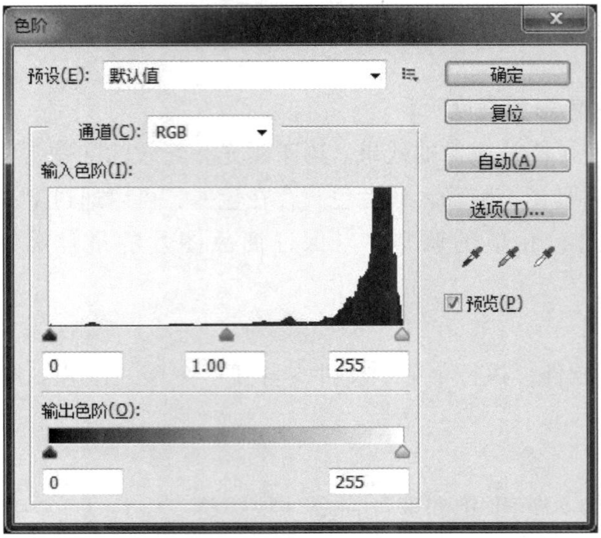

图 3－21　“色阶”对话框

“曲线”和“色阶”同属于“图像 > 调整”子菜单。利用“色阶”命令调整图像的白场、黑场、灰度系数，从而校正图像的色调范围。利用“曲线”命令可以在图像的整个色调范围内（从阴影到高光）进行调整，也可以对图像中的个别色调范围进行精确的调整。

4. 保存图片

处理完图片后，为了便于以后再次编辑，可以将图像保存为 PSD 格式文件。执行菜单“文件 > 存储”命令，可以存储文件。第一次存储时将弹出“存储为”对话框。输入文件名，设置文件格式后，单击“保存”按钮，即可保存为 PSD 格式文件（见图 3－22）。

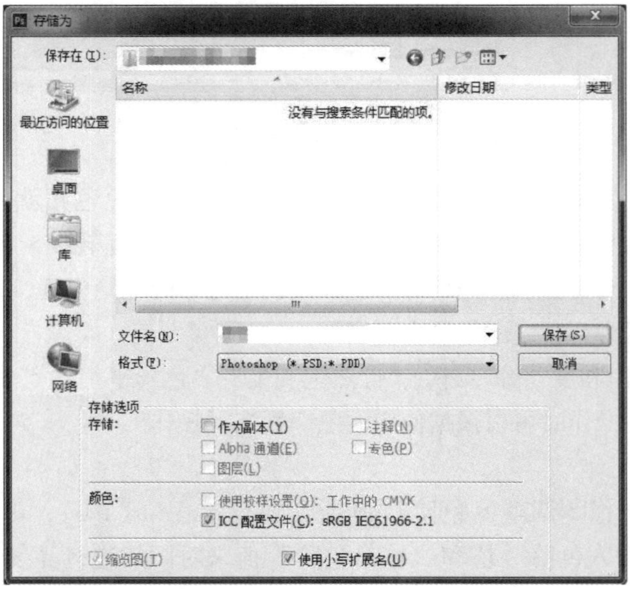

图 3－22　“存储为”对话框

为了便于浏览和使用，可以再另存为 JPEG 格式（与 JPG 同一格式）。执行菜单“文件 > 存储为”命令，弹出“存储为”对话框。设置文件格式为 JPEG 格式，单击“保存”按钮，弹出“JPEG 选项”对话框，设置品质，保存图像（见图 3－23）。

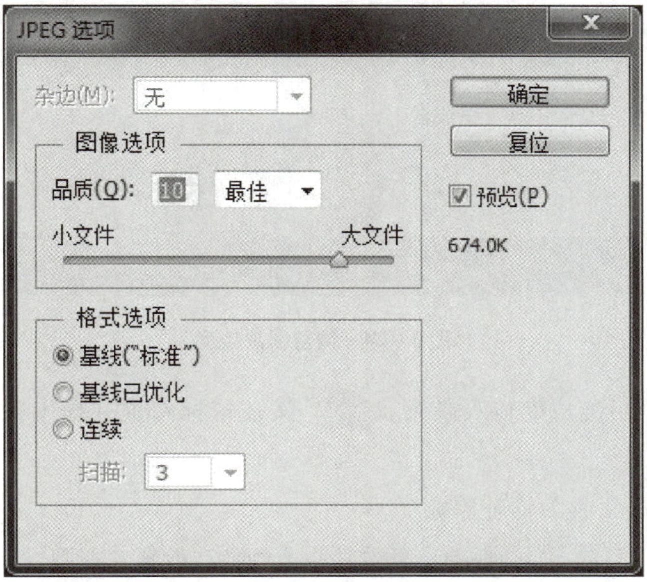

图 3－23　“JPEG 选项”对话框

（二）调整图片角度修补瑕疵

细节决定成败，有时因为拍摄环境或商品本身刮擦等因素，导致拍摄的商品图片出现瑕疵，致使商品本身或背景“不干净”。此时可以通过 Photoshop 软件对瑕疵进行修补，以保证商品图片细节的完美呈现。

1. 打开商品图片

启动 Photoshop 软件，执行菜单“文件 > 打开”命令，弹出“打开”对话框并打开商品图片。

2. 利用“自由变换”命令调整角度

双击“图层”面板中的“背景”图层，打开“新建图层”对话框，直接单击“确定”按钮，实现解锁“背景”图层。

按 Ctrl + T 快捷键，激活“自由变换”命令；鼠标指针移动至图片对角线位置，调整图片角度，按回车键确定角度修改，如图 3－24 所示。

图 3－24　调整图片角度

提示：鼠标指针变成旋转双箭头状，按住鼠标左键并拖曳鼠标即可调整图片角度。

3. 调用“修补工具”修补瑕疵

选择“修补工具”，保持工具选项栏上的默认设置，在图像窗口中拖曳鼠标圈选污点区域，生成选区，如图 3－25 所示。选中选区并按住鼠标不放，将选区拖曳到其他干净的区域，松开鼠标，选区中的污点区域即可被干净区域所修补，如图 3－26 所示。按 Ctrl＋D 快捷键，取消选区，完成修补任务。

图 3－25　绘制修补区域

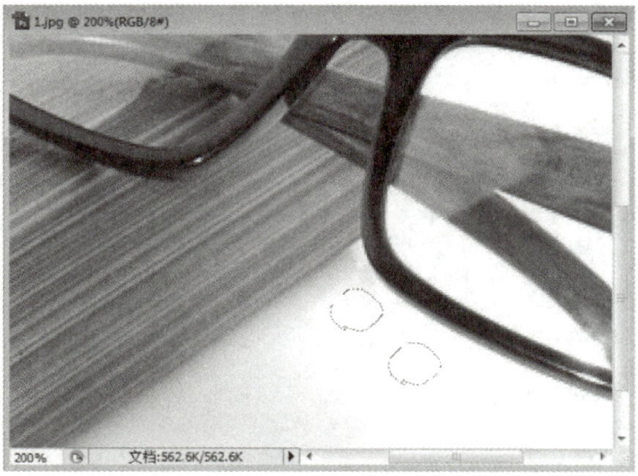

案例：处理商品图片—处理阴影

图 3－26　拖曳修补区域

4. 其他瑕疵区域的修补

按照上述操作，修补其他污点，待处理完后所有瑕疵为止。修补瑕疵的工具还有“污点修复画笔工具”“修复画笔工具”以及“仿制图章”等，要根据具体瑕疵问题而定。

（三）调整图片大小

网店的图片展示是根据浏览器分辨率来体现用户体验和网店细节的，受制于显示器显示效果和网速等因素，当下常见的网店宽度为 950 像素、1920 像素等，而数码相机拍摄的商品图片非常细腻，色彩空间和分辨率非常高，图片大小非常大。因此，为了适应网店系统平台要求和最佳浏览体验，需要对图片大小进行调整。

1. 打开商品图片

启动 Photoshop 软件，执行菜单“文件 > 打开”命令，弹出“打开”对话框并打开商品图片。

2. 利用“图像大小”命令调整大小

观察图片原始尺寸（见图 3－27），目标大小为 700 × 700 像素。执行菜单“图像 > 图像大小”命令，根据宽高比例调整参数，如图 3－28 所示。

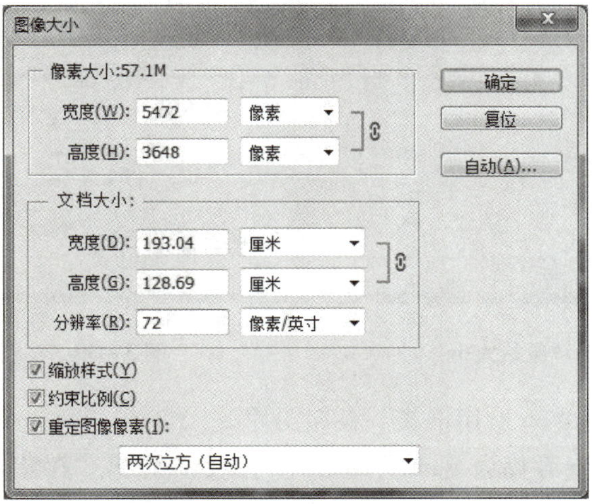

图 3－27　图像原始大小

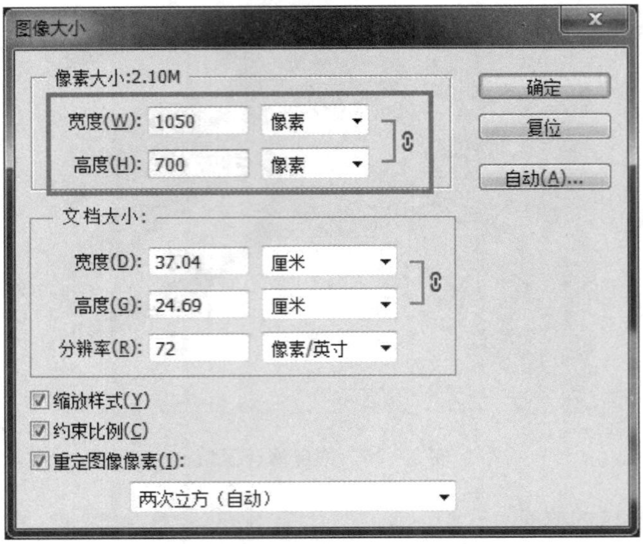

图 3－28　按比例调整大小

调整时要观察宽度和高度，先调整比例较低的一项，比如图 3－28 中，先调整高度，避免调整后图片出现留白。图像缩放时为了防止长宽比例失真，在操作时需要锁定“约束比例”，同理，“自由变换”操作时，按住 Shift 同时鼠标拖曳对角线完成等比缩放。

3. 利用“画布大小”命令调整大小（宽高：700×700 像素）

执行菜单“图像＞画布大小”命令，弹出“画布大小”对话框，调整画布参数，如图 3－29、图 3－30 所示。

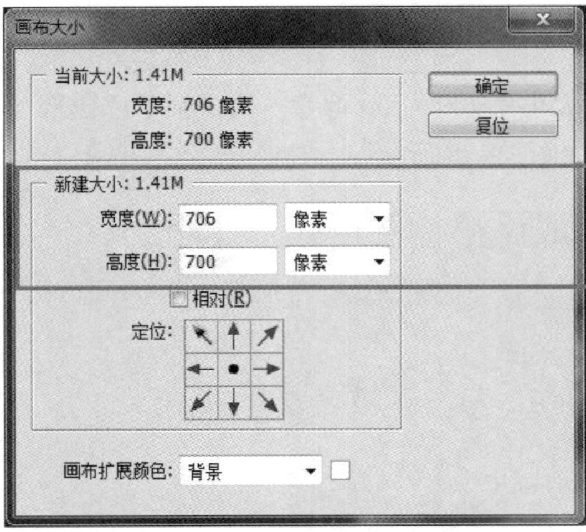

图 3－29　图像原始大小

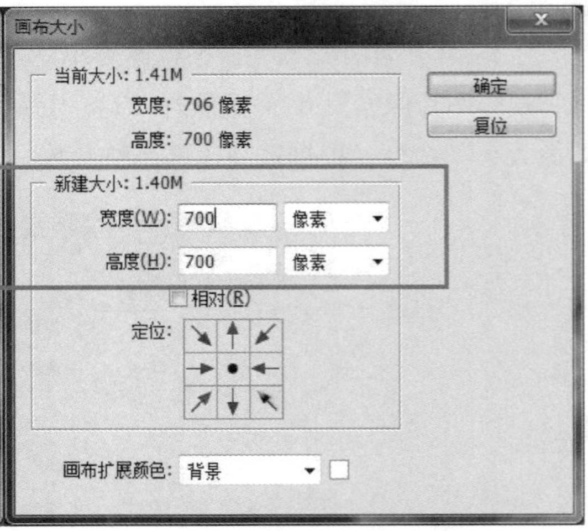

图 3－30　按要求调整大小

4. 利用“存储为 Web 所用格式”存储图片

执行菜单“文件＞存储为 Web 所用格式”命令，弹出“存储为 Web 所用格式”对话框，修改格式参数完成存储。

掌握了商品图片的选图、图片调整方案的设计、抠图、图片色彩的调整、图片瑕疵的修补以及图片大小的调整之后，应对网店装修的图片后期处理有了一定基础，就可以开始装修网店店铺了。

案例：处理商品图片—调整图片大小

微课：淘宝网店常用装修模块介绍

任务三　设计店铺首页

店铺装修对于卖家是极其重要的。书本以淘系网店为例，对于店铺的装修主要包括PC端和手机端店铺的装修进行介绍。淘宝为了扶植新卖家，对于一颗钻以下信誉的店铺开放旺铺专业版和智能版，书本以智能版为基础进行讲解。

店铺首页装修是网店装修中极其重要的一步，关乎消费者对店铺的感官印象。店铺首页装修包括PC端和手机端店铺首页，本文以PC端装修为例，移动端与PC端装修类似，可以借鉴装修。

一、设计店铺首页布局

本任务以颐莲旗舰店首页为例，以具体模块实施为主线，讲解店铺首页设计的流程。

颐莲旗舰店首页布局包括：页头背景、页面背景、店铺招牌（简称店招）、店铺导航、轮播海报、推荐宝贝、自定义模块及在线客服中心等内容（见图3-31）。下面从页面布局和内容编辑两个方面进行首页装修讲解。

1. 进入“千牛卖家工作台”

启动“浏览器”，输入淘宝官网网址（www.taobao.com），登录账户，单击“千牛卖家中心”，进入“千牛卖家工作台”。

2. 进入装修页面

执行“店铺管理>店铺装修>页面①>PC端②>首页③（装修页面）④”进入首页装修页面。

3. 装修店铺首页

店铺首页装修内容包括：模块、配色、页头、页面以及CSS等，其中CSS属于付费项目，可按需使用。店铺装修可视方式包括页面编辑和布局管理两种。页面编辑是店铺页面即时显示，装修内容所见即所得；布局管理显示页面布局的框架（见图3-32、图3-33）。

图 3－31　颐莲旗舰店首页

图 3－32　装修页面选择界面

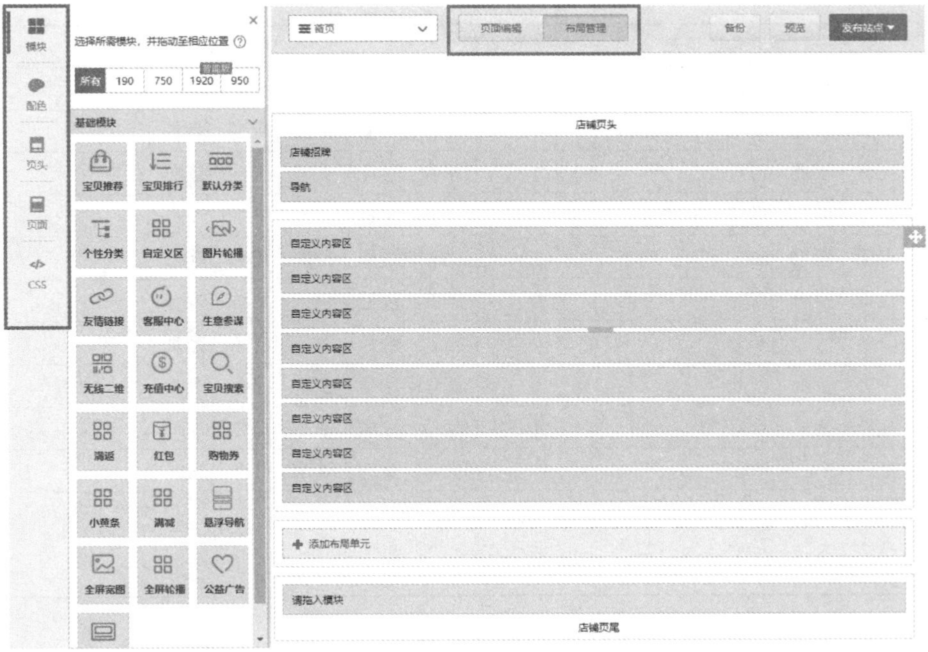

图 3－33　电脑页面装修界面

4. 设置店铺配色

在“店铺装修”界面下，单击“配色”，页面左侧就会弹出“配色方案”窗口，单击合适的配色方案，就可以完成店铺配色设置（见图 3－34）。

图 3－34　店铺配色方案设置界面

相关链接

店铺配色与色彩信息

色彩能传达什么信息？能左右消费者的行为吗？当消费者浏览店铺时，第一眼给大脑的刺激便是店铺配色。无论是赞不绝口的夸奖，还是嗤之以鼻的唾弃，配色已经在记忆里留下了深刻一笔。

色彩传达信息	店铺色彩推荐
红色：热情　权威　自信	推荐：商城　活动　大促　婚庆
粉色：温柔　甜美　浪漫	推荐：少女　饰品　母婴　童装
黑色：高贵　权威　创意	推荐：绅士　数码　个性　钻饰
银灰：诚恳　考究　沉稳	推荐：男性　服饰　鞋帽　气质
蓝色：希望　理想　独立	推荐：夏季　经典　清爽　旅游
紫色：优雅　浪漫　高贵	推荐：女性　化妆　家纺　时尚
绿色：清新　活力　安全	推荐：药品　茶品　食品　运动
橙色：兴奋　快乐　创造	推荐：家居　食品　家电　图书
黄色：高贵　智慧　希望	推荐：家居　创意　母婴　时尚
褐色：稳定　中立　情感	推荐：女性　男性　服饰　复古
绿/紫/蓝	属冷色系
红/橙/黄	属暖色系
黑/白/灰	属中色系

店铺配色方案

使用主副色搭配方案时，一般采用：主色（60%～90%）+副色（20%～40%）+点缀色（5%～10%）的色彩比重搭配。色调搭配方案通常使用同色（色相）搭配或对比色（或互补色）搭配。为了保持店铺的整体设计统一，店铺整体色彩效果和谐，局部可以有一些强烈的色彩对比，以突出展示各个板块的特点。

结合配色推荐表来分析颐莲店铺的配色方案（见下图），作为一家以护肤品为主营产品的网店，根据其产品的特征选用蓝色主调，凸显清爽、优雅的概念，并结合其科技感的理念。

颐莲店铺首页

5. 设计店铺页头

店铺配色设置完成后，可以开始设置店铺首页的页头部分。一般情况下为了保持统一，在设计的时候整个店铺页面的页头都是一样的，除非个别二级页面的商品风格差异极大。

微课：淘宝网店页头及页面设置

在“店铺装修”界面下，单击“页头”，页面左侧就会弹出“页头设置”窗口，此时便可以设置合适的页头背景色、页头下边距、页头背景图、背景显示方式以及背景对齐方式，系统会自动保存设置。如果想要整个店铺页头统一设置，单击“应用到所有页面”按钮，就可以完成店铺全部页面的页头设置，如图 3－35 所示。

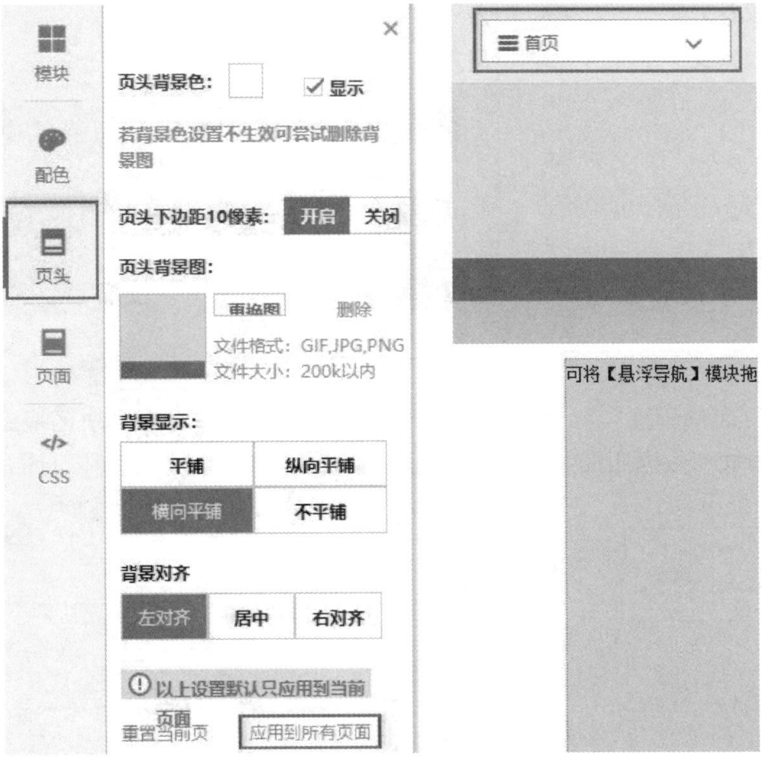

图 3－35　店铺页头设置界面

操作提示：页面背景色或页面背景图都是可选项，可按照实际需求设置。当两者同时存在时，背景色会被背景图遮盖，因此使用背景图时可以选择 PNG 或 GIF 可以包含透明区域的图片格式。

由颐莲店铺页头的设置结果可见（见图 3－36），对于渐变色彩的需求，在设置页头时可以单独只设置页头背景图。

图 3－36　颐莲店铺页头

6. 规划店铺首页布局

（1）店铺风格和配色确定好后，继续设置首页“页面背景”和“布局”。在“店铺装修”界面下，单击“页面”按钮，弹出“页面背景”设置窗口，如图 3－37①所示，根据店铺风格和配色设置首页“页面背景色”和“页面背景图”。页面背景图优先于页面背景色，且背景图是横向和纵向无限重复的。页面背景设置好后，单击“布局管理”按钮，如图 3－37②所示，进入布局管理界面。

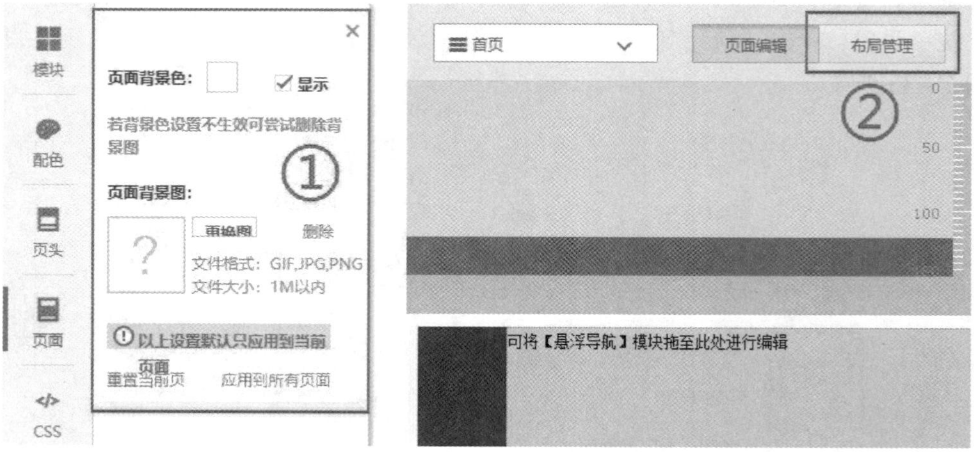

图 3－37　“布局管理”按钮

（2）在“布局管理”界面中（见图 3－38），从左边的功能模块区拖曳到右边布局区实现模块添加，根据店铺装修要求进行不同模块的搭配，完成整体页面布局操作。

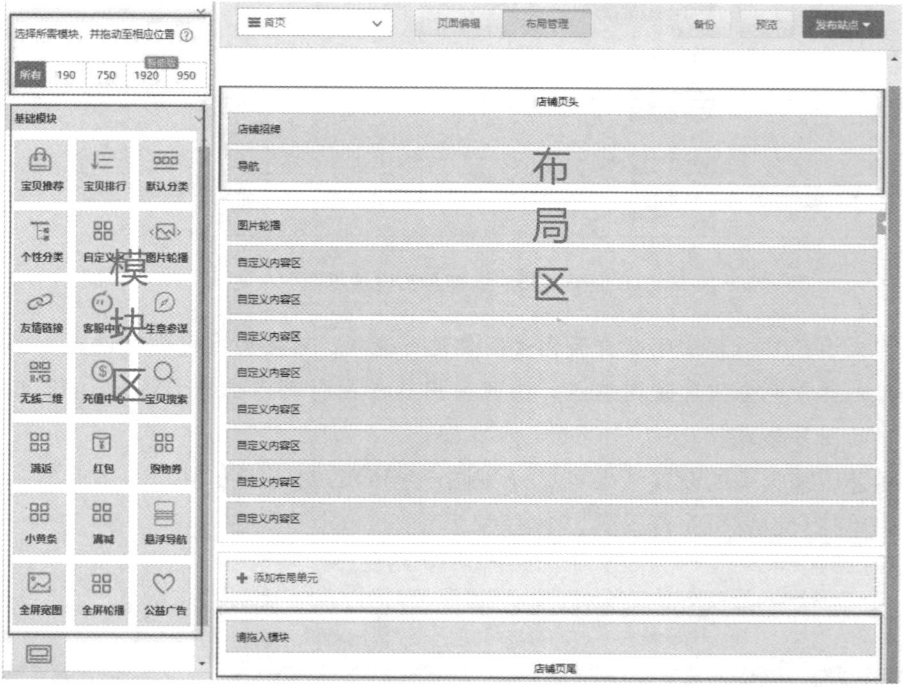

图 3－38　“布局管理”界面

如果添加错误，鼠标移到布局区模块上，右侧会出现删除按钮，单击删除按钮实现模块删除。布局区内的模块是可以移动位置的，只要将鼠标放至模块右边，鼠标变成十字时，进行拖动即可。添加布局单元时要根据布局要求确定单元分布：通栏或者两栏（左右栏）类型（见图 3－39）。要注意的是，布局单元最多不能超过 5 个，一个布局单元内可以放置多个功能模块。

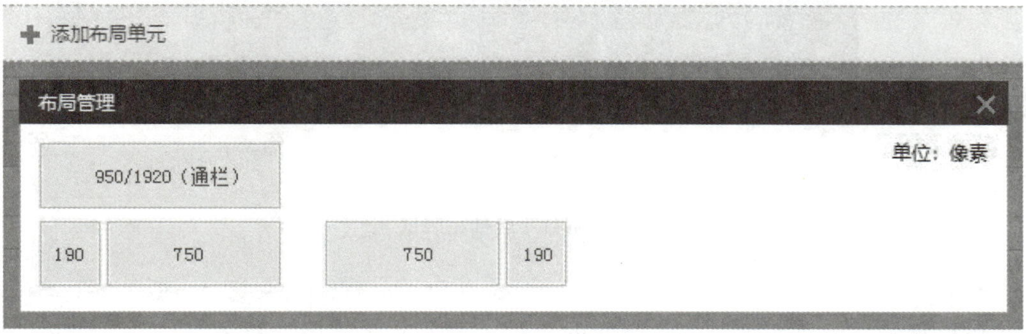

图 3－39　“添加布局单元”界面

950/1920（通栏）布局：这是很多掌柜选择的布局方式，是大广告图片轮播区域，适合大图或自定义区域的专业设计。

190×750 或 750×190（两栏）布局：此为常规布局方式，一般 190 像素区域主要放入【店铺收藏】【热销排行】【客户服务】【商品分类】等，750 像素区域主要放入【陈列商品】【精品推荐】【商品信息】【促销广告】等。

二、装修店铺首页

（一）设置店铺店招和导航

微课：淘宝网店店招装修

（1）在“店铺装修”界面下，单击“页面编辑”按钮，进入“页面编辑”界面，鼠标移到店铺招牌上显示“编辑”按钮，如图 3－40 所示，单击“编辑”按钮进入店铺招牌设置界面。

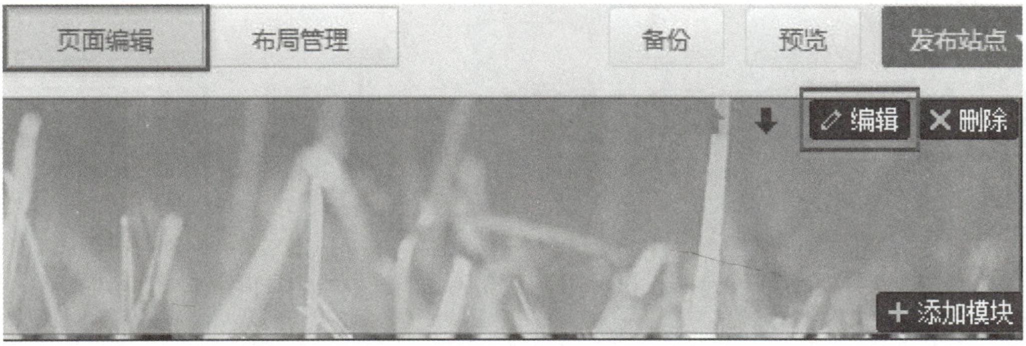

图 3－40　店铺招牌区

（2）在店铺招牌设置界面设置“招牌类型”“店铺名称”“背景图”以及“高度”参数（见图 3－41），完成店铺招牌的设置。

图 3－41　店铺招牌区

招牌类型为“自定义招牌”时处于完全手动自定义模式（见图 3－42），在此对话框中可以自由添加“淘盘”图片空间的店招图片、文字链接、网络图片等，同时也可设置图片对齐方式，甚至切换为“源码”模式，进行专业编辑。

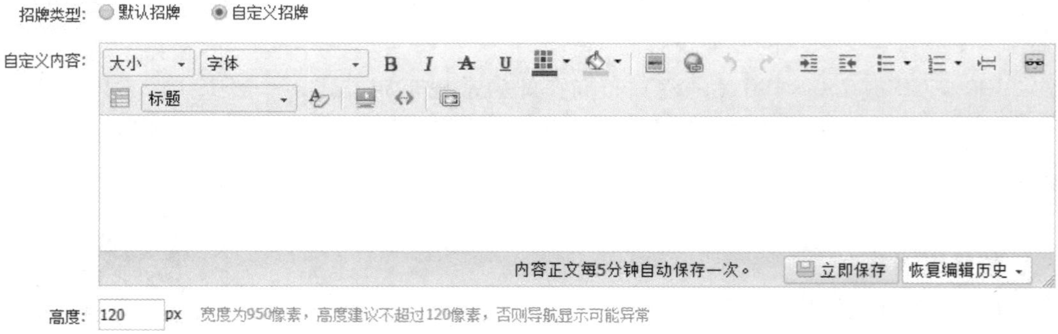

图 3－42　“自定义招牌”界面

如图 3－43 所示，颐莲旗舰店的店铺招牌就是以“默认招牌”的形式直接上传，高度 120 像素，这样的设置方式更简单便利，适合大部分卖家操作。

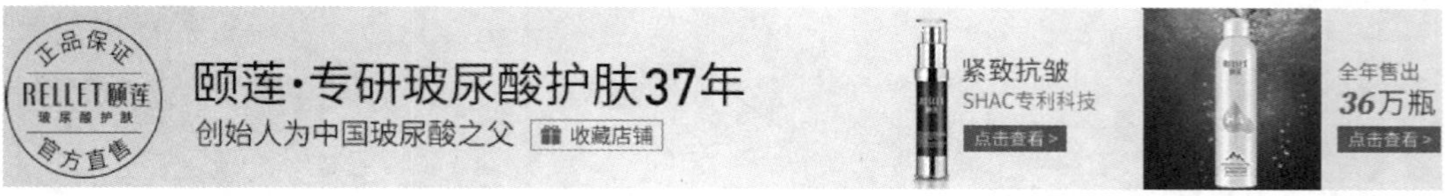

图 3－43　颐莲旗舰店店招

（3）在“页面编辑”界面，鼠标移到店铺导航上显示“编辑”按钮，如图 3－44 所示。

图 3－44　店铺导航区

（4）单击“编辑”按钮进入店铺导航设置界面（见图3－45、图3－46），可以设置导航目录，一级目录最多只能设置12个。添加导航内容包括：宝贝分类、自定义页面以及自定义链接三种，这些可以在店铺运营过程中逐一添加。

图3－45　“店铺导航”设置

图3－46　“导航内容”设置

导航“显示设置”中允许卖家进行CSS编辑显示，可根据店铺需要，结合第三方设计平台进行设计，通常CSS自定义显示会在视觉体验上比系统默认的导航更优秀（见图3－47）。

图 3－47　店铺导航“显示设置”

颐莲旗舰店导航如图 3－48 所示，一共设置了 7 个导航项目，在设计时将同类商品进行归类，在导航中进行呈现，使得导航更加简洁、明了，提升视觉感官体验。

图 3－48　颐莲旗舰店导航

（二）设置常见页面功能模块

页头部分装修完毕后就可以开始装修页面主体和页尾等部分了。页面主体装修的主要步骤就是功能模块的编辑，在完成页面布局的基础上切换到“页面编辑”界面编辑功能模块的内容，也可以调整布局。这里列举几个功能模块的设置方法。

1. 编辑图片轮播模块

鼠标移至“图片轮播”模块上，点击“编辑”按钮，进入“图片轮播”模块编辑界面（见图 3－49）。

图 3－49　图片轮播模块

“图片轮播”编辑界面包括轮播内容设置和显示设置，如图 3－50 所示，在内容设置中可以设置轮播图片地址①和链接地址②。图片可以当场上传到图片空间也可以事先已经上传到图片空间，链接地址是点击轮播图片时要跳转的商品详情页或店铺活动页。在操作区③可以移动图片的轮播顺序或者删除多余的图片，“添加”④按钮用以添加新的轮播图片，且最多只能添加 5 张图片。

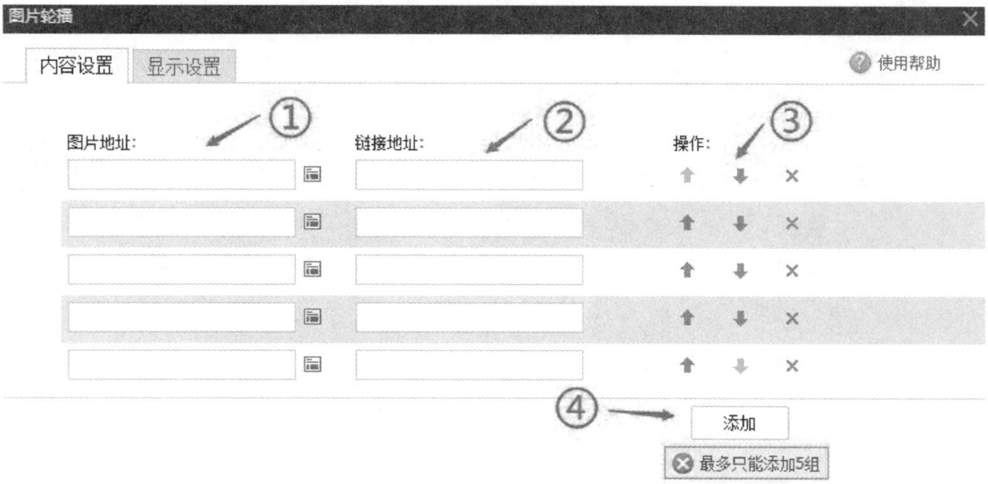

图 3 - 50　“图片轮播”内容设置界面

图片轮播显示设置中可以设置显示标题、模块高度以及切换效果，且轮播图片高度在 100 ~ 600px 之间（见图 3 - 51）。

图 3 - 51　“图片轮播”显示设置界面

“图片轮播”模块通常用于店铺最新单品、精彩活动或优惠推荐等活动页使用，如果活动海报只有一张图片时也可以使用“全屏宽图”模块来展示活动广告，一次展示一张广告海报，如颐莲旗舰店首页的海报图片展示区域（见图 3 - 52）。

图 3 - 52　颐莲旗舰店首页的海报图片

2. 编辑宝贝推荐模块

鼠标移至“宝贝推荐”模块上，点击“编辑”按钮，如图 3 – 53 所示，进入“宝贝推荐”模块编辑界面。

图 3 – 53　宝贝推荐模块

“宝贝推荐”编辑界面包括宝贝设置和电脑端显示设置，如图 3 – 54 所示，在宝贝设置中可以设置推荐方式，如果选择“自动推荐”，则可以由系统根据设定的“自动推荐排序”进行自动更新排序，具体可以根据选项参数进行设置；如果选择“手工排序”，则由卖家指定宝贝进行推荐展示，且最多推荐 28 个宝贝，如图 3 – 55 所示。

图 3 – 54　“宝贝推荐”宝贝设置界面（自动推荐）

图 3 – 55　“宝贝推荐”宝贝设置界面（手工推荐）

在电脑端显示设置中可以设置“宝贝推荐”模块的具体显示效果，包括显示标题、展示方式、是否显示（折扣价、最近 30 天销售数据、评论等项目），如图 3 – 56 所示。例如标题可以设置为热销宝贝、人气宝贝或者最新宝贝等，让消费者一看就知道店铺推荐的热门商品的属类。

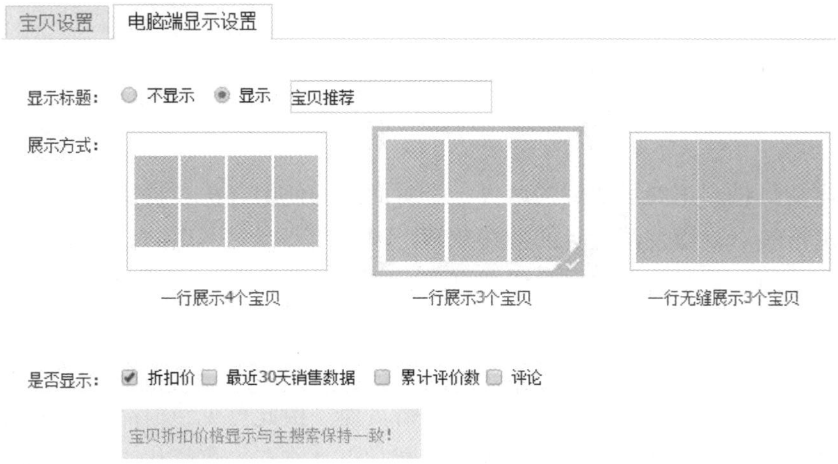

图 3－56　“宝贝推荐”电脑端显示设置界面

店铺推荐对店铺指定商品甚至打造爆款的流量导向很重要，需要卖家进行必要的日常维护，让买家能更好地了解店铺热销商品或者活动商品。颐莲旗舰店的“宝贝推荐”就采用了一行展示 4 个宝贝的形式（见图 3－57）。

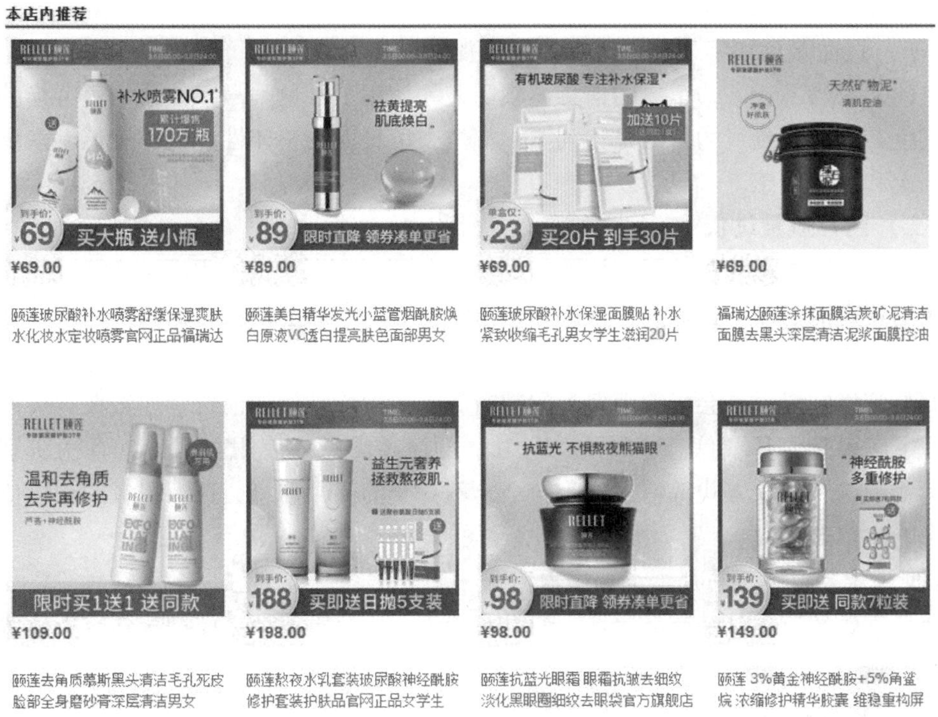

图 3－57　颐莲旗舰店“宝贝推荐”界面

店铺首页是店铺装修的门面，在装修的时候一定要综合考虑，结合店铺风格、品牌以及选品特征等因素进行设计。当然，随着移动设备的普及，现在的消费流量更多地导向了移动端，因此移动端（或称手机端）的店铺首页的装修页必不可少，手机端的装修要与 PC 端的装修风格统一，以提高消费者对店铺的黏度。

案例：店铺装修图片的使用

任务四　设计店铺详情页

商品详情页是真正展示商品的地方，是对商品的使用方法、材质、尺寸、细节等方面的内容进行展示，激发消费者的消费欲望，树立消费者对网店的信任感，促使消费者下单的重要页面。一个完美的商品详情页面，能够让消费者在短短的停留时间里产生购买商品的欲望，从而提升网店的转化率。

淘系官方数据统计显示，店铺访客的来源构成中绝大多数访客来自于搜索或类目的渠道，表明消费者一般都是直接访问商品详情页面。由此可见，商品详情页面是影响一部分消费者是否购买商品的一个重要因素，同时也是将点击率转化为成交率的关键。

既然商品详情页这么重要，很多卖家也会花费大量的心思在商品描述上，但有时效果并不好，用户转化率不高，这是为什么呢？接下来，我们就先了解一下商品详情页中常见的几个问题。

一、商品详情页中的常见问题

（一）页面颜色和字体使用过多，造成视觉混乱

有的卖家为了让一些重要的信息比较明显，使用了红色大号字体或颜色鲜艳的色块作为底色，这样做醒目的目的是达到了，却失去了页面的整体性和视觉美感，降低了店铺的档次和品牌质感。

（二）图片质量过低

有些卖家因拍摄环节等因素导致商品图片显示效果较差，使用这些低质量的图片，会影响消费者对商品的把握和信任感，从感官上降低商品的档次和品牌质感。

（三）商品信息填写不完整

商品信息的提供，会影响消费者的判断和购买信心。例如消费者通常在购买商品时最希望了解商品的基本信息：材质、尺寸、颜色、寓意、使用与保养、真伪辨别、赠品、消费承诺、付款方式等信息是否齐全，不齐全的商品信息会让消费者的购物体验打折，影响订单的达成。

（四）商品描述页布局混乱，主次不分

商品重要的信息包括商品属性、商品照片等，这些重要信息应摆放在突出位置；次要信息如邮资说明、服务承诺等应该在稍后次要的位置。

（五）广告描述过长，影响用户体验

页面的前三屏被称为“黄金三屏”，往往决定着消费者对商品的第一印象。如果前三屏被大量的广告和文字占满，使买家无法快速看见商品主体，特别是大量的信息又以图片的形式出现，页面加载速度将大受影响，用户的体验非常差，常常会使消费者失去耐心，增加流失率，降低转化率。

以上常见问题都会影响消费者对商品本身的关注程度，拉大与消费者的距离，影响店铺的整体印象和经济效益。品牌店铺的成功经营，要求不仅在商品方面获得认可，还

有一个关键因素就是让消费者看到简单、单纯的页面结构布局，使消费者的注意力集中在商品上，产生购买欲望。

二、商品详情页的布局

了解了商品详情页常见问题，后期具体实施中就可以尽可能地避免犯同样的错误。在接下来的商品详情页装修任务中，本文以颐莲旗舰店商品详情页（颐莲玻尿酸补水定妆喷雾）为例，以常用版面实施为主线，讲解商品详情页设计的流程（提示：具体页面风格搭配、商品描述版面视觉设计等业务需要根据具体商品进行选择，不能一概而论）。

从图 3－58 可以看到，颐莲玻尿酸补水定妆喷雾详情页布局包括：背景、店招、店铺导航、本店搜索、客服中心、商品主图、商品信息模块及商品描述模块等内容。其中商品主图、商品信息模块及商品描述模块需要结合具体商品来进行分析与设计，本文主要从页面布局和内容编辑两个方面讲解商品详情页的装修流程。

图 3－58　颐莲玻尿酸补水定妆喷雾详情页（双折页）

（一）商品详情页的版式

商品详情页的版式通常为两栏（左右栏）版式，淘系店铺中天猫店铺和淘宝店铺有所区别，本文以淘宝店铺为例，如图 3－59 所示，即一栏宽度 190 像素，一栏宽度 750 像素。另外还有通栏版式，如图 3－60 所示，只有 950 像素一栏，通栏版式通常需要卖家在“服务市场”中购买相应的模板。

图 3－59　两栏版式

图 3－60　通栏版式

商品详情页布局大致如图 3－61 所示。

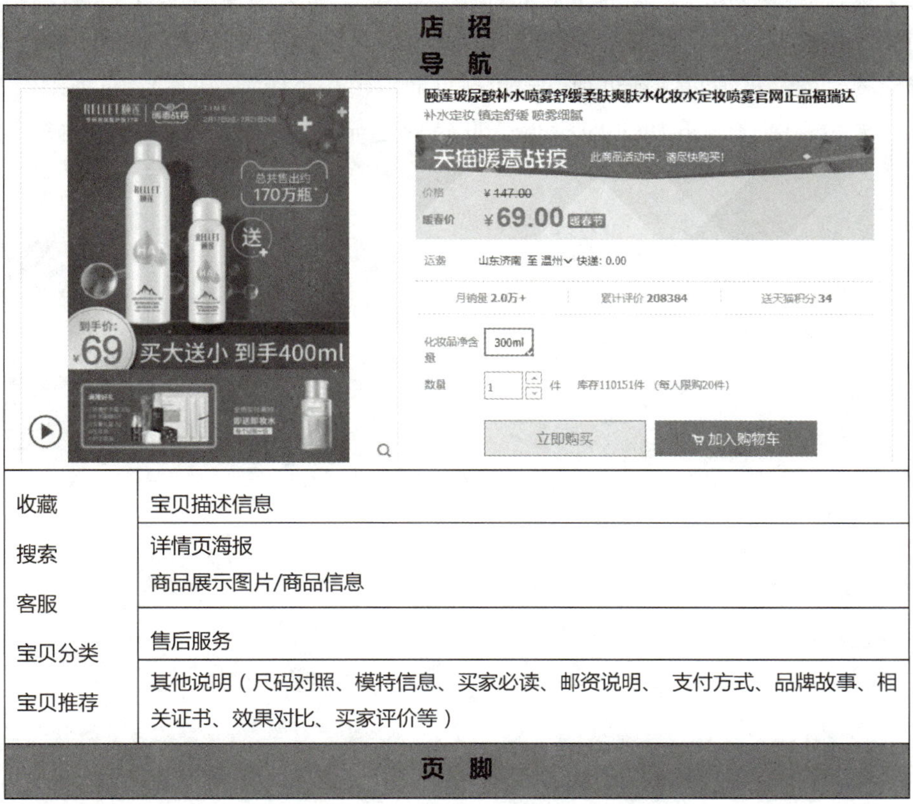

图 3－61　商品详情页布局

（二）装修商品详情页

1. 进入“千牛卖家工作台”

启动“浏览器”，输入淘宝官网网址（www. taobao. com），登录账户，单击“千牛卖家中心”，进入“千牛卖家工作台”。

2. 进入装修页面

执行“店铺管理 > 店铺装修 > 页面① > PC 端② > 宝贝详情页③ > 装修页面④”进入宝贝详情页装修页面（见图 3－62）。

图 3－62　装修页面选择界面

3. 布局商品详情页

为了保持店铺风格统一，通常商品详情页的配色和页头与店铺首页的设置保持一致，当然，特殊情况可以根据实际需要进行修改，具体操作可参考店铺首页中配色和页头装修流程。商品详情页装修可视方式包括页面编辑和布局管理两种，页面编辑是店铺页面即时显示，装修内容所见即所得；布局管理显示页面布局的框架，如图 3－63 所示。

图 3－63　商品详情页布局管理界面

布局管理的操作方式与首页布局管理的操作一致，将需要的模块拖曳到布局区域，或将不需要的模块移除，即可完成详情页布局设计。

4. 设置常见功能模块

将布局管理所选定的模块切换到“页面编辑”状态下即可编辑功能模块的内容。详情页的功能模块有的是系统规划模块，例如“宝贝基础信息”模块由系统根据卖家发布商品时填写的数据进行显示；有的与首页的功能模块相同，例如“图片轮播”模块。这里列举几个功能模块的设置方法。

（1）本店搜索模块。将鼠标移至“本店搜索”模块上，如图 3－64 所示，点击“编辑”按钮，进入“本店搜索”模块编辑界面。“本店搜索”编辑界面可以设置显示标题、预设关键字、推荐关键字以及是否显示按价格筛选（见图 3－65），具体参数要求可参考系统要求。可以将爆款商品的关键字预设到搜索框中，提高爆款的流量。

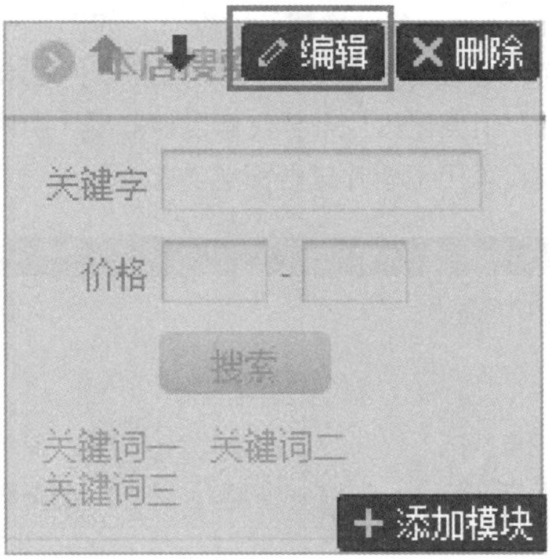

图 3－64　本店搜索模块

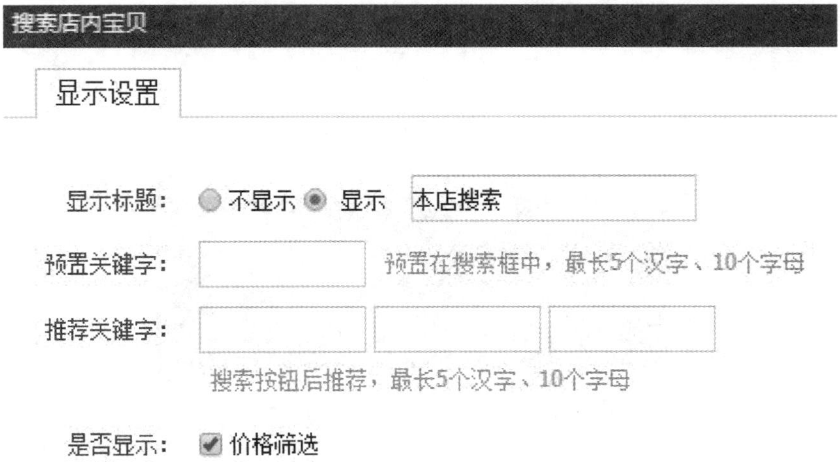

图 3－65　搜索店内宝贝设置

（2）客服中心模块。将鼠标移至“客服中心”模块上，如图 3－66 所示，点击“编辑”按钮，进入“客服中心”模块编辑界面。

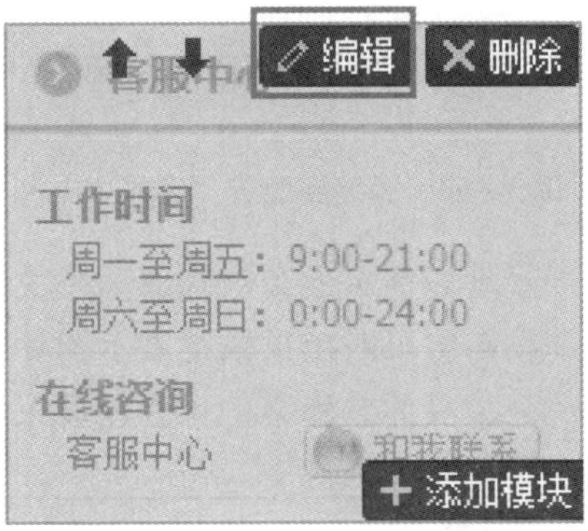

图 3－66　客服中心模块

“客服中心”编辑界面包括内容设置和显示设置，如图 3－67 所示，内容设置可以设置工作时间、在线咨询（旺旺分组）以及联系方式等。显示设置可以设置显示标题栏，也可以不显示标题栏，用美化图片来替代标题栏。图 3－68 中，颐莲旗舰店“客服中心”就隐藏默认的标题，采用了图片进行标题美化。

图 3－67　客服中心模块

图 3－68　颐莲旗舰店“客服中心”

店铺详情页装修主要在于管理详情页的布局和通用模块的编辑。详情页的装修还要结合商品描述内容的设计，即发布宝贝时宝贝描述展示图片的设计，宝贝描述图片的风格要与店铺描述页面风格相统一，具体装修案例见颐莲玻尿酸补水定妆喷雾详情页截图（见图 3－69）。

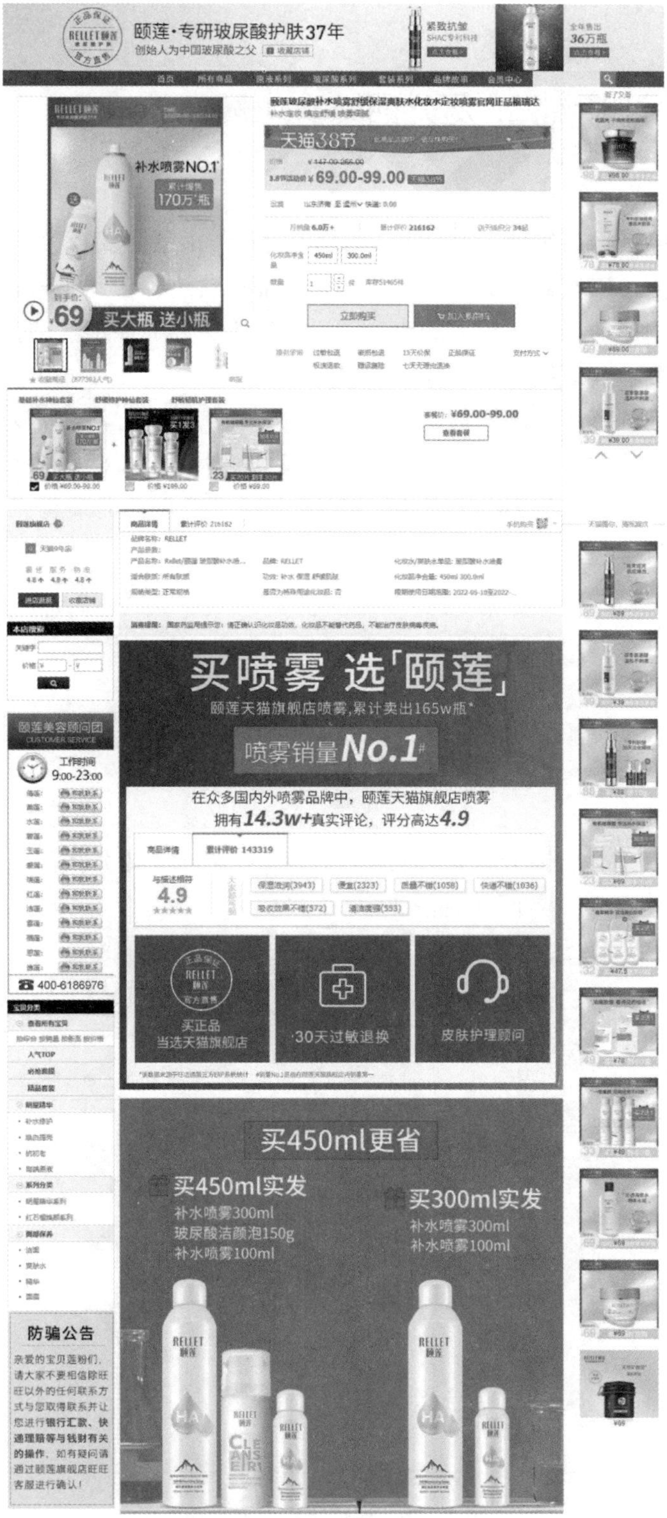

图 3-69　颐莲玻尿酸补水定妆喷雾详情页

任务五　设计店铺二级页面

很多新手卖家装修店铺时，将店铺首页和详情页（包括发布宝贝的描述内容）装修好之后，就以为店铺装修完成了。事实上，店铺运营过程中并非只靠店铺首页和店铺详情页就能完成引流的任务，很大的流量入口来源于店铺的促销活动，这就导出了另一个重要的店铺页面——店铺二级页面的装修。

店铺二级页面一般用于店铺促销活动，或者参加淘宝官方活动时为了区别于店铺首页的页面布局而创建的一个二级页面。这个二级页面用于进行活动的整体展示。

本任务以“自定义页”的设计为例，介绍店铺二级页面的装修，进而可掌握店铺二级页面的实操流程。

一、布局自定义页

1. 进入“千牛卖家工作台”

启动“浏览器”，输入淘宝官网网址（www.taobao.com），登录账户，单击“千牛卖家中心”，进入“千牛卖家工作台”。

2. 进入装修页面

执行“店铺管理 > 店铺装修 > 页面① > PC 端② > 自定义页③ > 新建页面④”进入自定义页面“新建页面”界面（见图 3－70）。

图 3－70　装修页面选择界面

3. 设置自定义页信息

自定义页面“新建页面”（见图 3－71），可以设置高级设置项、网页地址以及页面名称，页面名称不得超过 10 个文案（一个字符或汉字都记为一个文案）。

图 3－71　自定义页面“新建页面”界面

网页地址默认情况由系统随机生成，为了便于记忆卖家可自行修改网页的文档名称，但店铺前缀是不允许修改的，如图 3－72 所示。

图 3－72　设置页面地址

高级设置用于设置页面的内容样式，包括左右栏自定义页和通栏自定义页两种，卖家可根据需要选择使用。通常大型促销活动都以简约大方的页面布局进行设置。

4. 布局自定义页

如果要保持店铺风格统一，那么自定义页面的配色和页头的设置可以与店铺首页的设置保持一致；如果为了突出活动，需要与店铺首页存在明显的区别，则自定义页面的配色和页头的设置可以进行调整，具体操作可参考店铺首页中配色和页头装修流程。

二、装修自定义页

自定义页装修界面与店铺首页等常规页面的装修界面一致，有区别的内容主要在于功能模块的使用上。店铺首页和店铺详情页的功能模块都是 PC 端与手机端分离的，两者不能实现同步，但自定义页的功能模块包括可同步模块和不可同步模块两种，其中可同步模块可实现 PC 端装修与手机端装修保持同步的功能，提高卖家的装修效率（见图 3－73）。

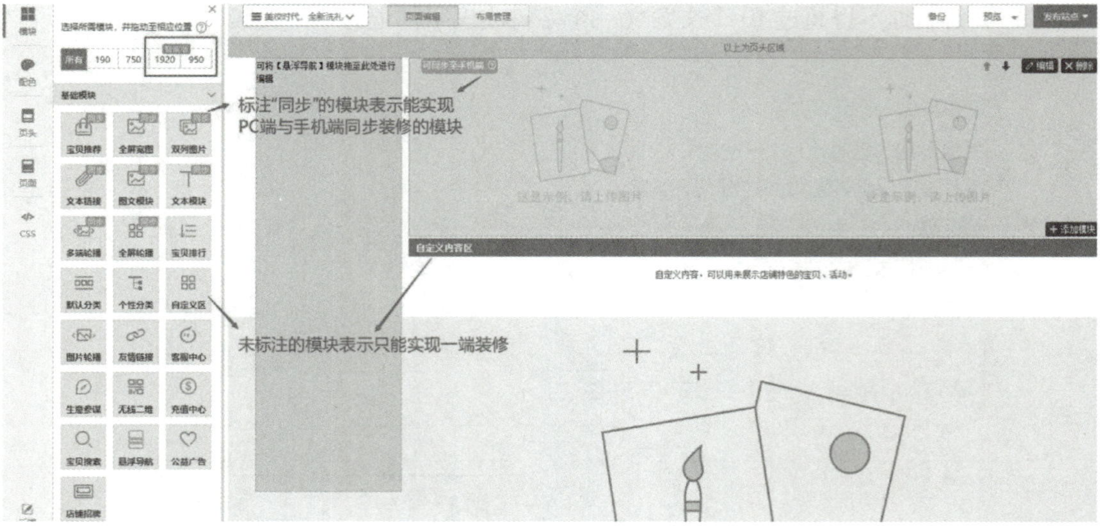

图 3 – 73　自定义页编辑界面

自定义页功能模块的操作方式与首页功能模块的操作一致，将需要的模块拖曳到布局区域，或将不需要的模块移除，即可完成自定义页的布局设计。其中要注意的是宽度为 1920 像素和 950 像素的功能模块属于“智能版”旺铺专属模块。

自定义页在“页面编辑”状态下即可编辑功能模块的内容，这里列举几个功能模块的设置方法。

（一）全屏宽图模块

将鼠标移至“全屏宽图”模块上，点击“编辑”按钮，进入“全屏宽图”模块编辑界面。

全屏宽图模块通常用于店铺最新单品、精彩活动或优惠推荐等活动页使用。全屏宽图编辑界面可设置图片地址与链接地址（点击图片后跳转的网址），图片宽度需要大于或等于 1920 像素，高度不能大于 540 像素（见图 3 – 74）。

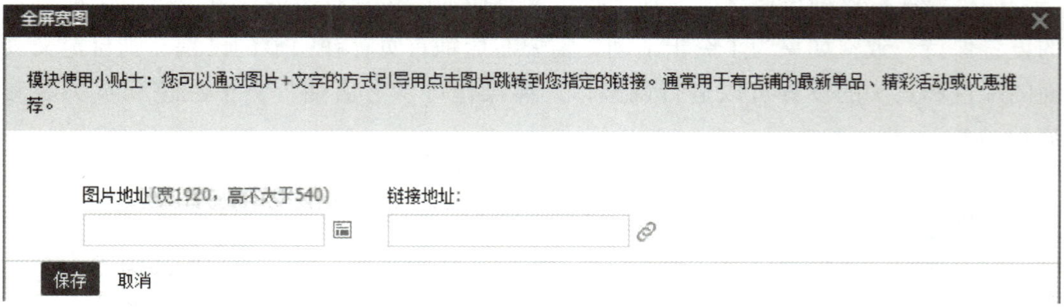

图 3 – 74　全屏宽图模块设置

鼠标点击选择图片按钮，打开图片空间，选择上传到图片空间的图片或者上传已经准备好的活动图片到图片空间，即可完成图片设置。

点击链接地址选择按钮，可选择自定义页地址、宝贝分类地址或者宝贝地址。

（二）自定义内容区模块

将鼠标移至“自定义内容区”模块上，点击“编辑”按钮，进入“自定义内容区”编辑界面，如图 3－75 所示。

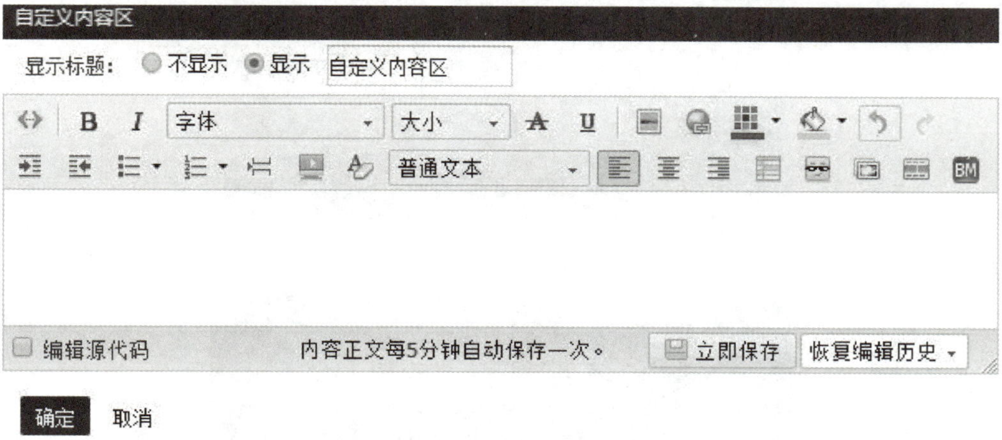

图 3－75　自定义内容区编辑界面

自定义内容区模块的内容没有固定模式，所有内容全部由卖家自定义，可添加图片、视频（需要购买服务）、文本以及超级链接等元素，甚至可以利用 HTML 结合 CSS 形式进行自定义编辑。

“自定义内容区”模块调用 CSS 能灵活实现各类特殊展示效果，熟能生巧，需要在日常店铺装修中不断探索，一定能实现各种专业模板的效果。

如图 3－76 所示，颐莲旗舰店满送活动手机端页面中除了“宝贝推荐”等模块外，绝大多数的展示图片都以自定义内容区模块进行展示，能最大限度地自由编辑要展示的图片或者超级链接，当然相对来说专业度也更高一些。

自定义页装修完毕后就可以在店铺导航栏添加栏目了，将自定义页的网址链接给相应的导航栏目即可实现活动页的跳转。对于手机端店铺来说，自定义页可以直接设置为活动页面，放置到“活动”导航栏目下，让二级活动页更明了。

通过对比颐莲旗舰店满送活动手机端页面可知，其活动页面排版与店铺一级页面有所区别，这样能使得活动页面更为突出，可以营造更好的活动氛围。

以上，经过店铺首页、店铺详情页以及店铺二级页面的装修，一个店铺基本达到了可以发布的要求。这里只列举一部分的装修操作技能，更多的装修技巧有待在实际应用中加以学习巩固，例如宝贝分类页面等二级页面也是非常重要的，也需要认真设置。关于如何结合店铺风格和产品定位来引导装修，在书本后续章节中将逐步进行展示。

案例：淘宝店铺装修之页尾的设计

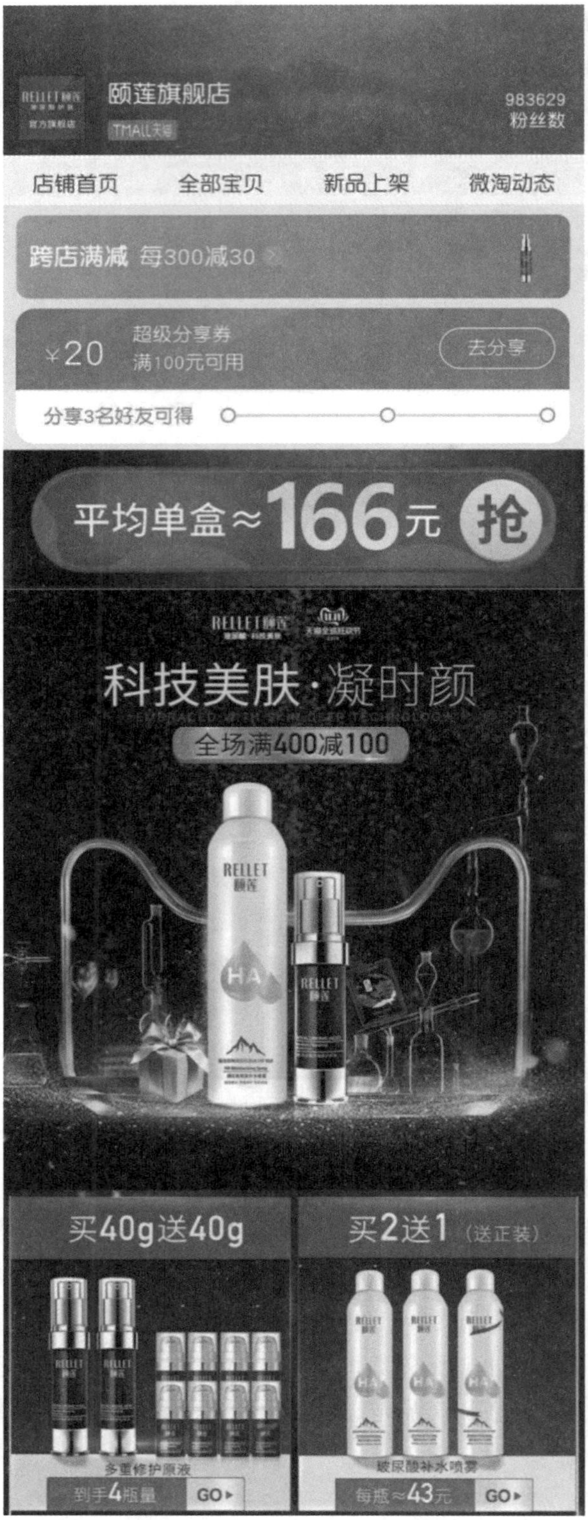

图3－76　颐莲旗舰店满送活动页

实战与提升

经过了一系列的准备，现在到了大展身手的时候了，请你为预上架的一款商品（颐莲玻尿酸补水保湿面膜贴）进行拍摄与图片处理，并结合店铺风格和产品定位设计店铺首页（以智能版旺铺为基准）和“6·18”活动页面，使店铺显得更加专业大气并富有营销冲力。

要求：

1. 图片处理之后必须符合网店平台的要求；
2. 店铺店招、背景图等必须有主打产品的营销氛围；
3. 网店导航中要专门以“最新活动”项目来引导“6·18”活动页面；
4. 以“颐莲玻尿酸补水保湿面膜贴”为主打产品，以全屏宽图的方式呈现营销海报；
5. 页面其他模块根据店铺产品来设计展示。

思考与练习

1. 数码相机可控参数很多，而且很多参数之间也是相互联系的，请根据现实生活中的运用简要说明光圈、景别之间的关系。

2. 商品拍摄时由于光效与数码相机等因素的影响，商品图片色彩显得偏灰，严重影响消费者的购物体验，必须将图片进行调整。

请问可以使用 Photoshop 软件的哪个（哪些）命令进行调整？并简要说明处理流程。

3. 现在你要为一家化妆品店铺“3·8”活动装修活动页面（二级自定义页），你会选择哪种页面内容样式？你会使用哪些功能模块来布局页面？

习题：店铺视觉设计

项目四

店铺推广

学习导图

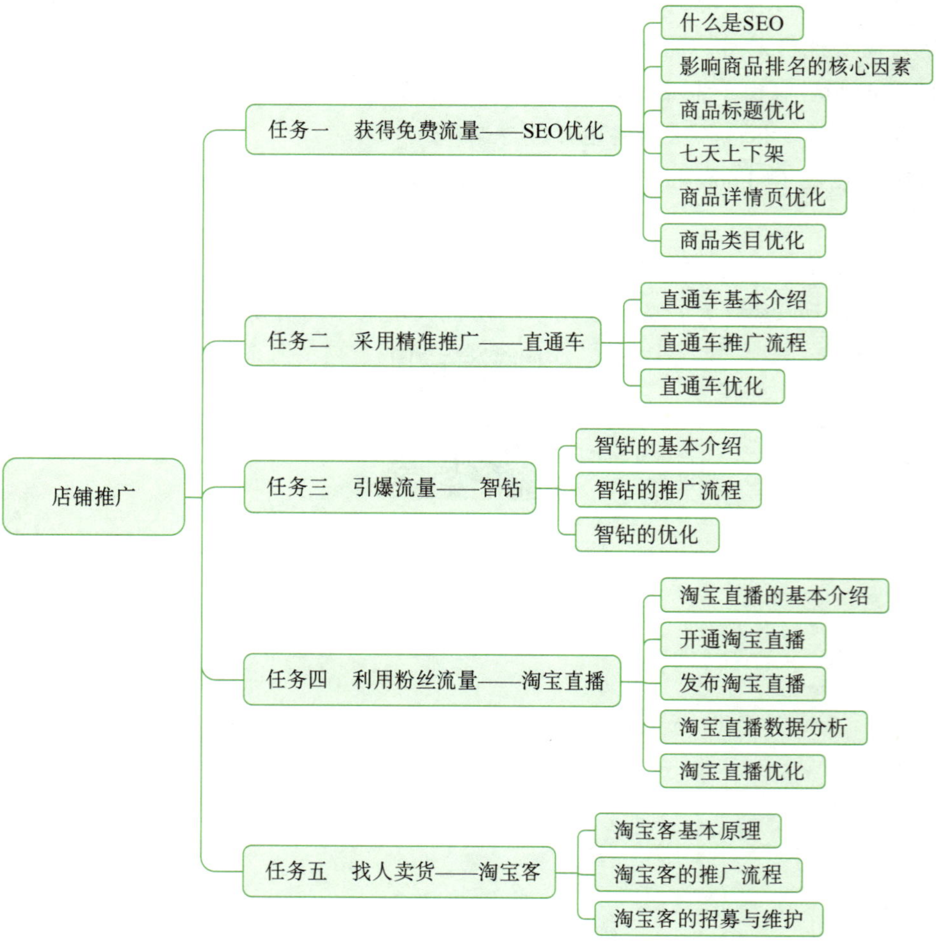

学习目标

素质目标

- ☐ 培养学生的团队合作与协调能力
- ☐ 培养学生的互联网思维和创业意识
- ☐ 引导学生思考第三方运营平台架构思想

知识目标

- ☐ 了解网店推广类型
- ☐ 掌握网店搜索规则
- ☐ 掌握直通车推广的原理、规则与实施方法
- ☐ 掌握智钻推广的原理、规则与实施方法
- ☐ 掌握淘宝客推广的原理、规则与实施方法
- ☐ 掌握淘宝直播推广的原理、规则与实施方法

能力目标

- ☐ 能进行网店的 SEO 优化
- ☐ 能设置直通车并能根据运营数据进行直通车优化
- ☐ 能设置智钻并能根据运营数据进行智钻优化
- ☐ 能设置淘宝客并能根据运营数据进行淘宝客优化
- ☐ 能开通淘宝直播并能根据运营数据进行淘宝直播优化
- ☐ 使学生树立成本意识、具备资金管理能力
- ☐ 使学生具备数据分析能力

通过网店的装修，我们拥有了一个颜色搭配协调、详情页制作美观的店铺。接下来要做的是让我们的网店在众多的同类网店中脱颖而出，展现在买家面前。这就是本项目要学习的内容——网店推广，本项目以淘宝集市店与天猫店两种类型的店铺为例为大家阐述。

网店推广的本质是获取流量。网店获取流量的途径很多，根据流量收费与否分为免费流量与收费流量；根据流量来源分为站内流量与站外流量。站内流量是指由淘宝网本身带来的流量，是卖家主要的流量渠道，如站内搜索、直通车、智钻、聚划算等都属于站内流量；站外流量是指在淘宝网以外的互联网上获取的流量，如从今日头条、微博、优酷、搜狐等淘宝网以外的网站获取的流量都属于站外流量。

本项目将系统地学习 SEO 优化、直通车、智钻、淘宝客及淘宝直播等获取流量的方式。

项目导入

2010 年颐莲品牌正式入驻天猫。颐莲玻尿酸补水定妆喷雾是颐莲旗舰店最近几年重点打造的爆款产品之一，属于高客单价商品。该商品自 2016 年 6 月上线以来通过 SEO 优化、直通车、钻展与直播等多种方式的推广，浏览量、转化率、复购率均保持良好上升态势。2019 年颐莲玻尿酸补水定妆喷雾这款商品全年销售额为 5000 万元。

本项目以颐莲玻尿酸补水定妆喷雾为例，阐述 SEO 优化、直通车推广、钻展推广与直播推广、淘宝客推广等内容。

项目任务

通过本项目的学习，掌握 SEO 优化的方法，掌握直通车推广、智钻推广、淘宝客推广、淘宝直播的原理与规则；掌握直通车推广、智钻推广、淘宝客推广、淘宝直播的操作流程与优化途径。

任务一　获得免费流量——SEO 优化

微课：SEO 优化

一、什么是 SEO 优化

SEO（Search Engine Optimization）“搜索引擎优化”，是指利用搜索引擎的规则，优化商品设置，提高商品排名，获取更多流量的一种技术和过程。核心内容是关键词搜索优化和类目优化搜索优化两部分。

淘宝搜索引擎优化（广义）是指能获得淘宝站内免费流量的方法。在淘宝站内主要包括：淘宝搜索流量（综合排名、人气排名、销量排名等不同维度），天猫搜索流量，淘宝类目流量，天猫类目流量以及淘宝官方活动等其他相关流量。商家要尽可能多地挖掘淘宝站内的免费流量。

SEO 优化一般包括优化商品标题、商品类目、商品详情页、商品上下架时间等，以此来使商品获得更好的自然搜索排名和更多的平台展现机会，获得更多的流量。SEO 是网店获取平台免费流量的重要手段，无论运营国内的电子商务平台（淘宝、天猫、京东等）还是跨境电子商务平台（速卖通、亚马逊等）上的店铺，其流量还是主要来自免费流量，如图 4－1 所示。免费流量的获取关系到网店运营的成败。

流量来源	访客数	（占比）
自主访问	33,522	36.98%
付费流量	29,123	32.12%
淘内免费	27,974	30.86%
大促会场	233	0.26%
淘外媒体	32	0.04%
淘外网站	7	0.01%

图 4－1　淘宝店内各来源流量对比

目前，商家纷纷打造爆款，其目的就是为了占据流量入口获取更多免费流量，由此可见，搜索引擎优化对店铺运营来说有很重要的意义。

二、影响商品排名的核心因素

商品排名决定了店铺获取自然流量的多少，排名越靠前，商品获得展示的机会越多，获得的流量也更多。影响商品搜索排序的因素很多，如成交量、关键词匹配、商品下架时间、收藏量、好评率、商品促销、橱窗推荐、消费者保障、DSR 动态评分、商品价格、点击率、转化率、商品主图、商品属性完整度、停留时间、跳失率、金牌卖家、公益宝贝、动销率、退款纠纷率、客单价等众多因素都会影响商品搜索排名。不同的因素其权重不一样，对商品排序的影响也不相同，下面分别对主要因素进行介绍。

1. 标题与商品相关性

确定商品标题的时候，一定要符合商品的真实属性，切勿胡乱堆砌关键词。标题中所包含的关键词，一定是在商品属性中所具有的。如标题中写“纯棉”，在实际商品属性中“含棉量 20%”就属于属性不相关，严重的会被扣分。

2. 销量

如何判断一个产品的质量的好坏？产品是否受欢迎？买的人多，意味着该商品质量过硬，所以商品的销量权重占比相对较高。但是由于近几年爆款的竞争异常激烈，有的商家为追求销量进行虚假性购买（刷单），严重扰乱正常的经营环境，所以平台会加大其他因素权重占比，来减小销量对排名的影响。

3. 付款人数

“付款人数”是购买商品的顾客数量，是更为客观的排名因素。如一个顾客买了 50 件相同的商品，这件商品的销量增加 50，但只增加一个“付款人数”，排名计算时，按 1 计算而不是按 50 计算。在关键词搜索排名时，系统是按照“付款人数”来进行排序的。在搜索结果列表页，按照“综合排序”查看搜索结果，我们可以看到是基本是“付款人数”多的在前，如图 4－2 所示。图中“掌柜热卖”为直通推广的商品，直通车将在“任务二”中学习，后面 3 件商品的“付款人数”依次递减。

图 4－2　综合排序下“付款人数”

当然影响搜索排名的因素很多，“付款人数”只是其中一个，也会出现“付款人数”数据大，商品排名靠后的情况，但“付款人数”是重要的排名因素之一。

4. 商品点击率

商品点击率是商品排名的重要要素之一，是点击商品的人数与看到宝贝的人数之间的比率。即：点击率＝点击量/展现量，商品点击率高才会为宝贝带来有效流量，增加商品成交的机率。

影响点击率的因素主要有商品的主图、价格、标题。因此，主图一定要有吸引力，商品标题要在符合搜索规则的前提下包含商品的主要信息，并且要便于买家阅读。点击率大大高于同类目水平时，会进入人工审核系统，判断是否存在虚假交易，审核合格给予加权处理，如果检测出存在刷信誉、刷销量、刷转化等虚假交易行为，则会被降权处理，商品排名下降，甚至该商品很难再有展示机会。

5. 商品转化率

商品转化率是所有触达宝贝并产生购买行为的人数和所有浏览宝贝的人数的比率。即：转化率＝产生购买行为的客户人数/所有浏览宝贝的人数。宝贝有好的转化率不仅可以带来更多成交量，同时可以增大直通车或者钻展的投入产出比，减少推广成本。

转化率是商品能否得到买家认同的一种体现。一般来说，转化率越高的商品页面，说明商品描述越真实，客户信任度越高，淘宝网会对这类商品的排名进行提升。当转化率远高于同类目水平时，会进入人工审核系统，判断是否存在虚假交易，审核合格给予加权处理，如果检测出存在刷信誉、刷销量、刷转化等虚假交易行为，则会被降权处理，商品排名下降，甚至该商品很难再有展示机会。

很多商家都在研究如何降低直通车点击费用，却忽略了店铺优化这方面的工作。在运营中，一定要按照“先做转化，再做流量”的思路进行运营，争取最大可能性的成交转化，在后期的直通车与智钻的推广中可以减少运营成本，提高收益。

影响转化率的因素主要有商品的质量与创新、详情页的设计、价格。一般来说，一件商品如果质量较高且新颖，详情页设计美观并具备营销导向，价格合适，转化率一般会高于同类行业的转化率。

6. DSR 动态评分

DSR 动态评分即淘宝店铺动态评分，是指在淘宝网交易成功后，买家对本次交易进行的评分。DSR 动态评分包含：“宝贝与描述相符”“卖家的服务态度”“卖家的发货速度”三项内容，分别考核卖家的商品与详情页描述是否一致、卖家的服务态度是否周到细致、卖家的发货速度是否快速与包装是否完整。每项评分取连续六个月内所有买家给予评分的算术平均值，分值范围为 1 ~5 分，1 分为非常不满；2 分为不满意；3 分为一般；4 分为满意；5 分为非常满意。DSR 评分是商品描述、服务及发货速度等综合服务水平的体现，DSR 评分越高，对排名越有利。

DSR 评分的高低是与同类目的店铺之间进行对比。DSR 评分若高于同行业平均水平，则该数值显示为“红色”，若低于同行业平均水平，该数值显示为“绿色”，如图 4 -3 所示，DSR 评分必须要高于行业水平才可以，否则影响的不仅仅是自然搜索，而且在参加活动时也会受限制。

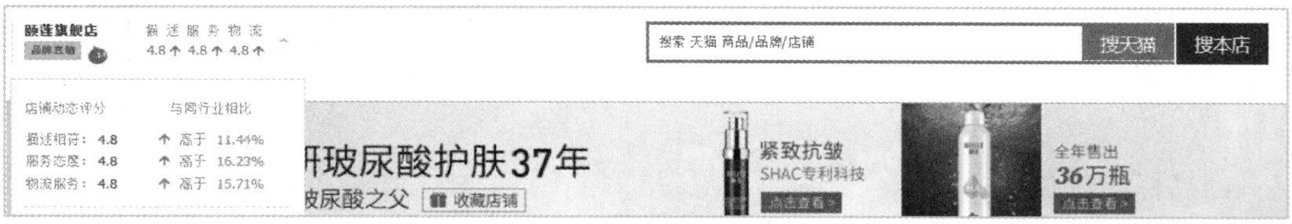

图 4－3　颐莲旗舰店 DSR 动态评分

7. 商品上下架时间

在淘宝平台里同类商品非常多，少则几千件，多则上百万件。为了尽可能地公平分配流量资源，照顾到每一个卖家，吸引商家开店的积极性，淘宝采用了一个商品上下架时间的规则。发布的商品从上架之时开始计算，以 7 天为一个周期，商品越靠近上下架时间，排名越靠前。

8. 商品主图

商品主图是展现商品时看到的图片，影响着店铺运营效果。商品主图设计要突出商品卖点与特点，要符合淘宝平台的尺寸、比例及必要元素的要求，设计要干净、促销文字不能遮挡商品卖点，不能出现“牛皮癣”。商品主图“牛皮癣”是指主图上带有文字或者图形、色块等影响主图美观和正常查看的内容，如图 4－4 所示。

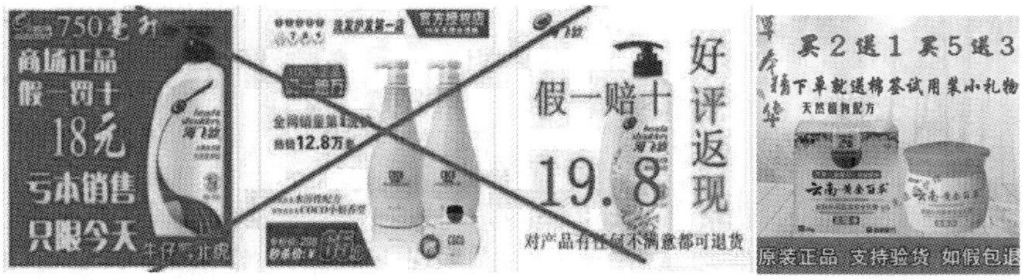

图 4－4　商品主图“牛皮癣”

9. 复购率

复购率是指消费者对该商品或者服务的重复购买次数。复购率越高，则代表消费者对品牌的忠诚度越高，反之则越低。它是影响搜索排名的一个因素，提高复购率对增加淘宝店铺销量和人气很有帮助。

10. 动销率、滞销率

动销率是指有销量商品与店铺内所有在线销售商品的比率，即：动销率＝有销量的商品/在线销售的商品。滞销率与动销率是对应的，即：滞销率＝滞销商品数/全店商品数。

那么什么是滞销商品呢？淘宝对滞销商品目前的定义是近 90 天无编辑、无浏览、无成交的商品。滞销商品会被搜索屏蔽，不会进入搜索库，若要继续销售该商品，卖家可将滞销商品重新编辑。

11. 跳失率

跳失率是指统计时间内，访客中没有发生点击行为的人数/访客数，即跳失率＝1－点击人数/访客数。该值越低表示流量的质量越好。多天的跳失率为各天跳失率的日均值。跳失率是商品描述质量的一种体现。提高详情页的质量、做好商品关联销售可有效降低跳失率。

三、商品标题优化

随着电商系统的不断完善，与自然搜索排名有关的权重因素多达几百个，但在众多因素中，标题是与买家搜索关键词联系最大且最直接的一个。买家购买商品时输入的关键词，首先在商品标题中进行匹配，因此商品标题与自然流量密切相关，网店运营必须要做好标题优化。

（一）商品标题

商品标题是描述商品的文字，通过标题可以让买家找到商品、快速了解商品的类别、属性、特点等。商品标题是与买家自然搜索联系最紧密也是影响最大的因素，一个优秀的商品标题能为商品带来大量的自然搜索流量。

商品标题由多个关键词组成。以淘宝网为例，商品标题最多由 60 个字符组成（数字、英文字母及空格为 1 个字符，汉字为 2 个字符），编辑商品标题时，要充分利用这 60 个字符的空间，最大程度设计更多的有效关键词，为商品带来更大的流量。

（二）搜索分词与搜索过程

买家购买商品时，首先会根据要购买的商品输入关键词来查找商品，淘宝会将买家输入的关键词切成若干个部分。如当买家搜索“玻尿酸补水”时，淘宝系统会将这个词切分成：“玻尿酸”“补水”“玻尿酸补水”3 个词。

淘宝系统分别用这 3 个词与平台内的商品进行匹配，标题内有“玻尿酸”“补水”“玻尿酸补水”的商品就会获得展现机会，如图 4－5 所示。商品 1 和 3 匹配的是“玻尿酸补水”这个关键词，商品 2 和商品 4 匹配的是“玻尿酸”“补水”这两个关键词。因此，标题含有买家搜索的关键词是首要的条件，但并不是所有包含“玻尿酸”“补水”“玻尿酸补水”这 3 个关键词的商品都能被展现，因为淘宝只展示 100 页商品，共 4000 多件，展现并排名靠前的商品是因为在此关键词下权重较高。

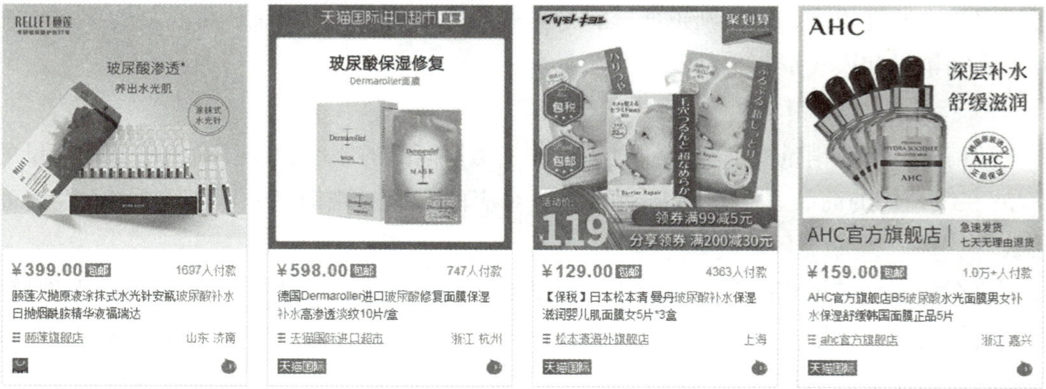

图 4－5 搜索词的切词与商品匹配

（三）关键词分类

关键词是指买家在购买商品时在搜索引擎中输入的表达个人需求的词汇。在网店运营过程中，揣测买家的搜索习惯，思考买家通过搜索什么词来找到需求商品，研究与挖掘这类词，并围绕这些词优化商品标题，是必做的工作之一。商品标题由最多30个汉字或60个字符组成，标题覆盖的有效关键词越多，商品被展示的几率就会越大。

目前，行业内并没有关键词划分的统一标准，但在主流搜索引擎中常见的关键词类型一般有：核心关键词、属性关键词、长尾关键词、营销词、品牌词、类目词。

1. 核心关键词

核心关键词，就是商品的名称，例如：化妆水、休闲裤、连衣裙、笔记本、衬衫等，其作用是使买家通过标题快速了解商品，判断是不是自己需要的商品。这类词一般搜索量较大、竞价成本高、转化率偏低。

2. 属性关键词

属性关键词是对商品属性进行介绍的词语，商品材质、颜色、尺寸、风格等都属于商品属性关键词。如“全棉提花七分袖连衣裙”中，“连衣裙”是核心关键词，“全棉”“提花”“七分袖”都是属性关键词。属性关键词一般结合核心关键词使用。

3. 长尾关键词

长尾关键词，就是在核心关键词上加两个或多个修饰词，如“全棉提花连衣裙”“提花七分袖连衣裙”“连衣裙修身显瘦”，长尾关键词所覆盖的人群精准但覆盖人群较少，因此长尾关键词一般搜索量及竞价成本要小于核心关键词，但是转化率会较高。

4. 营销词

营销词是指具有营销性质的关键词。营销词包括描述优惠信息、突出商品卖点、展现品牌信誉等的词，通常作为核心词和属性词的补充，如“2020新款”“包邮”“正品”等。

5. 品牌词

品牌词是指商品的品牌名称，如“颐莲”“格力”“华为”等都属于品牌名称，商品标题中使用品牌词是方便对品牌有忠诚度的买家找到商品，一般品牌词与商品的型号一起使用，如“华为Mate30”方便买家精准找到商品。

6. 类目词

类目词是指商品属性的分类，如男鞋、女鞋、T恤、外套等。类目词有时会与核心关键词相同。类目关键词所覆盖的人群最多但不精准，花费较高。

（四）关键词的挖掘

关键词的挖掘是指通过分析商品所属分类，商品属性、特点、卖点等要素，利用关键词分析工具寻找为商品带来流量关键词的过程。关键词挖掘是SEO必做任务。只有挖掘到商品的有效关键词才能组合成优质标题。

1. 分析商品获取关键词

分析商品所属类目、商品属性、特点、卖点、风格等要素，借鉴淘宝网同类或相似商品列举商品关键词。

2. 淘宝搜索下拉框

淘宝搜索下拉框是卖家了解商品热搜词的重要工具，是我们获取关键词的重要渠道。当我们在淘宝首页输入关键词时，下拉框里会出现一些推荐搜索热搜词（见图4－6），这些词是淘宝根据搜索关键词延伸的二级词或者三级词，或者是近期搜索热度上升快的、相关性高的词。

在网店运营过程中，我们要经常搜索一下和自己商品相关的关键词，掌握关键词热搜动态，及时调整我们的标题。由于此类关键词拥有较高的搜索量，竞争性强，对于刚上线的商品，不要将这些热搜词罗列组成标题，建议取2～3个词放在标题中，当商品排名提高到前几页时，再逐步增加相关性强的热搜词。

图4－6　淘宝搜索下拉框

3. 生意参谋—流量—选词助手

生意参谋提供了作战室、流量、品类、交易、内容、服务、营销、物流、财务、市场、竞争等功能，如图4－7所示。

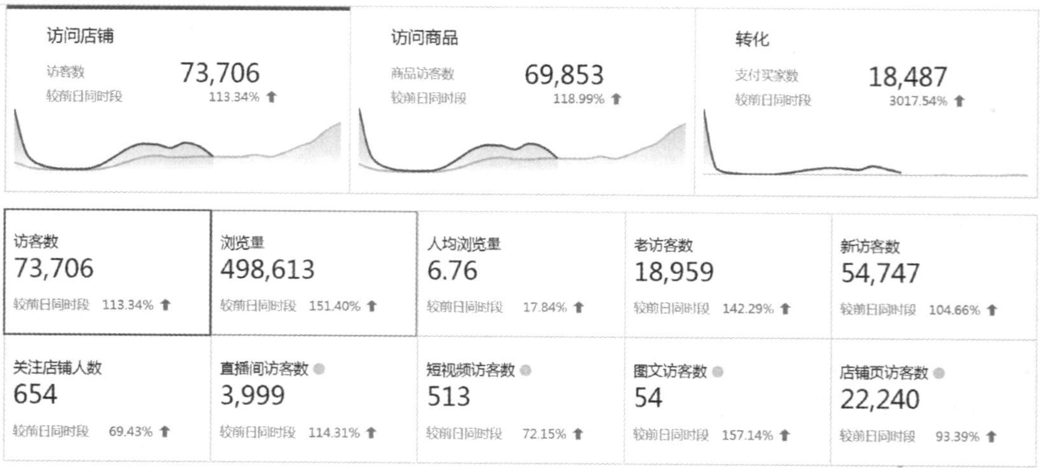

图4－7　生意参谋流量页面

进入“生意参谋”页面，点击导航栏“流量”选项，点击“选词工具”页面，如图4－8所示。

图 4－8　生意参谋选词助手

卖家可以利用引流搜索关键词、竞店搜索关键词、行业相关搜索词提供的“带来的访客数”“带来的浏览量”“引导下单买家数”“引导下单转化率”“跳失率”“引导支付金额”“引导支付件数”等相关数据挖掘关键词。

4. “您是不是想找”

当我们在搜索关键词后，在商品的最上面有一个“您是不是想找”，这里的关键词是系统根据搜索关键词匹配的多级词，这些词同样是搜索热度高的词，如图 4－9 所示。

图 4－9　“您是不是想找”示例

5. 阿里指数

阿里指数是了解电子商务平台市场动向的数据分析平台，2012 年 11 月 26 日阿里指数正式上线。根据淘宝网站每日运营的基本数据包括每天网站浏览量、每天浏览的人次、每天新增供求产品数、新增公司数和产品数五项指标统计计算得出搜索词的搜索指数与搜索涨幅。

无论是淘宝上的卖家还是媒体从业者、市场研究人员，都可以利用淘宝指数来了解淘宝搜索热点，定位消费人群，研究细分市场。访问 https：//shu. taobao. com，选择“行业指数”，输入店铺的经营类目，即可查看类目下关键词的相关数据。如图 4 – 10 所示。

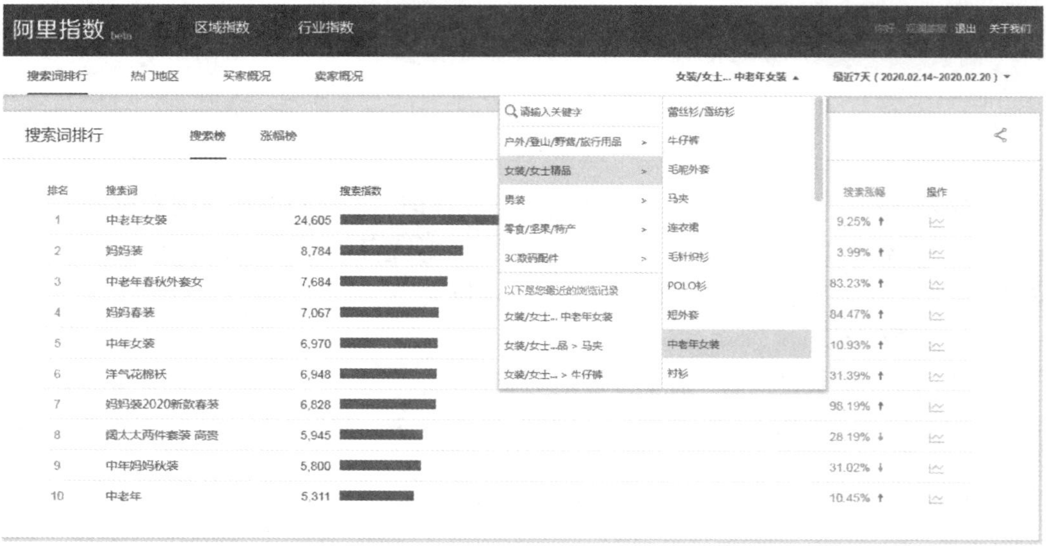

图 4 – 10　阿里指数搜索词排行

卖家可根据阿里指数对应的搜索榜与涨幅榜列示的词，挖掘关键词。

6. 直通车关键词系统推荐

直通车系统推荐词，是直通车后台根据商品的类目、标题、创意标题、商品属性等推荐关键词的选词工具。直通车系统推荐词是一种比较常用的选词方法。卖家在为直通车推广计划添加关键词时，系统会根据商品、人群等，推荐与该词相关的关键词，如图 4 – 11 所示。

推荐的关键词有潜力词、热搜词、质优词、飙升词、同行词、拓展词和联想词。

（1）潜力词：有一定展现量且市场平均出价或竞争指数较低的关键词。

（2）热搜词：展现指数较高的关键词。

（3）质优词：点击转化率或投入产出比较高的关键词。

（4）飙升词：近期搜索量快速增长的关键词。

（5）同行词：同类店铺所购买的、投入产出比较高的关键词。

（6）扩展词：搜索词的细化拓展，同步“搜索框下拉推荐”。

（7）联想词：搜索词的相关联想词，同步“您是不是想找”。

图 4－11　直通车系统推荐词

在进行关键词挖掘时，我们先从潜力词、热搜词、质优词、飙升词、同行词、拓展词、联想词确定类别，再根据关键词与商品的相关性、展现指数、竞争指数、点击率、点击转化率等指标筛选关键词。

7. 直通车关键词分析工具

直通车流量解析是一款可用于洞悉市场数据的产品，通过记录一段历史时期内关键词或类目在直通车的各类市场数据，帮助卖家了解市场变化情况。卖家可以通过查询关键词或类目，获得对应的市场数据、推广参考等，以帮助卖家调整相应的推广策略，优化直通车推广效果。

进入直通车—工具—流量解析，找到出现关键词分析页面，如图 4－12 所示。在文本框中输入要分析的关键词，点击“市场数据趋势”选项，可以获取此关键词的“市场趋势数据”“相关词推荐”“行业趋势词排名”等数据。卖家可根据“相关词推荐”“行业趋势词排名”挖掘流量与转化率较高的词优化标题。

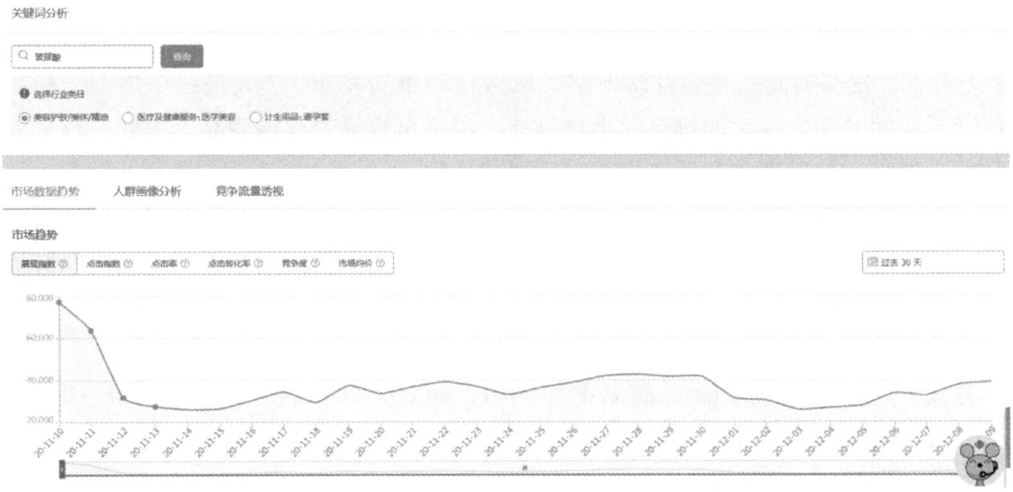

图 4－12　直通车下关键词分析

8. 借鉴相似商品标题

输入商品核心关键词，分析排名靠前的商品标题中包含的关键词，结合自身商品的属性，挖掘关键词，优化商品标题。

（五）标题编辑与优化

1. 标题编辑

在关键词的分类中，把关键词大体分为核心词、属性词、长尾词、营销词、品牌词、类目词六种类型，把我们挖掘到的关键词组合起来就形成了我们的标题。

标题组合公式：营销词+类目词+品牌词（有影响）+属性词+核心词。如果品牌不知名可不加。标题组合的三个原则：

一是易读性原则。关键词组合标题能使买家迅速地了解商品，符合阅读习惯。

二是紧密原则。想让买家搜索的词要紧密连接、不用空格分隔。

三是偏正组合原则。关键词组合标题的修辞词放在宝贝名称前面，而名词放在后面。

2. 标题优化

商品标题编辑完成并不代表标题优化工作结束了，在商品发布后，还要实时关注关键词数据指标的变化，持续地进行关键词数据分析，调整标题的关键词，不断优化标题。

四、七天上下架

淘宝同类目下商品数量少则上万，多则几百万，而一个搜索页面仅展示 40 多件商品，共显示 100 页。淘宝平台为使每个商品都有展现的机会，合理地划分自然搜索流量，照顾每一个卖家，制定了一个流量分配的规则，就是“七天上下架”。

七天上下架的原理是当一个商品临近上下架时间段，有优先展现的机会。优先展现并不一定在首页或是前几页展现，商品出现在第几页，排在什么位置，还要综合该商品的其他权重。上下架只是排名的一个重要因素。但是卖家必须要抓住淘宝网合理划分搜索流量的机会，获得淘宝规则流量的红利。

那么卖家如何利用七天上下架优化店铺呢？我们带着问题进行下面的学习。

（一）什么是“七天上下架”

七天上下架时间，是指在商品发布后，以 7×24 小时为一个周期进行上下架自动处理。7 天后，发布的商品就会自动下架，然后自动重新发布，7 天是一个周期。商品在越接近下架的时间，搜索的排名就会越靠前，买家更容易看到该商品。因此，合理安排商品的上架时间，对商品获取流量具有重要的作用。

（二）上下架时间的设置方法

由于临近上下架时间时商品将优先得到展现，故在安排商品上下架时间时，应当将店铺商品平均分配到 7 天内，保证每天都有商品展现。如店铺内有 70 件商品，我们可以每天设置 10 件商品上下架。

方法 1：我们可以把 10 件商品平均分布，如 00：00—24：00，每 2.4 小时 1 件，使全天每个时间段都有商品处在上下架时间点，以获得展现的机会。

方法 2：我们可以根据每天访客较多的时间设置商品的 7 天上下架时间。图 4－13 显示：店铺在 10：00—16：00，20：00—24：00 点访客数较大，我们可以将商品平均设置在这两个时间段内。

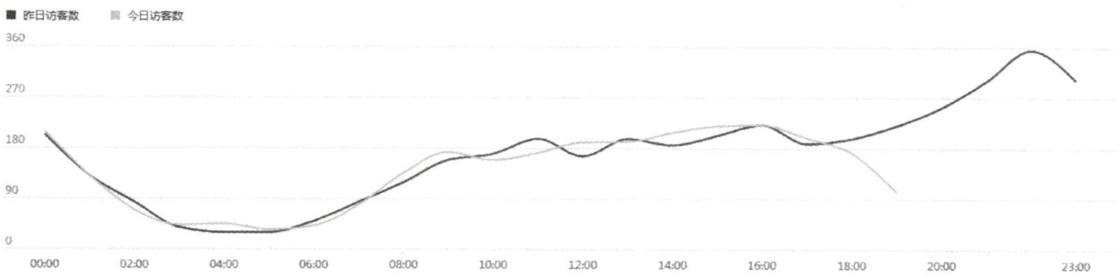

图 4－13 某网店内时间——访客曲线

方法 3： 规避竞争对手七天上下架时间，提高排名。如果店铺内的商品在非七天上下架前后，自然搜索排名已在前 5 页内（5 页之后，找不到避开的时间点，意义不大），我们可以用第三方工具（如“上下架助手”）查找排在本店商品前面的商品上下架时间，避开竞争对手的上下架时间来设置本店商品的上下架时间，最大可能地确保店铺内商品在上下架时段获得较好的展现机会。

五、商品详情页优化

买家进入店铺购买商品时，主要是通过商品详情页来了解商品，因此商品详情页的设计质量，直接影响着买家的购买决策。详情页的设计要以清晰的思路引导买家了解商品并产生购买欲望，转化率高的详情页应该同时兼顾目标消费人群、商品展示、页面布局、加载速度、关联销售等多个方面。

（一）目标消费人群定位

利用直通车中的流量解析工具进行消费人群分析，如图 4－14、图 4－15 所示，通过对消费人群性别、年龄、职业、收入等分析，找准商品详情页风格与内容的定位，结合商品特征梳理出完整的、清晰的详情页框架，选择最符合目标消费群体的设计。如“玻尿酸”目标消费人群多为年轻女性，即可针对女性的性格特征设计与她们喜好相符合的页面风格。需要注意的是，目标消费人群定位尽量建立在数据分析的基础上，不要凭借主观臆断做决定，以避免定位错误。

图 4－14 玻尿酸消费群体的性别分析

图 4－15　玻尿酸消费群体的年龄分析

（二）商品展示

商品展示是详情页的主体部分，也是买家最关注的内容。一般来说，商品展示需具备一定的逻辑性和规律性，以买家购物的心理流程为基础。

第一步是诱发买家的兴趣，给予买家良好的视觉体验。通常可以通过营销图、商品效果图、细节图等商品图或吸引人的文案作为详情页第一屏的内容，如图 4－16 所示。为了吸引买家眼球，部分卖家也会在商品详情页中添加一些多媒体元素。但需要注意的是，过度美化、过于繁杂、颜色杂乱、不合理的关联营销等不仅会影响页面的整体美观，而且很容易让买家反感，打消继续浏览的欲望，反而得不偿失。

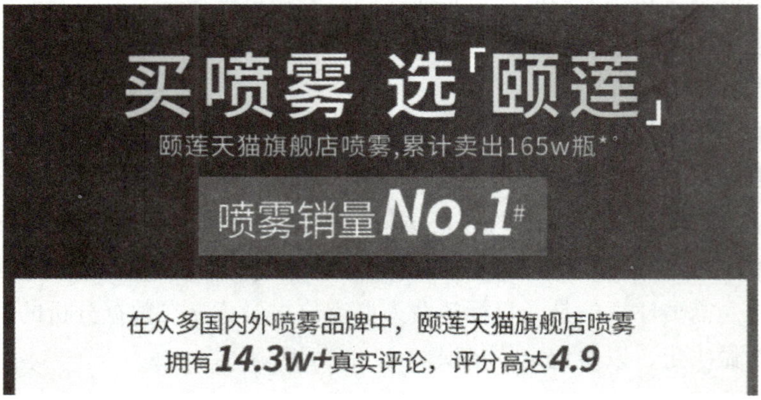

图 4－16　颐莲玻尿酸喷雾详情页中的营销图

第二步是向买家展示商品的卖点。卖点是打动买家进行购买的主要原因。商品的卖点都很多，并且商品不同其卖点也不同。深挖宝贝卖点并予以展示，可以快速建立起买家对商品的好感。一般来说，提取卖点的途径很多，可以从商品本身的特点进行提取、从商品使用环境中提取，也可以从商品对比中提取。但是不管如何提取，都应该以消费者的实际需求为基础，否则就无法达到吸引消费者的目的。如图 4－17 是用对比的方式展现颐莲玻尿酸补水效果好的卖点。

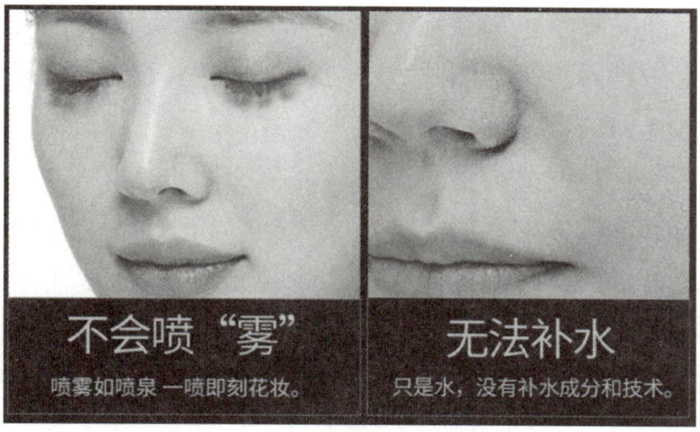

图 4－17 颐莲玻尿酸补水效果

质量是买家最关注的商品品质之一，质量好的商品可以提升买家的购买欲望，提升买家的访问深度，提高商品转化率。质量的展示是多方面的，功能、性能、工艺、参数、材质、细节、性价比等都是表现商品质量的手段，图 4－18 所示为场景化展示质量的一种方式。在展示商品质量时，应该注意展示方法，如在展示参数、性能、工艺等数据时，不要直接使用烦琐的文字和数据，最好通过简单直白的图片搭配文案进行展示，让买家能够一目了然。在展示功能、细节、性价比等信息时，通常使用图片搭配简单文案的方式，即图片为主，文案为辅，注意详情页的整体视觉效果，突出商品本向。

第三步，在完整展示了商品的基本信息后，商家还需要进一步打消买家的顾虑，进一步催化买家的购买欲望，此时，证书、售后服务、评价、包装、物流、消费保障等都是进一步打消买家顾虑的有效方式。

图 4－18 PS 板材的透明性

（三）页面布局

页面布局是指详情页的整体布局效果。好的布局效果可以带给买家良好的视觉感受，还可引导买家深入浏览详情页信息。

整体布局：详情页的整体布局应该遵循统一整洁的原则，即色调统一、风格统一、版面整洁规范。同时，在内容安排上应该具备一定的逻辑性，如在挖掘商品卖点时，应先列出买家关注的点，再提出解决方案，引导买家进行阅读。

图片布局：淘宝商品详情页描述均是以图片为主，因此需要突出图片的表达效果。在布置图片时，尽量做到同等级的图片大小统一，颜色和谐，如果不熟悉图片布局的技巧，可以多查看一些优秀的商品详情页的布局方式。

文案搭配：虽然图片是商品详情页的主体，但文案也是其中必不可少的一部分。将文案中的设计元素与目标群体的喜好、详情页风格等相结合，不仅可以使文案起到描述说明商品的作用，还可以使图片中的内容更加生动充实，为商品增色，实现商品的软性营销。商品描述页的文案内容一般较少，且为了图片美观，文案不能覆盖图片本身，此外还需对文字大小、字体搭配、颜色搭配等进行优化和处理。

（四）关联销售

商品详情页中的关联销售实际是一种店内促销手段，其常见形式包括商品搭配套餐、商品搭配推荐、促销活动、商品推荐等（如图 4－19 所示）。在详情页中添加适当的关联销售，不仅可以激发买家潜在的需求，提高单价，还可以起到引导买家查看相关商品的作用。如果买家在看完了详情页的所有内容后，依然没有产生购物行为，则表示商品的某个或某些方面无法满足买家的需求，但商品或店铺本身又对买家具有吸引力，因此，可以通过关联销售的形式为买家推荐其他相似商品。在设置关联销售时，建议推荐评价和性价比都比较好的商品，推荐的商品在精不在多。

图 4－19 关联销售

六、商品类目优化

类目优化主要是指在商品的分类选择和设置上进行优化，并根据商品类目的关键词匹配商品标题的关键词，从而提高商品与标题的匹配度，提高店铺和商品的流量。

（一）选择合适的类目

淘宝网为商品提供了分类非常齐全的类目，卖家在发布商品时，通常需要根据商品的属性选择对应的类目。当一件商品属于多个类目时，需要用工具分析这些类目，通过各类目下商品数量、竞争度等要素，为其选择一个竞争小、易带来流量的类目。

（二）避免属性错放

商品的类目属性错放是指发布商品时选择的类目与平台要求放置的类目不一致，或者填写商品品牌、材质、规格等属性与商品标题或商品描述不相符。当出现类目不符合或属性不符合的情况时，平台将判断商品违规，给予商品降权处理。

为了避免类目的错选，卖家可根据平台商品发布页面类目选择框下方的提示来判断和选择商品的类目。如图 4－20 所示，玻尿酸补水喷雾商品应该选择美容护肤/美体/精油类目下。

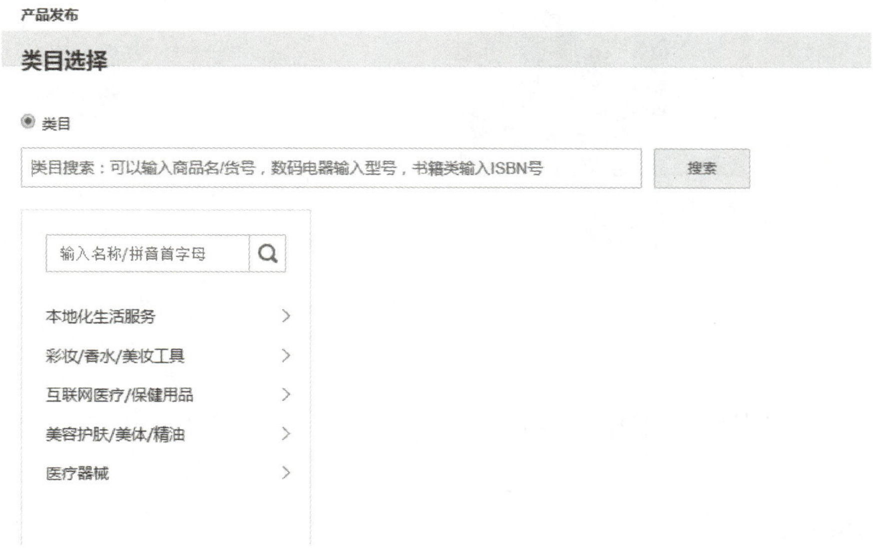

图 4－20　商品发布页面类目选择框

（三）设置详细的商品类目和商品属性

在设置商品类目和属性时，通常需遵循尽量完善的原则，尽可能填写细致，做好细节（见图 4－21）。商品类目和属性的合理性和完整性都会对商品的排名产生影响，描述详细准确的商品，可以更好地定位目标消费人群，也更方便买家了解商品细节，赢得买家的信任。

图 4－21　颐莲玻尿酸补水喷雾商品参数

（四）商品类目与标题对应

在确定了商品类目后，可在标题中包含相关类目词，如能在淘宝首页直接找到的相应类目词等。颐莲旗舰店内的“颐莲玻尿酸补水喷雾”为“化妆水/爽肤水”二级类目下的商品。在“颐莲玻尿酸补水喷雾”应包含化妆水爽肤水关键词。如图 4－22 所示。

习题：SEO优化

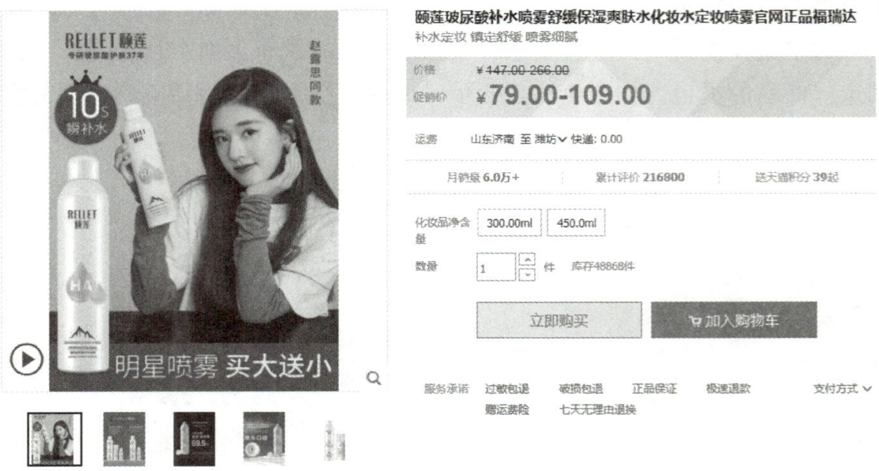

图 4－22 颐莲玻尿酸补水喷雾的商品标题

任务二 采用精准推广——直通车

微课：直通车

任务一中我们学习了搜索引擎优化的各种方法。搜索引擎优化是为卖家带来免费流量的推广方式，在淘宝网中除了免费流量还有付费流量。付费流量主要有按点击收费的直通车、按成交收费的淘宝客和按展现收费的智钻。

直通车是淘宝为卖家量身定制的展现免费、点击付费的效果营销工具，主要是帮助卖家实现商品的精准推广。在网店从流量红利转变为精细化运营的时期，直通车凭其流量精准、点击才付费等特点，迅速成为淘宝卖家引流的重要工具。通过直通车的精准推广，不仅促进了推广单品的销售还促进了推广单品关联商品的成交量，大大提高了店铺的整体运营效果。

本任务主要阐述淘宝直通车的扣费与排名原理、直通车设置流程和直通车优化等内容。

一、直通车基本介绍

（一）什么是直通车

淘宝直通车是淘宝网为广大卖家量身定制的一款推广工具，是按竞价的方式获得商品排名、展现免费而点击扣费的推广方式。直通车按推广的关键词将商品展现给买家，以实现商品的精准推广。

在淘宝发展过程中，直通车扮演着重要角色，从淘宝网创建初期的不为人知、不为人用，变成了现在卖家必用的推广工具。直通车凭借其获取流量精准、点击才付费等特点，慢慢发展成了综合的推广平台。当流量红利消逝，网店进入精细化运营的时期，直通车作为一种精准的引流工具，已成为网店运营者开启流量的钥匙。

（二）直通车扣费与排名

直通车是一种展现免费、点击扣费，采用竞价方式获得排名的精准推广工具。扣费公式：

直通车扣费 = 下一位的出价 ×（下一位的质量得分/自己的质量得分）+0.01 元

通过扣费公式可以看出，实际扣费与卖家的出价无关，而是与下一位的出价、下一位的质量得分有关。商品的质量得分越高，最后的实际扣费就越低。只要把本店商品关键词的质量得分提升到最高，就可以减少推广费用。

综合排名 = 关键词质量得分 × 出价。商品的排名由关键词质量得分与出价决定。如有 A、B、C 三个卖家对同一个关键词进行竞价，出价与质量分如表 4 – 1 所示。

表 4 – 1

宝贝	出价（元）	质量分	实际扣费（元）	排名
A	3	10	2.01	1
B	2	10	1.01	2
C	1	10		3

A 实际扣费 =2 ×10/10 +0.01 =2.01（元），B 实际扣费 =1 ×10/10 +0.01 =1.01（元）。

A 综合排名为 3 ×10 =30，B 综合排名为 2 × 10 =20，C 综合排名为 1 ×10 =10，A 排名第 1。

关键词质量得分是搜索推广中衡量关键词与商品推广信息和淘宝网用户搜索意向三者之间相关性的综合性指标。以 10 分制的形式来呈现，分值越高推广效果越好。质量得分由“创意质量”“相关性”“买家体验”三个因素决定。

（1）创意质量：推广创意近期的关键词动态点击反馈。

（2）相关性：关键词与商品类目、属性及文本等信息的相符程度。

（3）买家体验：根据买家在店铺的购买体验和账户近期的关键词推广效果给出的动态得分。

（三）直通车账户结构

每个天猫卖家只能开通一个直通车账户，可以设置标准计划和智能计划，其中标准计划中 1 个计划可添加 500 个宝贝（见图 4 –23）；智能计划中 1 个计划可添加 30 个宝贝。无论是标准计划还是智能计划，每个宝贝最多可以设置 200 个关键词。

每个直通车的账户可以新建 8 个标准计划，如果需要申请更多计划，则需要满足以下条件：

（1）满足近半年（不含当月）花费达到 3000 元且上个自然月花费大于 1500 元的

可以开通 20 个计划；

（2）满足近半年（不含当月）花费达到 15 万元且上个自然月花费达到 5 万元的可以开通 50 个计划。

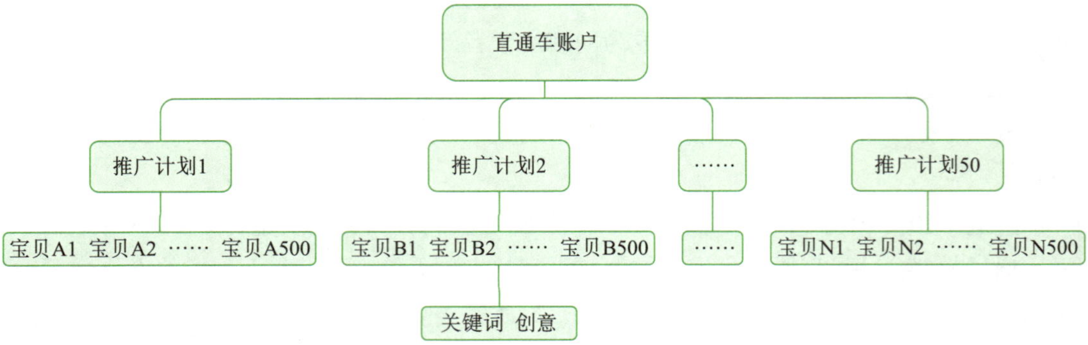

图 4－23 直通车账户结构

（四）直通车展示位

随着直通车成为卖家引流的必用工具，它的展示位越来越多。目前，直通车的展示位主要有搜索推广展示位、手淘展示位、定向推广展示位、天猫页面展示位、淘宝站外展示位等几种展示位置。

1. 搜索推广展示位

在搜索推广展示位中，有几种方式，如搜索进入推广展示位、由类目进入商品列表页、通过系统推荐热搜词进入展示位等。

（1）搜索进入推广展示位。在搜索框中输入“玻尿酸”关键词，搜索结果列表页。搜索结果左侧第 1 排第 1 个位置，带有“掌柜热卖”标签的就是直通车展示位，如图 4－24 所示。

图 4－24 搜索列表页第 1 排第 1 个展示位

在同一页面下，右侧“掌柜热卖”栏目自上而下有16个位置，底部有5个位置，也都属于直通车推广展示位。如图4-25、图4-26所示。

图4-25 搜索列表页右侧展示位

注：限于图片尺寸，只截了3个展示位。

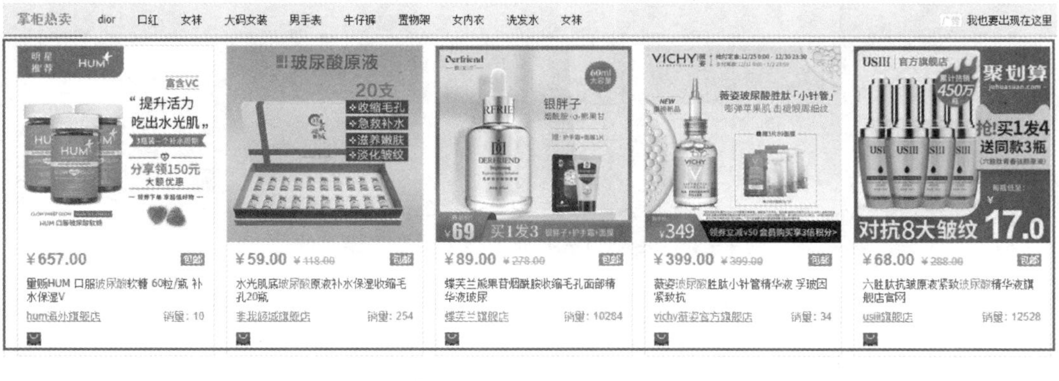

图4-26 搜索列表页下方展示位

从第2页开始，直通车展示位数量发生变化，主要体现在搜索结果页的第1排，前3个位置都变成了直通车广告展示位，如图4-27所示。从第2页及以后的搜索页，每个页面的直通车展示位变为了24个（第1排3个，右侧16个，底部5个）。

（2）由类目进入到宝贝列表页。在淘宝首页点击“美妆”，进入页面后，选择“换季保养”类下的“补水”。其右侧自上而下16个位置、底部5个位置，也是关键词推广展示位，第1排没有展示位。如图4-28、图4-29所示。

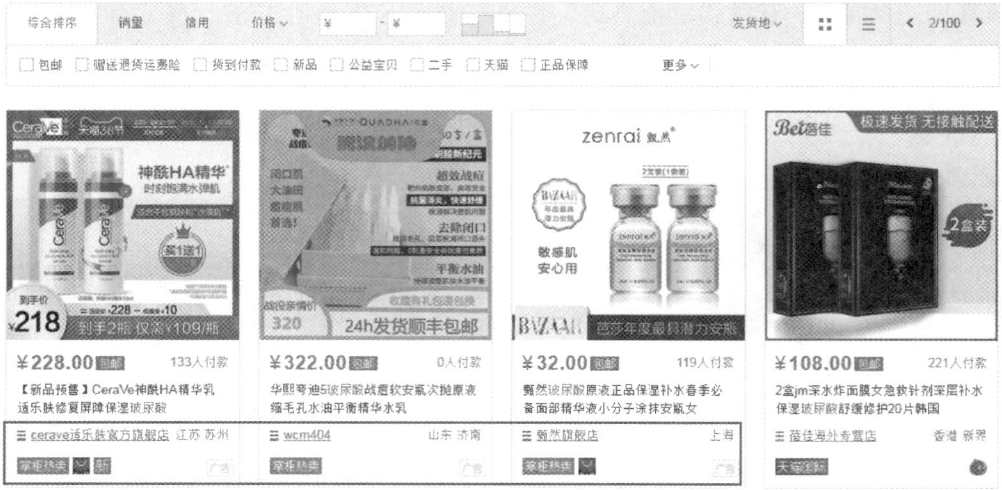

图 4－27　搜索列表第 2 页第 1 排展示位

图 4－28　由类目进入商品列表页右侧展示位

注：限于图片尺寸，只截取部分展示位。

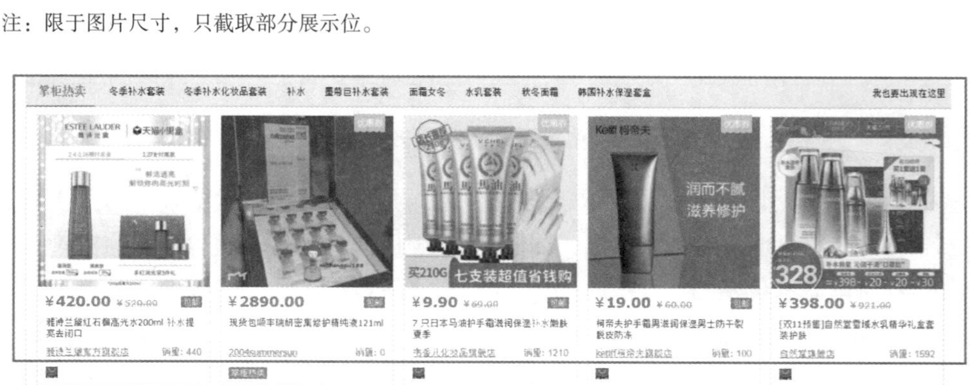

图 4－29　由类目进入商品列表页底部展示位

（3）通过系统推荐热搜词进入展示位。淘宝首页搜索框下面的系统推荐热搜词，是根据买家的搜索数量由系统推荐而来的，如图 4－30 所示。点击热词后进入搜索结果页面，右侧自上而下有 16 个位置，底部有 5 个位置。但与输入关键词搜索进入不同的是，第 1 排有 4 个直通车展示位。如图 4－31 所示。

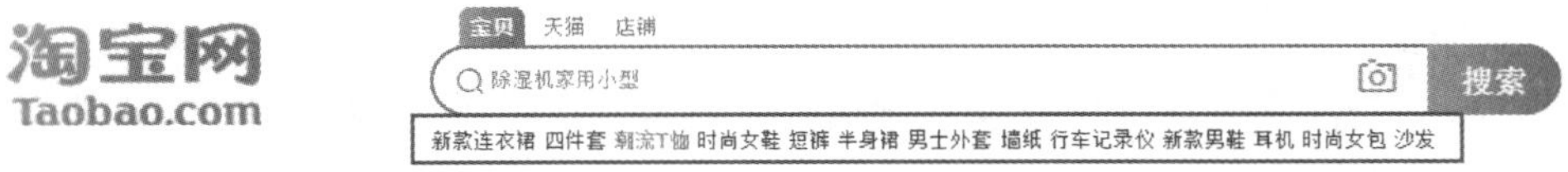

图 4－30　淘宝系统推荐热词

图 4－31　通过系统推荐热搜词进入页面第 1 排展示位

2. 手淘展示位

手机淘宝/手机网页版搜索结果中，带有“HOT”字样的商品是直通车推广的商品。手机端关键词搜索后展现的商品左上角带有“HOT”的标识就是直通车的展位。如图 4－32 所示。

图 4－32　Android 展示位

手机端直通车的推广商品与自然搜索商品的间隔规则：

1 +6 +1 +16 +1 +10 +1…，每隔 6、10 或 16 个商品有就有 1 个展示位。

1 的位置代表是直通车展位，6、10、16 就是间隔自然搜索商品的数量。

注意，这个展位的排序规则在淘宝网是会发生变化的。在店铺运营的过程中，要经常浏览其位置观察展示位的变化。

3. 定向推广展示位

定向推广是商家进行“推荐场景营销”的核心工具，覆盖淘内淘外各类推荐场景资源位，精准营销点击收费。

当一个用户在淘宝上进行购买、收藏、浏览等操作时，都会被淘宝记录并保存入淘宝的数据库。淘宝通过分析用户行为将人群进行划分，根据用户的人群特征将要推广的商品展现给目标人群，从而实现精准营销。定向推广有覆盖面广和针对性强的特点。

定向推广展示位主要分布在 PC 端与手机端各个“猜你喜欢”和商品购买链路的各个环节上。主要有：旺旺买家版每日焦点—热卖、手机淘宝—购后猜你喜欢、手机淘宝—购中猜你喜欢、手机淘宝—首页猜你喜欢、平台营销会场、手机淘宝—淘好物活动、单品—淘宝确认收货页、站内评价成功页面、单品—淘宝订单详情页、淘宝首页—热卖单品精品、淘宝付款成功页、PC 站内、手机淘宝消息中心—淘宝活动、手机淘宝—猜你喜欢、购物车—掌柜热卖、淘宝收藏夹—热卖单品、我的淘宝首页—猜我喜欢、我的淘宝—物流详情页、我的淘宝—已买到的宝贝等。

4. 天猫页面展示位

天猫关键词或类目搜索，最下方“掌柜热卖”有 5 个展示位，根据电脑的屏幕显示自动调整展现位个数。注意：该展示位只展现天猫用户。如图 4 - 33 所示。

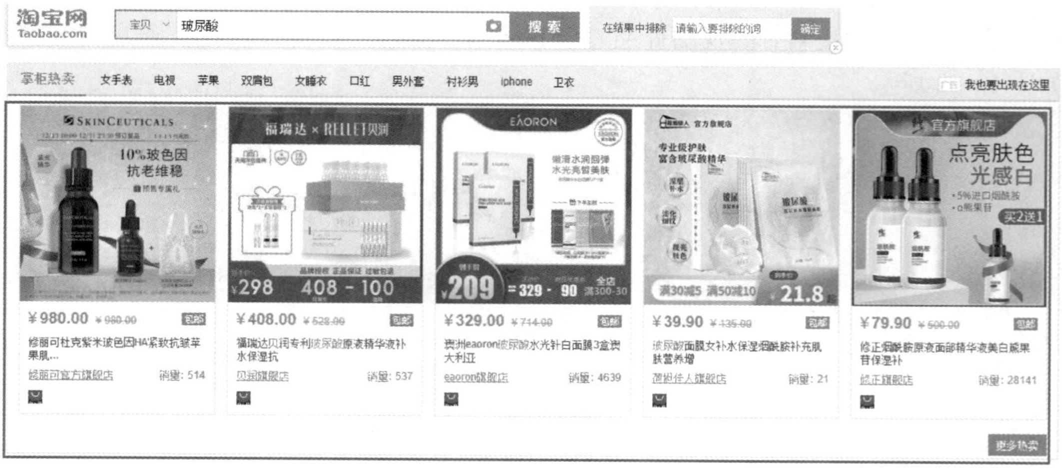

图 4 - 33 天猫页面展示位

5. 淘宝站外展示位

淘客搜索页面（https：//ai. taobao. com）和爱淘宝热卖页面（https：//re. taobao. com）的搜索结果页面或定向推广展位。如图 4 - 34、图 4 - 35 所示。

图 4-34　淘客搜索页面

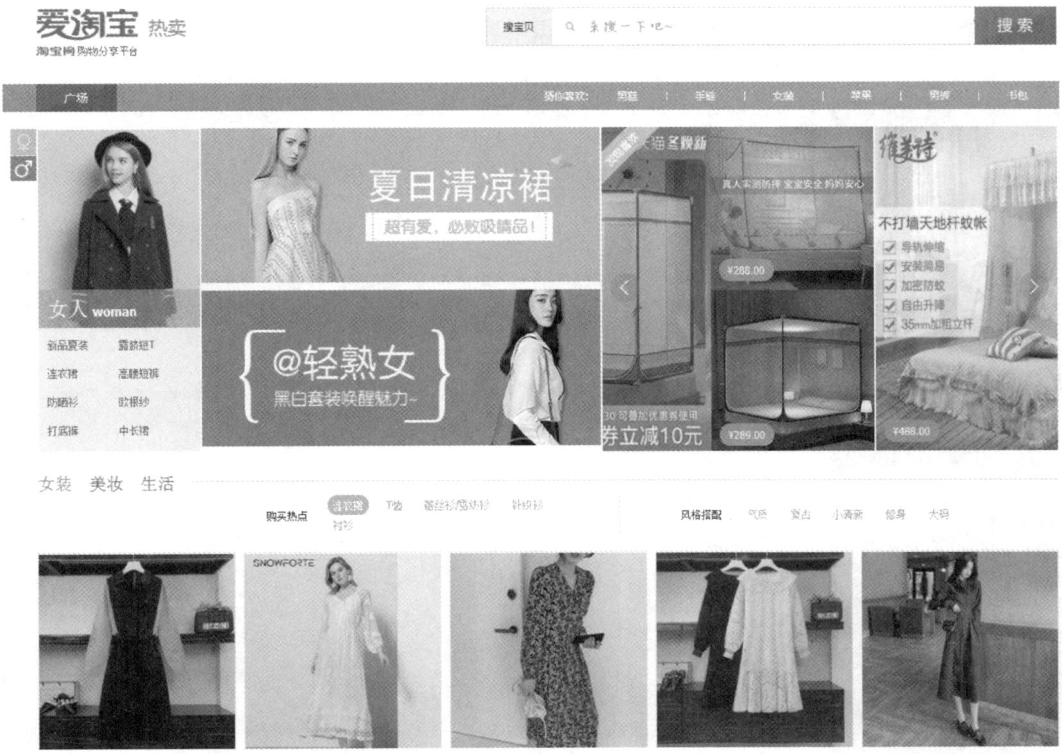

图 4-35　爱淘宝热卖页面

二、直通车推广的操作流程

在以上的内容中，我们学习了直通车的推广原理及扣费排名规则，了解了直通车推广的展示位置，下面我们进行直通车实操内容的学习。在直通车推广中，商品推广是整个直通车的核心，本任务就以商品推广为例进行阐述。

（一）加入直通车

1. 确认开通条件

卖家首先到阿里妈妈客服中心（https：//help. alimama. com）确认店铺已符合淘宝直通车准入规则（建议加入直通车的准入门槛）。在确认符合直通车准入规则后，店铺的进入流程是：

淘宝集市店：登陆“我的淘宝”→点击“千牛卖家中心”→找到“营销中心”→点击“我要推广”→找到淘宝/天猫直通车，点击“立即行动”，进入直通车界面。

天猫店：登陆“我的淘宝”→点击“千牛卖家中心”→找到“营销推广中心”→进入“我要推广”页面→找到淘宝/天猫直通车→点击“即刻提升”，进入直通车界面。

2. 预存费用

新用户加入淘宝直通车费用需预存 500 元以上，无上限要求，用户所充值的金额全部用于推广费用。提示充值成功之后，即表示已开通淘宝直通车服务，如图 4－36 所示。

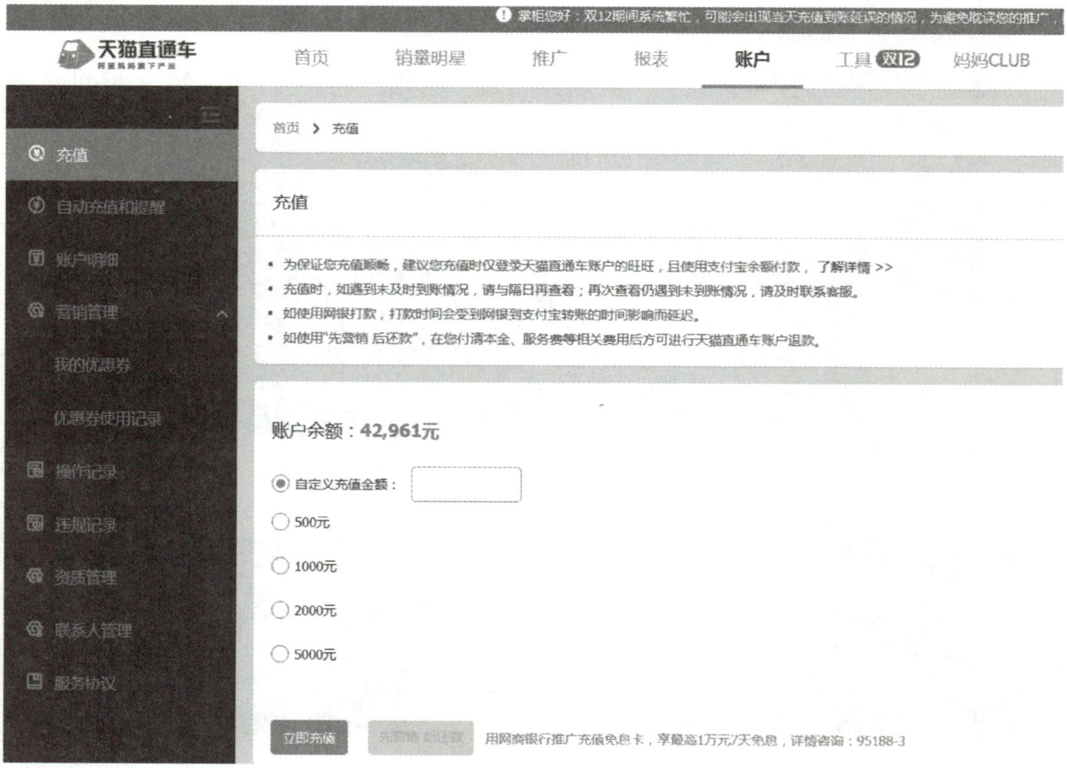

图 4－36　直通车充值页面

（二）直通车账户首页介绍

直通车账户首页展示直通车推广的整体情况，方便卖家直观预览直通车整体数据。主要有实时数据汇总、直通车各类型计划预览、货品成长、消费者洞察等几个模块。图4－37是实时数据汇总，有当天和前一日的数据。在图中我们可以看到昨日与今日每个时段的直通车花费对比。图4－38是直通车各推广类型的花费、投入产出比、展现量、点击率、点击量及平均成交花费的数据预览，图4－39直通车账户下直通车各类推广计划展示列表。

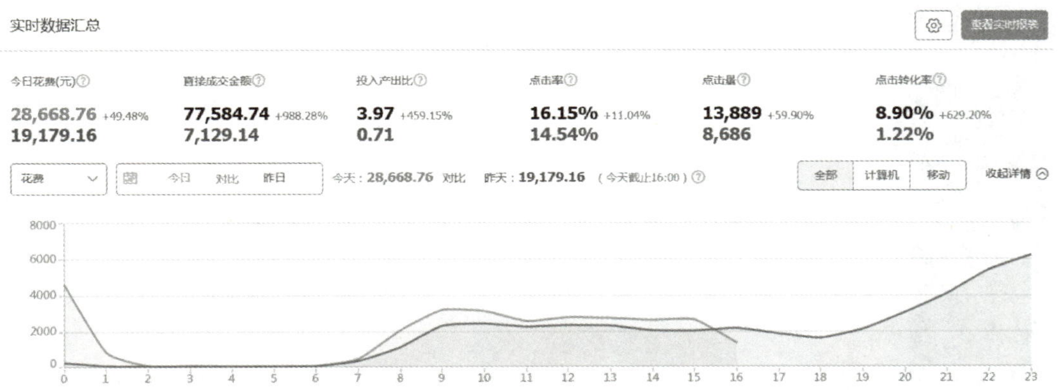

图4－37　直通车实时数据汇总

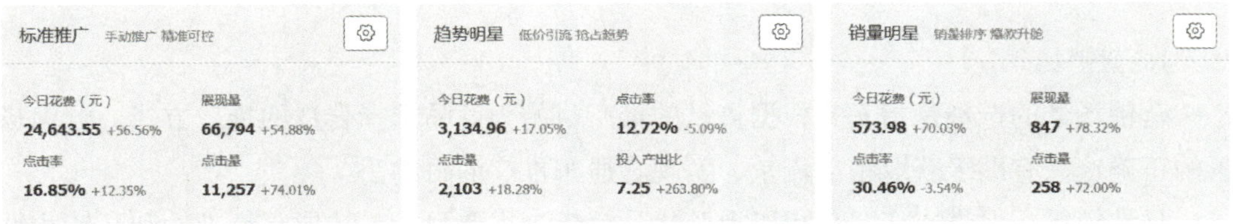

图4－38　本账户直通车各类型计划预览

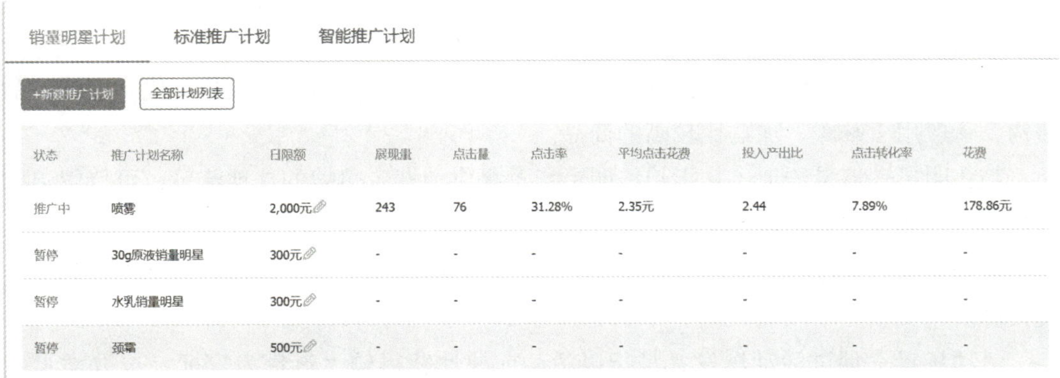

状态	推广计划名称	日限额	展现量	点击量	点击率	平均点击花费	投入产出比	点击转化率	花费
推广中	喷雾	2,000元	243	76	31.28%	2.35元	2.44	7.89%	178.86元
暂停	30g原液销量明星	300元	-	-	-	-	-	-	-
暂停	水乳销量明星	300元	-	-	-	-	-	-	-
暂停	颈霜	500元	-	-	-	-	-	-	-

图4－39　本账户下直通车各类推广计划展示列表

另外，账户首页还展示账户余额、活动数据、快捷入口、学习专区等内容。

（三）商品推广流程

前面我们讲述了如何加入直通车，介绍直通车账户首页。下面我们将进行直通车商品推广的操作的学习。点击新建推广计划，进行营销场景与推广方式的选择，营销场景包括日常销售—促进成交、宝贝测款—均匀快速获取流量、新品推广—潜力明星、趋势明星—流量洼地、定时上架—促进收藏加购、活动场景—促进活动爆发、自定义场景等7种场景，推广方式包括智能推广（原批量推广）、标准推广—系统推荐及标准推广—自定义3种推广方式。下面我们介绍营销场景与推广方式，如图4－40所示。

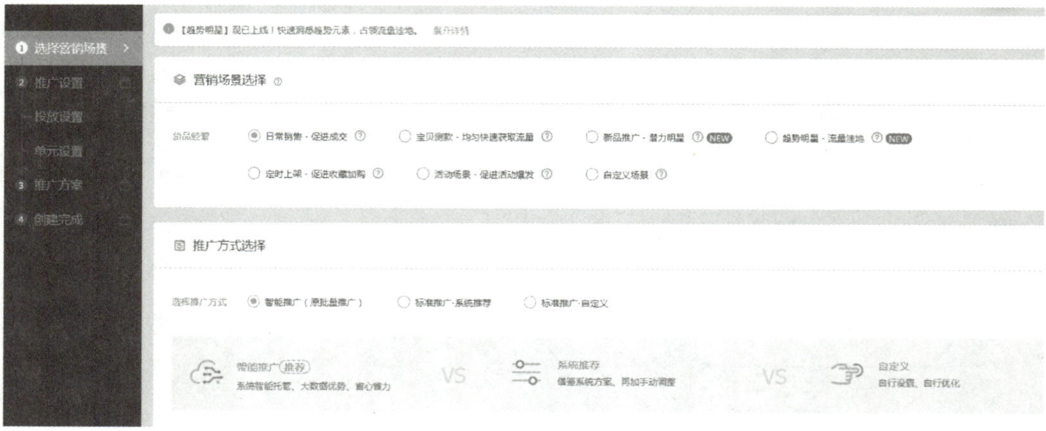

图4－40　营销场景与推广方式选择

1. 营销场景

营销场景的选择是指卖家根据自己的推广目的为商品选择合适的推广方式。营销场景的正确选择有助于获取精准流量，实现直通车推广的目的。

日常销售—促进成交，是指以提升货品销售为主要目标，选取高精准性和高转化性关键词及人群，辅助对应的出价，提升转化效果。

宝贝测款—均匀快速获取流量，是指测款策略帮您快速均衡流量引入测款宝贝，快速掌握测款数据。

新品推广—潜力明星，是指选择潜力明星上车，加速潜力新品成长，优化店铺货品结构，一般用于收藏、加购比较高的商品。

趋势明星—流量洼地，是指趋势明星场景提供消费者热搜的洼地流量，可持续追踪趋势热点，提前抢占趋势。

定时上架—促进收藏加购，是指淘宝定时上架的商品类型推广，获取推广预热流量及人群。

活动场景—促进活动爆发，是指以活动前快速获得较大流量为目标，选取类目及高流量词及对活动的相关兴趣人群，帮您为活动爆发期流量蓄水。一般用于“淘抢购”“聚划算”“双11”“双12”“6·18”大促、“3·8女王节”等活动前大量流量的引入。

自定义场景是指卖家根据推广目的进行营销场景的自定义，如引流、爆款。

2. 推广方式

推广方式是直通车的投放方式，卖家根据直通车掌握的程度选择推广方式，直通车新手一般选择“智能推广”方式，有经验的老车手一般选择“标准推广—自定义”方式。

智能推广是指系统借助大数据优势智能托管卖家直通车的推广方式。智能推广设置便捷，但不够精细化。

标准推广—系统推荐是指借鉴直通车系统方案再手动调整的推广方式，兼顾设置的精细化与便捷性。

标准推广—自定义，是自行设置、自行优化的推广方式，对直通车车手要求较高，要对店铺经营类目及商品有很深的理解。

在进行营销场景的选择时，要根据推广目的与商品的特点，选择营销场景与推广方式。日常销售场景适用于已经上线了一段时间、成交量与转化率还不错的商品，目标就是为了把这款商品打造成爆款，系统会为推广的商品选取精准性的关键词和人群。宝贝测款场景适用于店铺内几款商品还不能确定哪款能够成为主推，把几款同时上线测试看看效果。宝贝测款较适合于中级以上卖家，测款过程中平台会为产品快速引入均衡流量，测款中的花费也会比较多。活动场景是以活动前快速获得较大流量为目标，选取类目及高流量词及对活动的相关兴趣人群，活动场景推广模式特别适用于像“双11”“双12”“6·18”等这种大型活动期间，推荐日消耗额1000元以上卖家使用。

3. 投放设置

直通车投放设置主要是对推广计划名称、日限额、投放平台、投放地域、投放时间进行设置。

（1）设置日限额。选择完营销场景及推广方式后，点击“下一步，进入推广设置”，填写推广计划名称，输入推广日限额。计划名称可以是推广商品名称、类目名称、活动名称。计划名称与推广内容对应，方便后期维护。日限额根据场景的不同，可选择“不限”与“有日限额”。推荐使用“有日限额”的模式，方便控制成本，除非特别大的商家，像类目前十的大卖家可以选择不限额。小卖家日限额稳定款推荐在100~300元，中卖家日限额稳定款推荐300~1000元。

（2）设置投放平台。直通车投放平台是指在什么设备上、在哪些渠道上进行投放。它分为计算机设备与移动设备两大类，每种设备又分别分为淘宝站内推广与淘宝站外推广两种投放渠道。淘宝站内是推广必选的平台，淘宝站外是指在跟淘宝合作的推广网站上推广。淘内推广流量精准，转化率较高；站外推广流量相对站内推广不够精准，点击率、转化率较低，从而会降低商品权重，影响搜索排名，因此建议关闭站外推广（见图4-41）。

（3）设置投放地域。直通车是淘宝运营的精准推广工具。人群选择得越精准，直通车投放效果越好。如有制热效果的空调适合北方城市，只有制冷效果的空调适合南方城市；在冬天销售自行车，不能选择北方城市。我们要根据推广商品的特点，选择合适的投放地域，减少无效的点击花费，增加直通车的投入产出比。

图 4－41　直通车投放平台设置

在设置投放地域时，要根据直通车下的“流量解析工具”中的行业、店铺经营数据、竞争对手等因素进行设置，在行业与店铺数据中展现指数、点击指数、成交量、转化率等数据低的区域、偏远地区、竞争对手密集的地区一般不投放。

直通车投放地域设置如图 4－42 所示。

图 4－42　直通车投放地域设置

（4）设置投放时间。投放时间是指在直通车账户有余额的情况下，直通车推广的有效时间段。投放时间有当前设置、全日制投放、行业模板、自定义模板四种方式。当前设置是卖家自定义设置投放时间；全日制投放是指卖家全天各时段都进行投放；行业模板是指淘宝网根据整体行业情况统计出来的投放时间折扣；自定义模板是指卖家根据操作经验总结出的一套设置投放时段比例的数据，制作成的模板，在建立其他计划时，直接引用模板的方式，如图 4 –43 所示。

新手在设置投放时间时，建议采用行业模板与数据分析结合的方式设置。选定店铺经营的行业，结合生意参谋流量概况中访客时段的统计数据，在店铺流量较大的时间段可以加大时间折扣，删掉客服不在线与其他因素不想投入的时间段，最终完成投放时间的设置。

图 4 –43 直通车投放时间设置

4. 选择推广商品

设置完推广计划成后，接下来的任务就是选择要推广的商品，选择直通车推广的重要的环节。推广商品选择得不好，直通车效果不会理想。

一般来说，选择推广商品有三种方式，一是进行推广商品的数据分析，通过对推广商品的点击率、转化率等指标分析，预判直通车推广效果，选择推广商品。二是可以选几款商品进行测款，找到一款买家认同的商品进行推广。三是根据系统提示的优先宝贝、优先流量与优先转化选择商品。通过以上三种方式确定了推广商品，就可以开始进行下面的操作。

（1）添加商品。一个推广计划可以添加多个推广商品，但不同商品的属性不同，针对的人群也不同，商品之间会形成冲突，因此，建议一个计划只推广一个商品。如有两款化妆品，一款适合女士，一款适合男士，放在一个计划里就无法定位人群。

淘宝系统提供三种商品选择的方式，分别是“优选宝贝”“优选流量”“优选转化”，如图 4 –44 所示。

- 优选宝贝：根据该宝贝历史数据预测为适合推广的宝贝。
- 优选流量：根据该宝贝历史数据预测为在引流方面有潜力的宝贝。
- 优选转化：根据该宝贝历史数据预测为在转化方面有潜力的宝贝。

图 4-44　添加商品—优选宝贝

（2）创意编辑。添加商品之后，我们为这款商品添加创意。商品创意是商品推广的重要环节之一，创意包括创意图片与创意标题两部分内容。在推广计划中，创意图片先默认使用主图，在推广计划完成后再更改。

在设置创意时，可以开启智能创意。智能创意功能是指卖家同意淘宝网根据卖家在淘宝或天猫平台上及直通车中提交的相关信息，智能生成个性化创意匹配不同的消费者展示，使推广商品展现在感兴趣的人群面前。如图 4-45 所示。

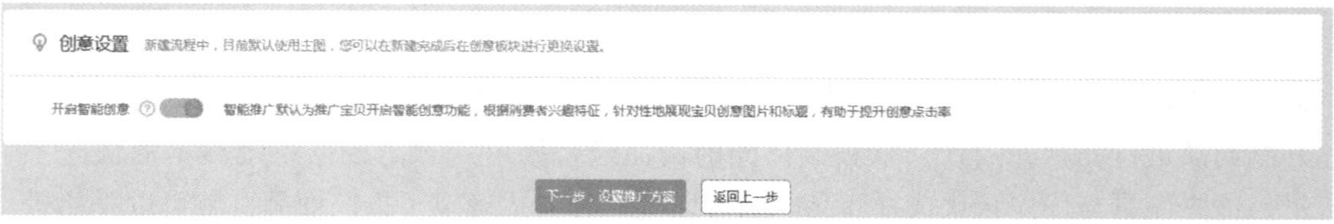

图 4-45　开启智能创意

卖家在推广计划完成后在创意模块进行添加或更换设置。以下创意设置是计划设置完成后添加创意的操作过程。每个推广商品可以添加 4 个创意（见图 4-46）。

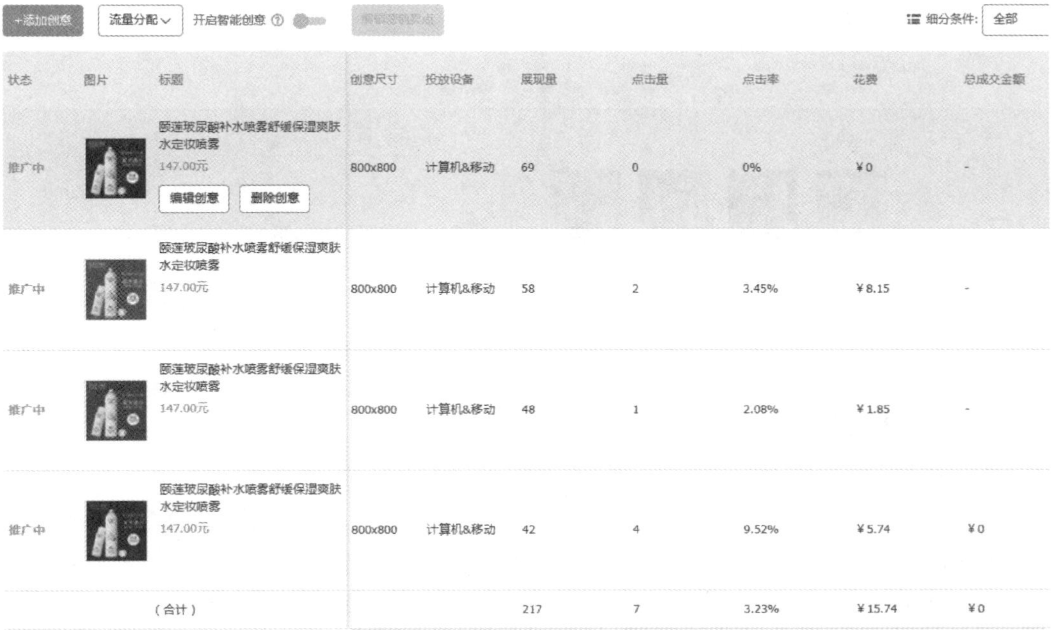

+添加创意　流量分配∨　开启智能创意　　细分条件：全部

状态	图片	标题	创意尺寸	投放设备	展现量	点击量	点击率	花费	总成交金额
推广中		颐莲玻尿酸补水喷雾舒缓保湿爽肤水定妆喷雾 147.00元 编辑创意 删除创意	800x800	计算机&移动	69	0	0%	¥0	-
推广中		颐莲玻尿酸补水喷雾舒缓保湿爽肤水定妆喷雾 147.00元	800x800	计算机&移动	58	2	3.45%	¥8.15	-
推广中		颐莲玻尿酸补水喷雾舒缓保湿爽肤水定妆喷雾 147.00元	800x800	计算机&移动	48	1	2.08%	¥1.85	-
推广中		颐莲玻尿酸补水喷雾舒缓保湿爽肤水定妆喷雾 147.00元	800x800	计算机&移动	42	4	9.52%	¥5.74	¥0
（合计）					217	7	3.23%	¥15.74	¥0

图4－46　添加创意

直通车的创意直接影响推广商品的点击。创意图片设计要注意以下三个问题：一是要满足平台尺寸比例要求，不能失真与变形，图片要美观；二是要突出一个卖点，信息与卖点不宜太多；三是避免“图片党”，不能单纯为了博取眼球，“图片党”会导致买家进入详情页后发现不是自己想要的商品，会使卖家花了费用反而降低了商品的转化率。图4－47、图4－48是“玻尿酸补水喷雾”的创意图片与上传界面。

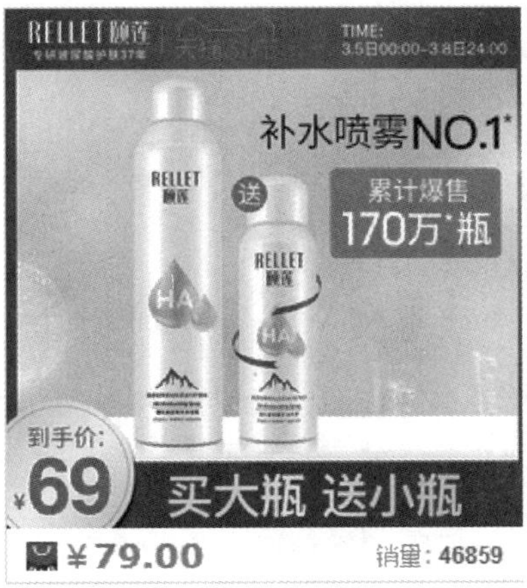

图4－47　创意图片

图 4－48　创意图片上传

创意标题即推广标题。创意标题与商品标题不同，创意标题是 40 个字符、20 个汉字，建议使用有意义的汉字、字母、数字、符号，避免使用特殊符号，包括但不限于＊●◣★㊣╰□※《〗等，好的创意标题能提高关键词的质量得分。

创意标题要围绕着核心词确定，如："颐莲玻尿酸补水喷雾舒缓保湿爽肤水定妆喷雾"创意标题中，玻尿酸为核心关键词，创意标题就要围绕这个词来设计，以"核心词＋属性词＋类目词＋卖点词"的方式编辑。分析关键词时可以参考宝贝洞查和流量解析，如图 4－49 所示。

图 4－49　创意标题编辑

创意标题编辑应注意以下几个问题：

①标题应介绍商品，而不是说明店铺。买家看到推广的商品，通常是他们想要搜索某商品，如果标题中出现店铺的信息，买家要么不感兴趣不去点击，要么有点击不成

交，使商品推广变得不够精准。

②一个广告只突出一种商品卖点，不要罗列很多商品；而一个商品只突出最重要的卖点，“1 个商品名 +1 个卖点”最简洁，字数不足再去补充。

③将文字的信息点归类，并注意断句，让买家能轻松地读懂标题。可以适当使用标点符号或空格，让标题读起来更像个通顺的句子，而不是复杂得没有任何停顿的短语。

④根据店铺运营情况写上价格优势、促销优惠等信息，如特价、特惠、清仓特卖、包邮、“热销 × ×件”等。

5. 添加关键词

直通车关键词是买家搜索商品时匹配到的关键词，它的设置直接关系到获取流量的精准与否，是直通车设置非常重要的一个环节。

在添加关键词时，最多可以添加 200 个。直通车关键词的添加分为“宝贝推词”“优质人群推词”与“搜索关键词”三种设置方式。“宝贝推词”分为潜力词、热搜词、质优词、趋势词、同行词、扩展词、联想词；“优质人群推词”首先要进行种子人群添加，系统根据种子人群搜索的关键词推荐关键词，卖家根据系统推荐关键词的相关性、展现指数、点击率、转化率、竞争热度等指标值进行关键词的选择；“搜索关键词”是卖家根据以往的运营经验，搜索关键词并进行分析进而添加关键词（见图 4－50）。

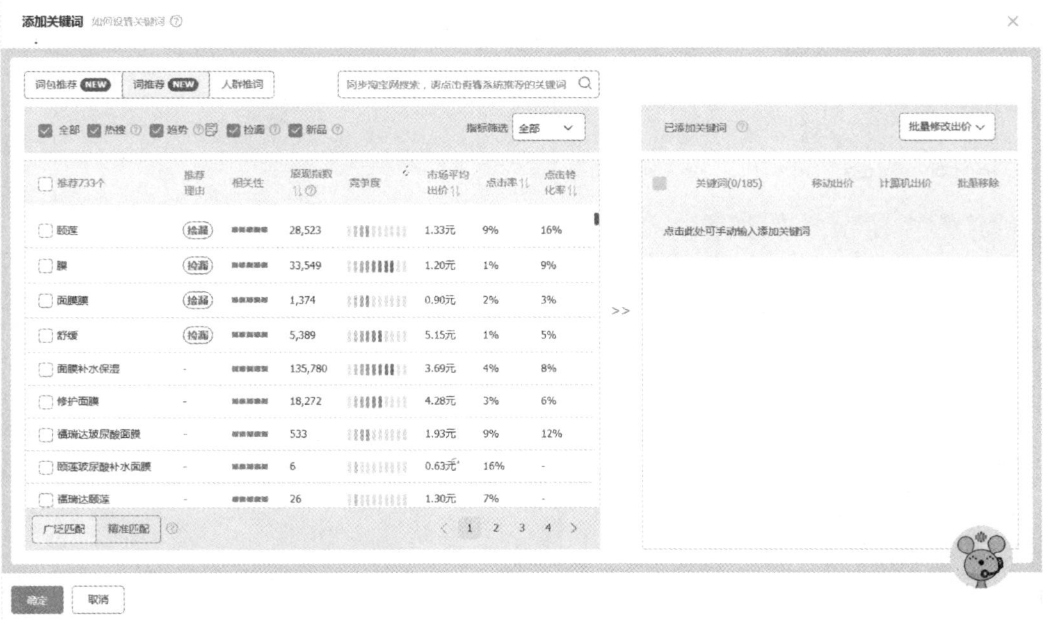

图 4－50　添加关键词—宝贝推词

在添加关键词时，卖家可以根据关键词的相关性、展现指数、点击率、点击转化率、市场平均出价、竞争热度等指标筛选推荐的关键词，选择最有利于商品推广的关键词，如图 4－51 所示。

图 4－51　利用指数筛选关键词

选择并添加关键词后，要选择关键词的匹配方式。关键词的匹配方式有广泛匹配与精准匹配两种（见图 4－52），广泛匹配的展现范围包含精准匹配。选择一种合适的匹配方式，可以有助于获取更优质的流量，扩展潜在的买家。

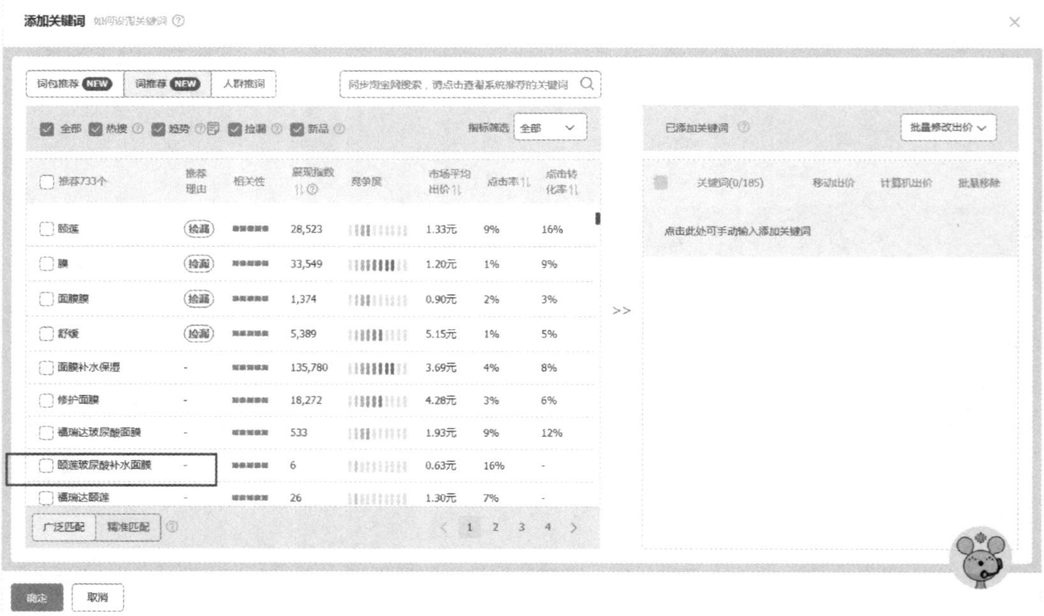

图 4－52　广泛匹配与精准匹配的选择

广泛匹配：当买家搜索词包含了所设关键词或与其相关时，推广商品就有机会展现。

精确匹配：买家搜索词与所设关键词完全相同（或是同义词）时，推广商品才有机会展现。

例如，当卖家将“玻尿酸”这个关键词设置为精确匹配时，只有当买家搜索的关键词也是“玻尿酸”时，该推广商品才会有被匹配展现的可能。当卖家将“玻尿酸”这个关键词设置为广泛匹配时，买家搜索的词是卖家推广词的子集或包含卖家推广的词时，推广商品便有机会展现。例如：卖家推广的关键词是“玻尿酸补水”，当买家搜索关键词“玻尿酸”“补水”“玻尿酸补水”等时，商品有机会展现；若卖家推广的关键词是“玻尿酸”，当买家搜索的关键词是“玻尿酸”“玻尿酸润肤”时，商品有机会展现。

新建推广商品建议加词数量在 10～30 个左右，直通车运行一段时间后，再根据数据调整关键词。关键词的添加也可使用“流量智选词包”，流量智选工具提供了智能化的动态买词能力，在商家选择不同的流量购买策略下，为推广商品自动购买优质的、未触及到的流量，是商家高效的流量拓展帮手。

6. 关键词出价

当关键词添加完成后，要对关键词进行出价。直通车出价分为自定义出价和市场平均两种方式，如图 4－53 所示。直通车出价直接关系到直通车花费的多少，因此若想既保证推广效果又可以不多花费，可采用分阶段出价方式。

第一阶段采用市场平均出价。市场平均出价是系统根据整个行业关键词的出价计算的平均值，让推广商品获得行业平均展现机会，经过 1～2 周能够得到卖家想要的展现量、点击率、转化率等相关数据。

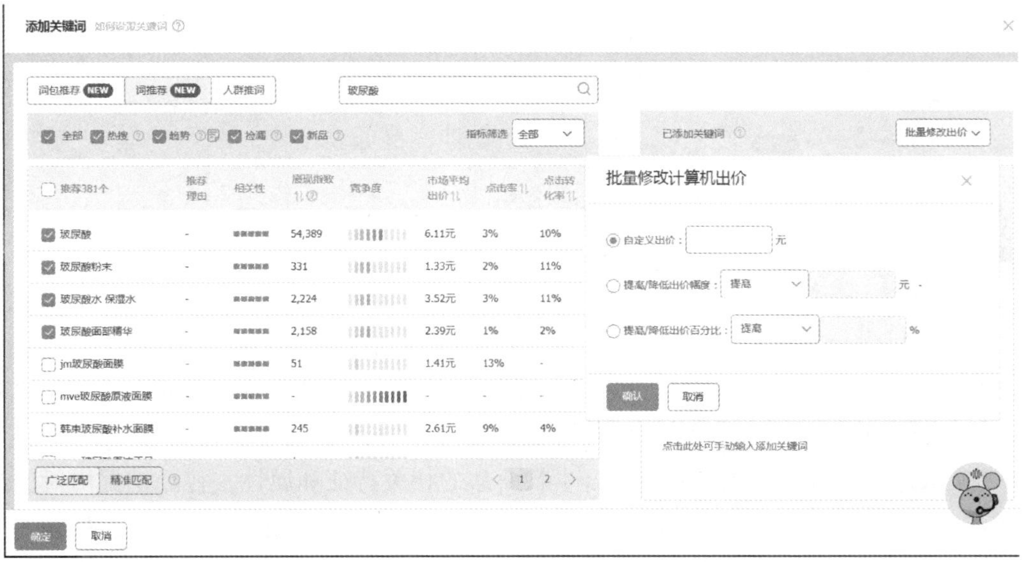

图 4－53　关键词出价

第二阶段调整出价。根据第一阶段推广获得的展现量、点击率、转化率等数据与关键词分析工具调整关键词出价。

在进行关键词出价时可使用智能出价功能。智能出价工具是一款根据出价目标，针对不同质量的流量动态溢价的工具。开启流量智选后，系统将提高高质量流量的溢价，降低低质量流量的溢价。在保障转化效果的前提下，尽量达成卖家的出价目标。

7. 设置精选人群溢价

精选人群分为系统推荐人群与自定义组合人群，如图 4－54 所示。推荐人群设置的主要功能是系统为卖家的商品量身定制的系统推荐人群溢价方案，卖家也可以自定义组合人群并进行溢价设置。系统推荐人群是淘宝网根据商品属性与顾客特征为推广商品匹配出的人群（见图 4－55）。

图 4－54　系统推荐人群与自定义组合人群

图 4－55　系统推荐人群添加

自定义组合人群主要有“宝贝定向人群”“店铺定向人群”“行业定向人群”“基础属性人群”和“达摩盘人群”等人群的设定。

“宝贝定向人群”是淘宝系统结合本款商品的相关特征和属性，智能挖掘出对商品感兴趣的一类人群。主要分为喜欢相似商品的访客与喜欢店铺新品的访客两类人群（见图 4－56）。喜欢相似商品的访客是系统通过对该款产品属性的详细分析，为卖家找到的喜欢同类型商品的消费人群，这部分消费者可能是该款商品的高意愿买家；喜欢店铺新品的访客是系统智能挖掘对店铺内上架新品感兴趣的人群，这些人群对新品更容易产生加购、收藏等行为。

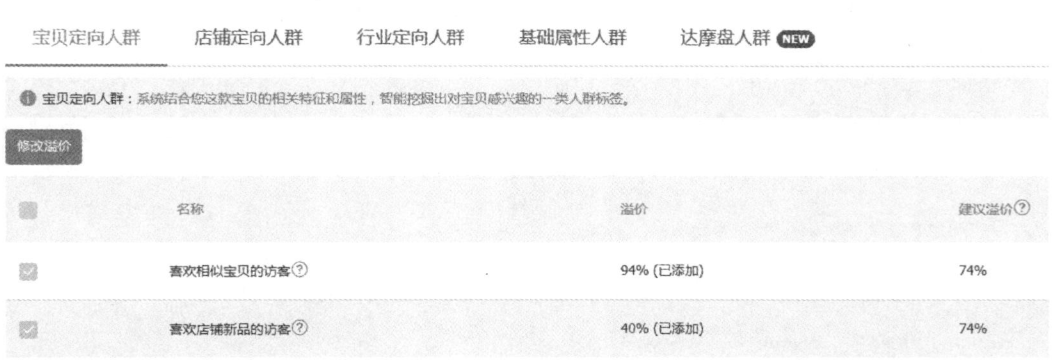

图 4－56　宝贝定向人群

“店铺定向人群”是系统结合卖家店铺的特征而智能挖掘，以及与卖家的店铺或同类店铺产生过浏览、收藏、加购、购买行为的一类人群。主要有浏览过智钻推广的访客、店铺长期价值人群、智能拉新人群、浏览过猜你喜欢的访客、浏览未购买店内商品的访客、店内商品放入购物车的访客等人群，如图 4－57 所示。

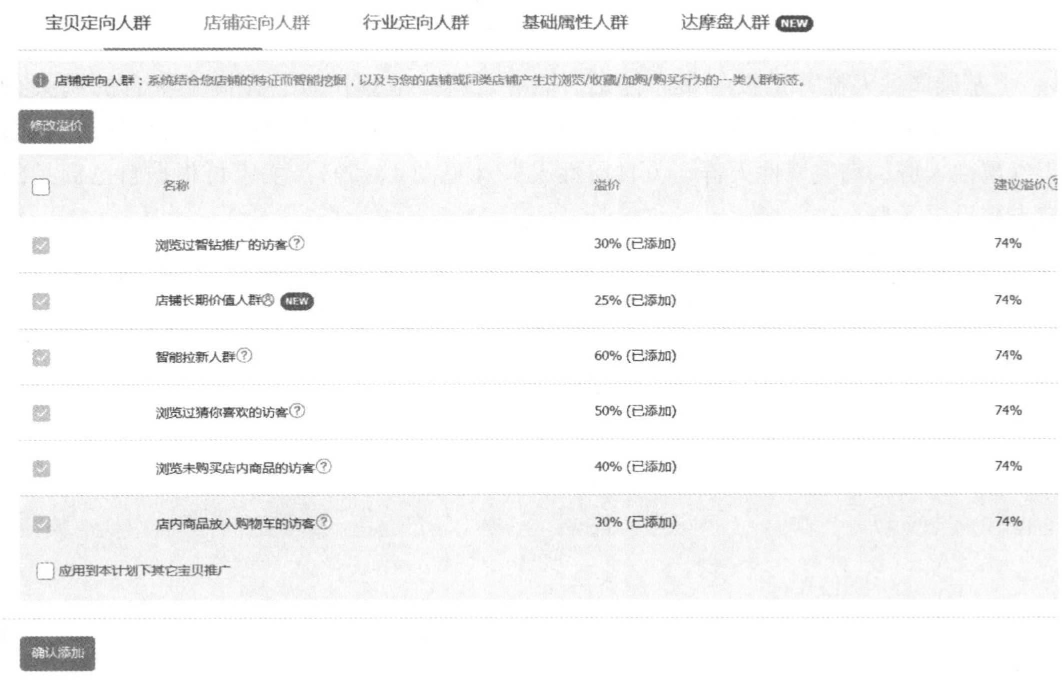

图 4－57　店铺定向推广人群

“行业定向人群”是根据不同行业下，消费者对商品不同属性的购物意向进行人群圈选。它分为行业偏好人群、行业优质人群、跨类目拉新人群（见图 4－58）。卖家可根据自己商品的特点、定位及以往店铺运营经验勾选行业偏好选项而设定人群。

图 4－58　行业定向推广

“基础属性人群”是按年龄、性别、职业、所处地理位置、在淘宝平台的购买行为、参加淘宝促销活动等信息进行圈定的人群，它分为人口属性人群、身份属性人群、天气属性人群、淘宝属性人群、节日属性人群（见图 4－59）。卖家可根据自己商品的特点来设定人群。

图 4－59　基础属性人群定向

达摩盘是自定义组合圈选的各类人群的工具，它是阿里妈妈基于营销场景打造的数据管理平台，拥有消费行为、兴趣偏好、地理位置等众多数据标签。卖家通过达摩盘可以实现对各类买家的分析以及时挖掘潜力买家；通过达摩盘的标签，快速圈定需要的目标人群，实现不同人群在各营销渠道的定向，实现定向的精准营销（见图 4 - 60）。

图 4 - 60　达摩盘人群定向

达摩盘圈定的人群可同步到智钻全店/内容/直播/视频、智钻—单品推广、直通车、策略中心（序列化投放）、品牌 Push 渠道、超级推荐等位置（见图 4 - 61）。达摩盘圈定的人群同步到直通车后，就可以设置溢价了。

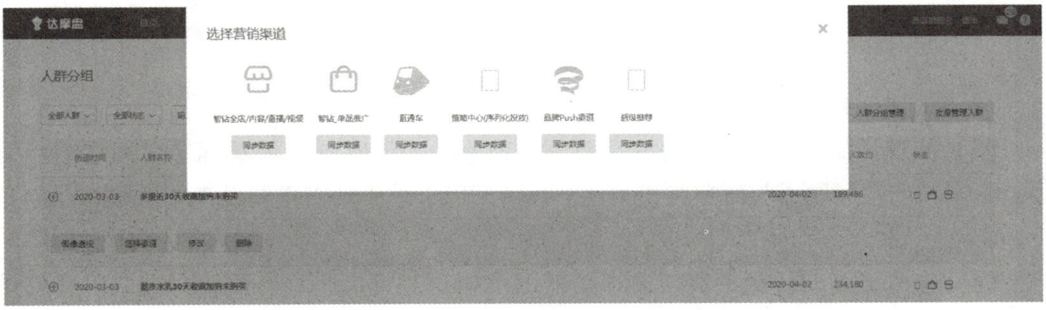

图 4 - 61　达摩盘人群数据同步

推荐人群溢价比例为 5% ~300%，最低溢价比例为 5%，推荐人群出价 = 直通车出价 ×（1 + 溢价比例）。在设置精选人群溢价时，卖家需要参考人群点击率与市场平均溢价设置推广宝贝的溢价比例。一般来说，设置的溢价比例在市场平均溢价上下浮动，设置溢价后所对应的精准人群更有机会看到推广商品。

三、直通车优化

在直通车推广过程中，可能会出现推广商品的流量没有增加多少，咨询量依旧凄惨；每天直通车账户的点击量还可以，但咨询成交的不多；使用生意参谋工具发现页面的跌失率比较高；同行的直通车效果比较自己的好等。

作为商品精准推广的利器，淘宝直通车为用户带来可观的访问量。每一次搜索点击都代表着一位有意向的潜在买家，他们希望获取感兴趣的产品、信息，并在比较、评估后做出购买决策。

那么如何充分利用淘宝直通车带来的流量，在众多的淘宝卖家中脱颖而出呢？这就需要根据相关指标数据调整关键词、提高质量分、提高投入产出比、优化宝贝及店铺的视觉效果，不断对直通车进行优化，以达到直通车带来的较好展现与点击的效果。

（一）关键词优化

（1）通过直通车报表中的关键列表，观察关键词点击量、点击率、花费、投入产出比、收藏数、直接成交笔数、展现量等数据判断关键词的优劣，如图 4－62 所示。

图 4－62　直通车报表的关键词列表

（2）无展现或展现低的关键词马上删掉。

（3）展现量高、点击率低的关键词，检查商品的创意图与创意标题。创意图片要吸引买家，创意标题要与商品有相关性，达不到以上效果则需重新设计创意图片与创意标题。

（4）点击率高、转化率高、展现量低的关键词，可适当提高价格，以获得较好排名，带来更大收益。

（5）展现量、点击率较高，转化率低的关键词，查看详情页的设计是否达到视觉营销的效果。

（6）关键词再次挖掘。在直通车推广过程中，需要不断挖掘关键词。挖掘关键词的方法在 SEO 优化任务中已介绍过，主要通过生意参谋中“流量－选词助手”、直通车中的“关键分析”工具、“您是不是想找”“搜索下拉框”等工具查看关键词，实时观察关键词的“展现指数”“点击指数”“点击率”“点击转化率”“市场均价”“竞争度”等数据变化，挖掘新的关键词进行替换。在替换关键词时，为保留原标题的已获得的权重，一次替换 1～2 个，如果替换过多会导致一段时间内完全没有展现。

（二）关键词的出价优化

淘宝是一个动态的市场，几乎每天都有竞争对手出现或消亡，也会有商家暂停直通车推广或提高直通车推广幅度等情况出现。因此，卖家需要根据市场情况对关键词出价做出调整。出价时可根据当前的效果与目标卡位来设定价格。

（三）关键词质量分优化

关键词的质量得分是搜索推广中衡量关键词与商品推广信息和淘宝网用户搜索意向三者之间相关性的综合性指标。前面我们学习了直通车的扣费公式：

实际扣费 = 下一名的出价 × 下一名的质量得分/自己的质量得分 + 0.01

影响质量分的维度主要有创意质量、相关性、买家体验三个维度：

■ 创意质量：推广创意近期的关键词动态点击反馈。

■ 相关性：关键词与宝贝类目、属性及文本等信息的相符程度。

■ 买家体验：根据买家在店铺的购买体验和账户近期的关键词推广效果给出的动态得分。

关键词质量分以 10 分制的形式来呈现，分值越高，直通车越能获得理想的推广效果。因此，关键词质量分优化要从创意质量、相关性、体验性三个维度进行优化。

1. 创意质量优化

推广创意是我们呈现推广商品最主要的方式。将自己店铺直通车点击率与类目直通车平均点击率比较，如果低于市场平均点击率，就需进行创意图片与创意标题的重新设置。

2. 相关性优化

检查商品发布的类目是否正确。商品的类目发布错误，关键词的质量得分会很低。使用关键词分析工具，选择与本商品相关性高、点击率高、转化率的关键词。

3. 买家体验优化

通过保证客服在线时间、设计优质的商品详情页等手段来提高收藏、加购及转化率。

4. 优化直通车带来指标数据

淘宝的流量分为自然搜索流量、直通车流量、钻展流量等。每种推广工具的指标数据对自身影响是最大的。因此，卖家要优化直通车推广商品的点击量、成交量、点击率及转化率，相关指标数据提升，质量得分便会很快提升。

（四）“千人千面”推荐算法下的直通车优化

“千人千面”是淘宝为了削弱爆款，减少价格战等恶意竞争，更好地帮助买家找到想要的产品，提升购物体验而推出的一种新的排名算法。它根据买家的搜索习惯、加购、收藏等购物行为判断买家喜欢的商品，进而为买家推荐需求的商品。“千人千面”的出现导致排名变动非常大，每个人登录设备上的排名不同，登录账号和不登录账号，清空缓存和不清空缓存的差别巨大。那么在新“千人千面”的模式下，如何优化直通车呢？方法有：一是提高直通车精选人群溢价，在“猜你喜欢”的位置增加展现机会；二是优化人群定向设置，使人群定位更加精准；三是优化商品详情页，从风格、色调、商品图片质量、营销导向几个维度优化详情页，突出商品特点、卖点，提高转化率。

相关链接

直通车推广常用术语

1. 展现量：推广商品在淘宝直通车展示位上被买家看到的次数，不包括自然搜索。

2. 点击量：推广商品在淘宝直通车展示位上被点击的次数。

3. 点击率：推广商品展现后的被点击比率（点击率＝点击量/展现量）。

4. 花费：推广商品被点击所花费用。

5. 平均点击花费：推广商品每次被点击所花的平均费用（平均点击花费＝花费/点击量）。

6. 平均展现排名：推广商品每次被展现的平均排名（平均展现排名＝每次展现排名的加总/展现量）。

7. 定向推广：继搜索推广之后的又一精准推广方式。利用淘宝网庞大的数据库，通过创新的多维度人群定向技术，锁定用户的目标买家，并将用户的推广信息展现在目标买家浏览的网页上。

8. 默认出价：对同一个商品的关键词和类目设置的统一的出价。

9. 类目出价：买家通过类目导航选择搜索到商品并点击商品后，用户愿意支付的最高点击价格。

10. 质量得分：主要用于衡量关键词与商品推广信息和淘宝网用户搜索意向三者之间的相关性，其计算依据涉及多种因素。

11. 推广内容：指的是直通车的推广标题，是商品在直通车展示位上的标题。

12. 系统推荐词：系统根据商品相关性信息提取的关键词推荐。

13. 相关词查询：在搜索框中输入任意词，查询本词及相关词的流量等情况。如输入“毛衣”，系统会显示：毛衣、韩版毛衣、女式毛衣等关键词及相关信息。

14. 正在使用的关键词：当前账户中其他商品的关键词。

15. 暂停：商品在淘宝直通车账户中处于下线的状态。

16. 推广中：商品在淘宝直通车账户中处于上线的状态。

17. 没有推广任何商品：推广计划中没有推广商品。

18. 所有商品暂停推广：推广计划中的所有商品暂停推广。

19. 审核下架：如果直通车上推广的商品或者关键词不符合直通车的推广规则或者淘宝网商品发布规则，会显示审核拒绝或者审核下架状态。

20. 淘宝下架：当前商品在店铺中是不正常出售状态，直通车无法将商品同步到直通车内。显示淘宝下架的商品不会在直通车展示位上展示，因此也不会产生点击。

21. 总费用：一段时间内的推广总花费。

22. 宝贝创意：推广创意即宝贝的展现形式。在直通车推广位置上，用户的推广以宝贝主图、推广内容的形式展现。

23. 无展现词：目前无展现词为15天内无展现量的关键词。

习题：直通车

任务三　引爆流量——智钻

微课：智钻

通过任务二的学习，我们知道直通车是按竞价的方式获得商品排名、展现免费而点击扣费的推广方式。直通车按推广的关键词将商品展现给买家，以实现商品的精准推广，更多的体现“人找货”的思想，推广设置的关键词越精准，越能带来流量。除了直通车，还有一款卖家常用的付费工具，那就是智钻。智钻是系统通过对大量用户的购买行为分析，进而将其归类为某种类型商品的潜在用户，在智钻投放时，将智钻广告展示给该类型的用户，即主动将商品展示给定向人群。智钻推广是否有效，主要取决于卖家定向的人群是否精准。

本任务将以淘宝集市店为例进行智钻的阐述。

一、智钻的基本介绍

（一）什么是智钻

智钻是面向全网精准人群实时竞价的展示推广平台，支持按展现收费和按点击收费，以精准定向为核心，为卖家提供精准定向、创意策略、效果监测、数据分析等一站式全网推广投放解决方案，帮助客户实现更高效、更精准的全网数字营销。

智钻有以下优势：

1. 推广展示位遍布全网，引流成本可控

展示位置覆盖淘宝网首页、天猫首页和无线端等站内资源位，和各大视频、门户、社区网站以及淘宝站外（如新浪微博、腾讯、优酷等各大优势媒体）等全网优质流量资源。支持按展示付费（CPM）和按点击付费（CPC），引流成本可控。

2. 全网大数据，精准锁定目标人群

通过群体定向、访客定向、兴趣点定向和 DMP 定向等多种定向方式，圈定目标客户，精准展现广告。

3. 海量媒体曝光，高效提升品牌价值

不管是需要在短时间内为店铺营销活动和销量引流，还是面向目标客户积累多次品牌印象，提升品牌价值，都可以通过智钻丰富的展现形式实现，助卖家达成营销目标。

（二）智钻展现与扣费原理

智钻按照出价高低顺序进行展现。系统将各时间段的出价按照竞价高低进行排名，价高者优先展现。出价最高的预算消耗完后，轮到下一位，以此类推，直到该小时流量全部消耗，排在之后的无法展现。

获得的展现量 = 总预算/CPM 价格 ×1000

在同样的预算下，千次展现单价越高，获得的流量越少，因此我们需要在保证出价能展现的基础上，合理竞价。例如有 A、B、C 三个卖家对同一展示位进行竞价，在 CPM 出价、预算下，获得的展现量与排名顺序如表 4 - 2 所示。

表 4－2

卖家	CPM 价格	预算	展现量	展示顺序
A	3	300	100000	3
B	5	200	40000	2
C	6	300	50000	1

（三）智钻定向人群原理

淘宝会对每个访客的搜索、浏览、收藏、购买等各种行为进行分析，根据分析结果给访客打上各种标签。如一个人在淘宝上经常购买“玻尿酸”，就会被淘宝系统打上“美容”“女士”等标签。

在设置智钻时，可以选择适合本店商品的人群，实现把本店的广告创意展现给这部分人群。把广告展现给本店商品的潜在人群，从而获得较好的广告效果。

（四）智钻规则

在淘宝运营的众多类目与商品中，不是所有类目与商品都能进行智钻推广。淘宝对行业与商品等进行了要求和规范。开通智钻前，首先要了解经营的店铺是不是符合智钻的行业管理与信息管理的要求（淘宝规则网址：https：//rule. alimama. com/）。

（五）智钻资源位

进入智钻推广页面，在智钻的菜单上有一个“资源位”选项，点击进入“资源位”页面，我们会看到智钻的所有资源位。资源位是指投放广告时展示广告的位置，如图 4－63 所示。

图 4－63　智钻资源位

（六）智钻账户结构

每个智钻账户最多创建 100 个计划；1 个推广计划最多创建 100 个推广单元；1 个推广单元最多设置 100 个资源位；1 个资源位下，最多可设置相同的尺寸的创意 20 个（见图 4－64）。

单品推广计划最多创建 100 个；1 个推广计划最多创建 40 个推广单元；每个单元可以添加 1 个商品；同一个商品可以添加到多个计划投放（但同一个商品只能在一个托管计划里投放）；每个商品可以添加 4 个创意。

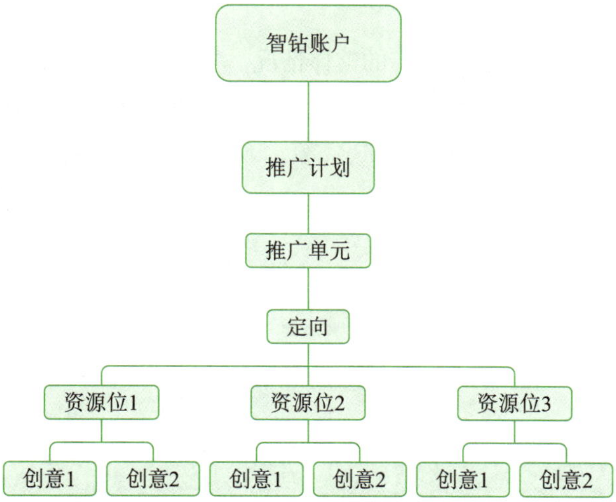

图 4-64　智钻账户结构

二、智钻的推广流程

（一）如何加入智钻

首先，卖家应到阿里妈妈客服中心（https：//help. alimama. com）确认店铺已符合淘宝智钻准入规则。在确认符合智钻准入规则后，步骤如下：

淘宝集市店：登录“我的淘宝”—点击“千牛卖家中心”—找到“营销中心”—点击“我要推广”—找到“钻石展位”，点击“立即登顶”，进入智钻推广界面。

天猫店：登录“我的淘宝”—点击“千牛卖家中心”—找到“营销推广中心”—找到“钻石展位”—点击“立即登顶”，进入智钻推广界面。

（二）预存费用

新用户加入淘宝智钻费用预存须大于300元，无上限要求，用户所充值的金额全部都是未来可使用的推广费用。提示充值成功之后，即表示已开通淘宝智钻服务，如图4-65所示。

图 4-65　智钻充值页面

（三）智钻首页介绍

智钻账户首页展示了店铺智钻推广的整体情况。主要有智钻新功能介绍（见图 4－66）、智钻的单日投放数据（账户整体、全店竞价、海外视频、单品、内容、直播）、历史投放数据（见图 4－67）、活动日历、账户余额、今日预算等内容，可使卖家非常直观地了解智钻的动态。

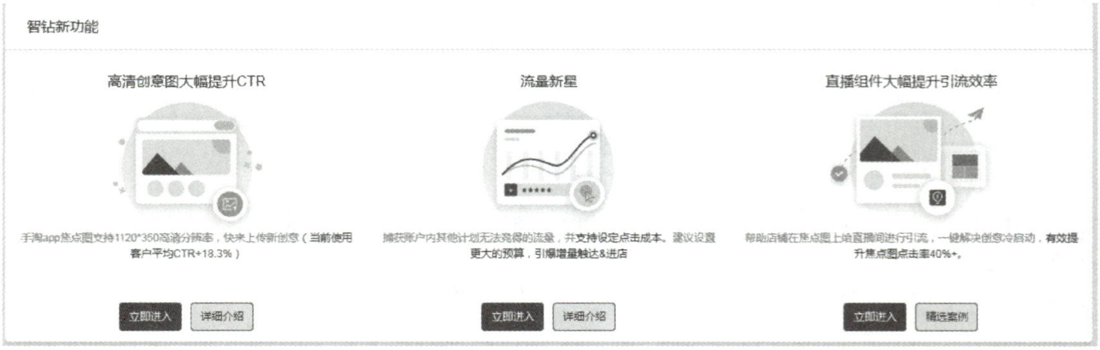

图 4－66　智钻新功能

图 4－67　智钻的投放数据

（四）智钻的推广流程

智钻推广的设置：点击新建推广计划后，首选进行推广方式的选择，推广方式包括全店竞价推广、淘外视频推广、单品推广、内容推广、直播推广五种方式（见图 4－68）。以下主要讲解全店竞价推广与单品推广两种推广的设置。

1. 全店竞价推广流程

智钻全店竞价推广是指按展现或点击计费的方式，推广店铺的首页、单品页及自定义页的推广类型。展示位置覆盖淘宝网首页、天猫首页和无线端等站内资源位，以及各大视频、门户、社区网站以及淘宝站外（如新浪微博、腾讯、优酷等）各大优势媒体等全网优质流量资源。

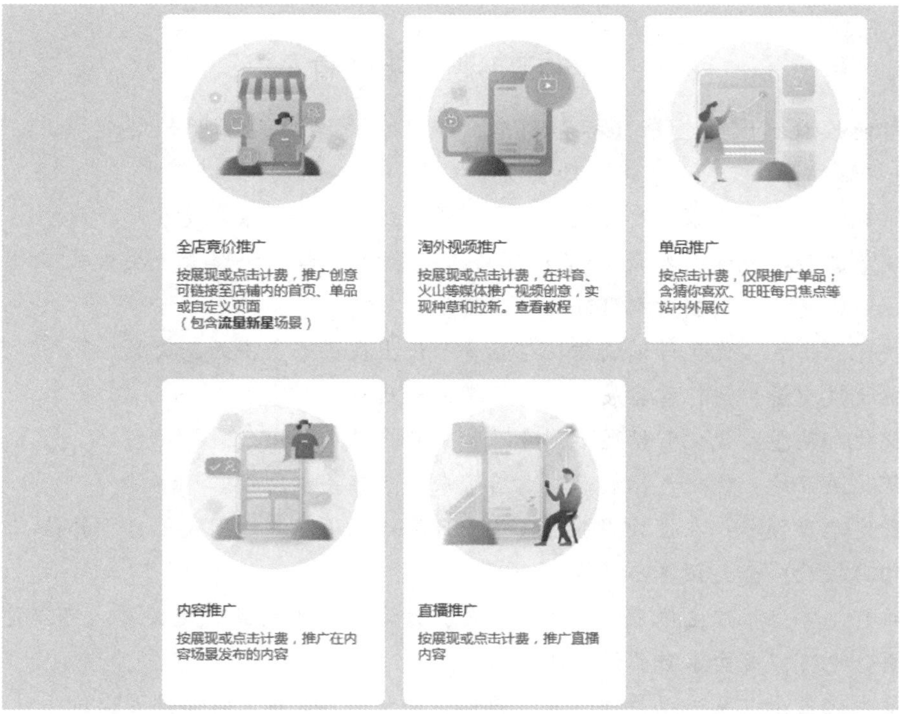

图 4－68　智钻营销目标

（1）新建推广计划，选择全店竞价推广，进入推广计划设置页面。

（2）推广计划的营销参数与基本信息设置。全店竞价推广的营销参数包括：计划类型（智能投放、常规投放、流量新量）和营销目标（点击类、展示类、转化类目标）；推广计划的基本信息包括竞价方式、预算、计划名称、投放日期、推广主体、地域设置和时段设置等内容。如图 4－69 所示。

图 4－69　全店竞价营销参数与基本信息

全店竞价推广常用术语

智能投放：设置营销目标和创意，即可由系统为卖家开始智能推广，简单高效。

常规投放：由卖家自定义设置定向、资源位、出价等推广要素。

流量新量：流量新星计划可为卖家捕获账户内其他计划竞价失败未竞得的流量，账户内其他计划圈选人群外的全网流量。

优化点击量：优化计划创意在智钻资源位上被买家点击的总次数。

优化成交量：优化智钻展示创意后带来的店铺成交次数。

优化加购量：优化智钻展示创意后带来的店铺加购次数。

优化关注量：优化智钻展示创意后带来的店铺关注次数。

固定单日预算：在投放周期内任意一日消耗上限不超过固定单日预算值。

均匀投放：全天预算平滑投放。

推广主体：推广主体可以是店铺首页、自定义页或商品自定义页，可以是店铺分类页，也可以是卖家自己设计的页面。

最大化产出：系统以最终达成营销目标最大化为目标，自动设置出价。

成本约束下最大化产出：系统以最终达成营销目标最大化及满足点击成本约束为目标，自动设置出价。

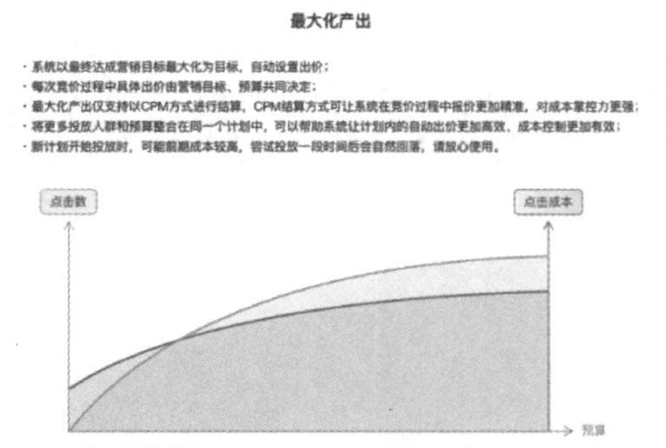

最大化产出

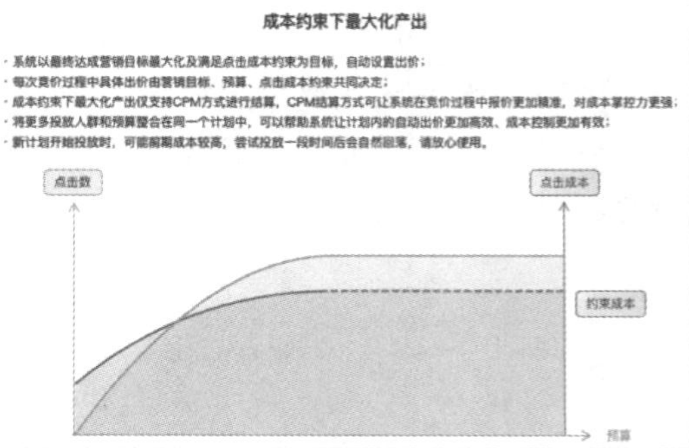

成本约束下最大化产出

卖家根据店铺经营的需要设置相关营销参数与推广计划的基本信息。如果卖家是一个智钻推广的新手，可选择智能投放类型；如果推广注重转化，可选择转化类营销目标；如果卖家实力雄厚，可选择最大化产出；如果卖家实力有限，可选择成本约束下最大化产出。卖家也可以对想投放的地域及时段进行设置，不同目标、不同类目、不同运营时期的设置不同，固定单日预算不低于300元。

（3）推广单元设置。推广单元设置包括：单元名称、定向人群精准过滤、通投、智能定向、购物意图、私域定向（店铺人群、资源位触达追投、粉丝人群）、公域定向（店铺人群、内容偏好、兴趣偏好）、达摩盘精选、资源位、竞价设置等内容。如图4－70所示。

图 4－70　推广单元设置

推广单元常用术语

定向人群精准过滤：过滤已购买人群，减少预算浪费。

通投：不限人群投放。

智能定向：系统根据卖家的店铺或商品为卖家挑选的优质人群（为保证投放效果，建议持续投放 2 天以上）。

购物意图：系统根据近 30 天浏览/搜索的相关主题，优选购物意图高、规模合适的人群组合。

私域定向：根据消费者在卖家店铺/商品/内容等维度的行为，为卖家挑选优质人群，满足卖家精细化老客运营的需求。

店铺人群：从店铺/商品维度圈选优质人群，满足店铺消费者重定向需求。

资源位触达追投：把不同导购场景下（包括付费及免费部分）发生过店铺浏览或点击的消费者聚合，方便商家进行二次营销，完成消费者转化。

粉丝人群：从用户活跃情况圈选不同层级的粉丝和潜在粉丝，满足内容场景下粉丝运营需求。

公域定向：基于全网优质人群，从店铺/粉丝/场景等维度展开，满足多维度拉新的需求。

店铺人群：从店铺/商品维度圈选的相似人群，满足店铺拉新的需求。

内容偏好：从内容领域/内容形式维度圈选的潜在粉丝人群，满足内容场景下的拉新需求。

兴趣偏好：从子类目/明星粉丝/风格偏好等维度圈选的相似人群，满足丰富场景下的拉新需求。

达摩盘精选：基于达摩盘丰富标签，由平台配置推荐的个性化人群包，满足在活动节点或者行业上的圈人需求。

资源位：推广设置完成后广告出现的位置。

期望点击成本：平均点击成本 =1 天的总消耗/1 天的总点击量。系统将在卖家设置期望点击成本目标时，自动帮卖家挑选流量并出价，尽量帮助店铺在不超出期望点击成本的情况下最大限度地提升营销目标。

卖家根据店铺经营的目标和经营商品的特点进行推广单元的设置。如果经营商品的黏性较强不建议进行精准过滤设置，如果黏性不强建议最大程度地过滤；通投流量相对不精准，不建议开启，除非店铺对流量需求非常巨大；如果卖家想挖掘进入自己店铺的客户建议使用私域定向；如果想挖掘全网的客户建议使用公域定向进行拉新；资源位的设置建议以站内为主；期望点击成本建议略高于市场平均价，看推广效果再进行调整。

（4）推广创意设置。在钻展的投放链路中，创意是广告触达用户的“首位媒介”，创意里包含的商品图、文案、人物、色调等信息直接影响了客户对广告的兴趣度。

全店竞价推广不同位置的创意尺寸是不同的，创意制作可以通过本地上传创意、创意模板库制作、快捷制作或智能抠图创意；单品推广创意有固定尺寸，为 800 ×800，大小在 500k 以内。创意制作要同步商品主图，开通本地上传后可本地上传创意。

设置创意时建设开启创意优选，当同一资源位的创意个数大于 2 个且单元当日整体展现数量达 1 万以上时，系统将对创意特征及用户喜好进行深度匹配，优先展现最佳创意图片。

相关链接

全店竞价推广创意设计要求

一、背景

■ 建议背景使用能凸显整体气氛，不要有太过华丽的元素，不得大面积使用黑色背景。

■ 背景不得太过复杂。

二、构图

■ 突出卖点，信息不要太分散、文字/Logo 不要太贴边。

■ 640 ×200 像素大小的图片左右两侧 38px 位置内勿出现文字、Logo、标题等关键信息，以免被局部遮挡。

■ 1120 ×350 像素大小的图片左右两侧 60px 位置内勿出现文字、Logo、标题等关键信息，以免被局部遮挡。

三、文字

■ 建议深色背景使用浅色文字，浅色背景使用深色文字。

■ 建议文字字体不超过三种，保持易读性。

■ 建议文字识别需清晰，不得有发光、浮雕、描边等粗糙效果。

四、图片

■ 清晰可读，避免模糊、边缘锯齿及像素杂点。

■ 商品主体建议占图片50%以上，整体呈现饱满感觉，避免留白过多。

图1、图2为智钻创意图片示例。

图1　创意图示例

图2　创意图示例

智钻创意制作完成后，点击本地上传，选择投放主体，上传制作完成的创意图，完成创意设置。如图3所示。

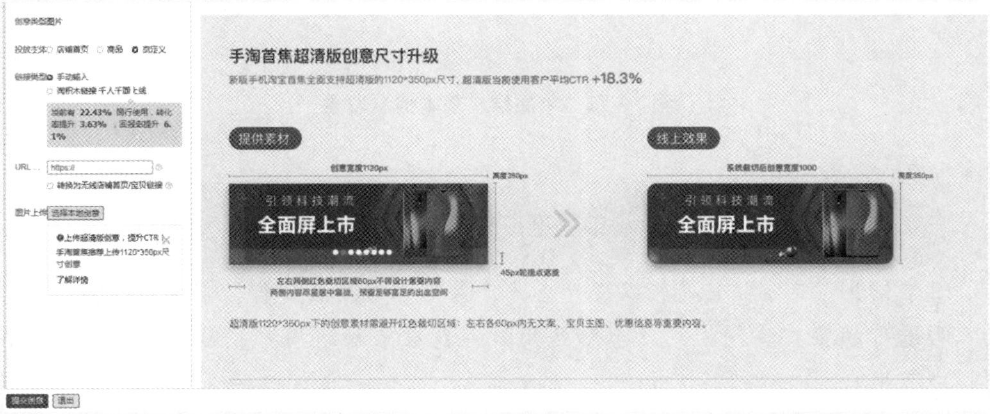

图3　智钻创意上传

2. 单品推广流程

智钻单品推广是指按点击计费的方式，仅限推广单品的推广类型。展示位置含“猜你喜欢”“旺旺每日焦点”等站内外展位。

（1）新建推广计划，选择单品推广，进入推广计划设置页面。

（2）推广计划的营销参数与基本信息设置。单品推广的营销参数包括：常见场景（日常销售、认知转化、拉新、老客召回、自定义）、营销目标（优化成交量、优化点击量）、生成方案（系统托管、自定义）、目标人群（广泛未触达用户、精准未触达用户、触达用户、认知用户、成交用户）；推广计划的基本信息包括计划名称、地域设置和时段设置、投放日期、每日预算等内容。如图 4－71、图 4－72 所示。

图 4－71　单品推广营销参数设置

图 4－72　单品推广基本信息设置

单品推广常用术语

日常销售：日常销售是指以提升店铺日常销量为投放目标，圈定适合日常投放的人群进行的推广。包括广泛未触达用户、精准未触达用户、触达用户、认知用户、成交用户。

认知转化：圈定店铺已有浏览、收藏、加购等行为的认知用户，促进认知用户成交转化。包括认知用户与触达用户。

拉新：圈定店铺新客，为店铺引入流量，积累店铺人气。包括广泛未触达用户、精准未触达用户、触达用户、认知用户。

老客户召回：圈定店铺已购买老客户（成交用户），促进重复购买。

自定义：自定义主要是指由卖家自定义设置定向、资源位、出价等推广要素。

优化成交量：系统以成交量为目标进行优化。

优化点击量：系统以进店量为目标进行优化，适合店铺引流。

系统托管：设置营销目标和创意，即可由系统为卖家开始智能推广，简单高效。

广泛未触达用户：除精选外的所有未触达用户。

精准未触达用户：系统精选与卖家的店铺人群相似度高的未触达用户。

触达用户：在卖家广告触达的所有用户中，除去卖家店铺的认知及成交用户。

认知用户：15 天内有广告点击/内容渠道（如淘宝头条、微淘）浏览互动/进店/搜索/点击行为的用户；或 90 天内有过收藏/加购店铺/商品行为的用户；或 180 天内有店铺下单（未付款）行为的用户。

成交用户：180 天内对店铺商品有购买行为的用户。

卖家根据店铺经营的需要设置相关营销参数与推广计划的基本信息，为商品选择合适的场景，确定目标人群，实现营销目标。日常销售一般适合于经营过一段时间的商品的日常销售，在流量的选择上会更偏向于高点击与高成交流量；拉新一般适合新品的推广；老客户召回一般适合黏性较强的商品，促进重复购买。对于投放的地域及时段，卖家要根据店铺经营情况进行设置，跟全店竞价推广一样，不同目标、不同类目、不同运营时期设置不同。如果是智钻新手，生成方案建议选择智能托管，本任务以自定义方案讲解。

（3）推广单元设置。相关营销参数与推广计划的基本信息设置完成后，我们进入推广单元的设置。在推广单元中，我们要进行推广商品的添加，设置定向人群及出价，设置资源位及溢价等操作。

①添加推广商品。在添加商品时，可添加“活动宝贝”“有好货宝贝”，也可根据店铺经营的需要添加商品。“活动宝贝”及“有好货宝贝”是参加有好货等活动的商品，这些商品进行智钻推广效果会更好。如果店铺没有参加活动，卖家可根据店铺商品的销量、点击率、转化率等指标进行商品的选择。如图 4－73 所示。

图 4－73　添加推广宝贝

添加完商品后，填写推广单元名称，单元名称只支持汉字、字母、数字、下划线，名称的设置要以易识别推广单元为原则。如图 4－74 所示。

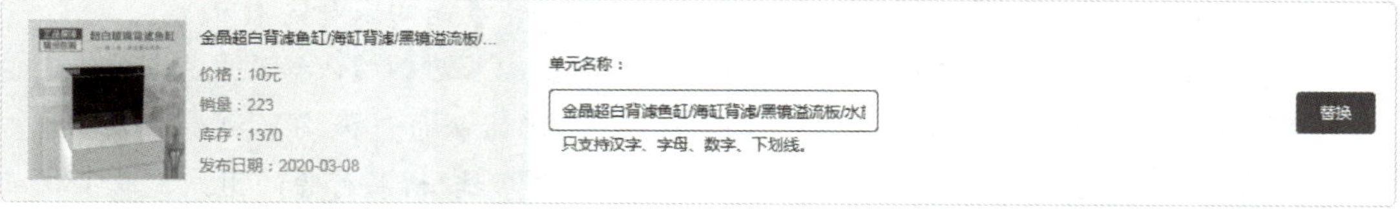

图 4－74　设置推广单元名称

②设置定向人群及出价。单品推广的人群定向有智能定向、达摩盘平台精选、扩展定向三大类。智能定向是系统根据卖家店铺的访客属性、商品标题、商品属性等维度，智能匹配出适合该商品的人群。智能定向又分为智能定向—访客定向（喜欢本店铺的访客、喜欢相似店铺的访客）、智能定向—相似宝贝定向（喜欢我的宝贝的人群、喜欢相似宝贝的人群）与智能定向—购物意图定向。

推广单元常用术语

基础出价：基础出价是对智能定向人群的出价。卖家还可以对智能定向中的部分优质人群设置更高的溢价。

喜欢我店铺的访客：近期对本店铺有浏览、搜索、收藏、加购物车、购买等行为的人群。

喜欢相似店铺的访客：近期对相似店铺有浏览、搜索、收藏、加购物车、购买等行为的人群。

喜欢我的宝贝的人群：近期对指定宝贝感兴趣的人群。

喜欢相似宝贝的人群：近期对指定宝贝的竞品宝贝感兴趣的人群。

智能定向—购物意图定向：近期对宝贝有购买意向的人群。

达摩盘平台精选：基于达摩盘丰富标签，由平台配置推荐的个性化人群包，满足卖家在活动节点或者行业上的圈人需求。

扩展定向：相关/包含相关/热门购物意图标签，可覆盖更宽泛的流量。

建议溢价比例：当前商品获取此定向目标人群所需的系统建议溢价比率。建议溢价比率为系统根据商品本身情况及相似商品流量获取价格综合计算得出。

设置定向人群及出价时，基础出价建议略高于市场平均出价。“喜欢我店铺的访客”“喜欢相似店铺的访客”“喜欢我的宝贝的人群”“喜欢相似宝贝的人群”以及“购物意图定向人群”都是智能定向中的优质人群，建议设置溢价比例为10%左右，后期根据推广效果再进行调整（见图 4－75）。

图 4－75　设置定向人群及出价

③设置资源位及溢价。资源位是推广商品展示的位置。主要有：我的淘宝—已买到的宝贝、我的淘宝—物流详情页、我的淘宝首页—猜你喜欢、淘宝收藏夹—热卖单品、我的购物车—掌柜热卖、手机淘宝—猜你喜欢等资源位，如图 4－76 所示。

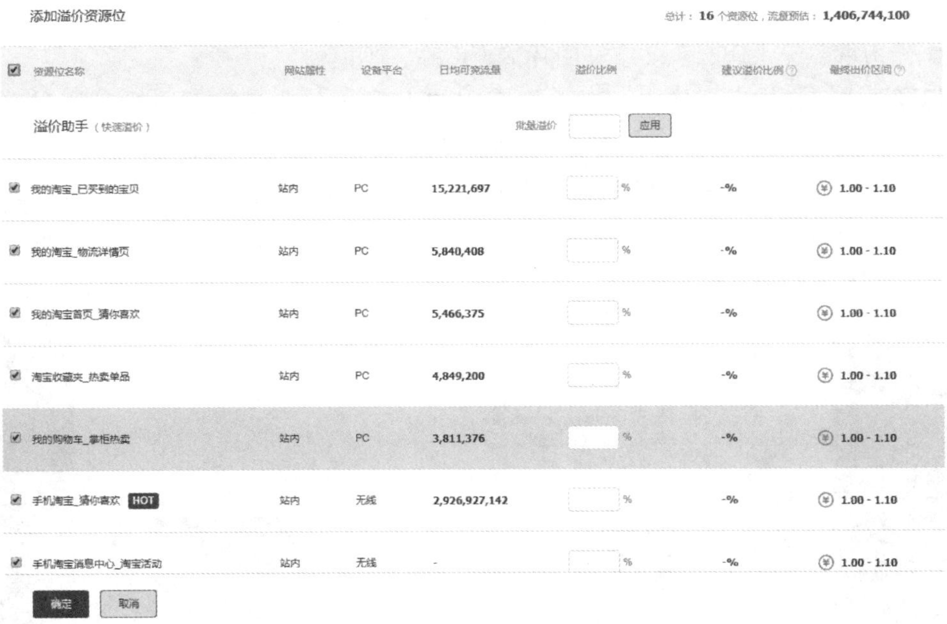

图 4－76　设置资源位及溢价

资源位溢价是指在人群出价的基础上，对资源位设置不同的溢价比例，以获得更优质的流量。卖家根据资金预算、每个资源位的可竞流量选择适合自己商品的资源位并设置相关溢价。建议设置溢价比例为 5% 左右，后期根据推广效果再进行调整。

④添加创意。设置完推广单元后，点击“下一步”，进入添加创意页面，如图 4－77 所示。单品推广的创意与全店竞价推广的创意具有同样的作用，都决定着智钻推广的效果。设计好的创意会带来高点击量，设计差的创意点击较少或无点击，因此一定要设计好创意图。

图 4－77 添加创意

单品推广创意设计要求：

创意图要求：

■ 800×800 固定尺寸；大小 500k 以内；支持 JPG/JPEG/PNG 格式。

■ 浅色背景图，可以使用场景图，但要避免色调过深。

■ 无边框、无水印、少文字、图片清晰度高，不模糊。

标题要求： 在推广标题上，禁止敏感词的出现（对带有敏感词的商品会进行屏蔽），如胸部、丰胸、壮阳、袋鼠精、情趣、医学模型、素体、诱惑等。

推广创意支持商品主图和本地上传图片，点击“添加创意支持本地上传”，进入“宝贝模板创意”页面，编写创意推广标题，将制作完成的创意图片上传，完成单品推广的创意设置。如图 4－78 所示。

图 4－78 宝贝模板创意

3. 全店竞价推广与单品推广的区别

从以上的操作中可以发现，全店竞价推广与单品推广在推广主体、扣费模式、推广资源位、人群定向、创意等方面都有着较大的差别。主要区别如表 4 –3 所示。

表 4 –3　　全店竞价推广与单品推广对照表

设置项目	全店竞价推广	单品推广
推广主体	店铺首页、店铺自定义页面、宝贝	仅推广宝贝
扣费模式	CPM（展现付费）、CPC（点击付费）	CPC（点击付费）
资源位	覆盖淘宝、天猫首页以及各个频道大尺寸展位、淘宝无线端以及淘宝站外如新浪微博、腾讯、优酷等各大优势媒体	来自站内站外、PC 无线的丰富优质资源位
人群定向	通投、智能定向、购物意图、私域定向（店铺人群、资源位触达追投、粉丝人群）、公域定向（店铺人群、内容偏好、兴趣偏好）、达摩盘精选	智能定向、达摩盘定向、拓展定向

三、智钻优化

（一）定向人群优化

开通智钻后，根据一段时间的预算花费情况进行定向人群的优化。观察每天的推广计划花费，如果每天的预算未用完，根据推广计划中的“每日流量预估”添加或调整定向人群。每选定一个人群，“每日流量预估”数据都会生变化，如图 4 –79 所示。如果每天的预算很短时间就用完，观察点击率与 CPM 价格，调整出价或调整定向人群。

图 4 –79　每日流量预估

（二）扣费方式优化

全店竞价推广开通一段时间后，在相同的创意和相同的投放位置下，观察推广的点击扣费和展现扣费数据，判断扣费方式的优劣，如图 4 –80 和图 4 –81 所示。综合分析展现量、点击量、CPM 展现成本及投资回报率等数据，调整扣费方式。

图 4 - 80　相同创意和相同投放位置的点击扣费

图 4 - 81　相同创意和相同投放位置的展现扣费

（三）创意优化

进入智钻后台，点击菜单的资源位，如图 4 - 82 所示。资源位上的平均点击率，如果本店铺的点击率小于平均点击率，需要对创意进行优化。

图 4 - 82　智钻资源位

（四）店铺优化

在智钻的推广过程中，经过一段时间的推广数据观察，发现展现量、点击率等数据不错，与市场平均值持平或高于平均值，但是转化率不高，这时卖家要对店铺的首页、分类页、宝贝详情页进行优化，要对店铺风格、宝贝图片、关联营销等进行分析与设计，做好内功，提高转化。

相关链接

智钻推广常用术语

推广计划：可在推广计划下管理自己的推广单元。

推广单元：为店铺引流可在推广单元下管理定向与资源位；为宝贝引流可以在推广单元添加推广商品。管理定向与资源位，一个推广商品便是一个推广单元。

限额：设置计划消耗上限。

CPC：按点击付费。

CPM：按千次展现付费。

设置投放地域：不同地域流量不同，设置投放区域，不选择不投放。

设置投放时间：不同时间段流量不同，不选择不投放。

日常销售：以提升店铺日常销量为投放目标，圈定适合日常投放的人群，包括精准未触达、触达、认知、成交用户。

认知转化：圈定店铺已有浏览、收藏、加购等行为的认知用户，促进认知用户成交转化。包括认知用户、触达用户。

拉新：圈定店铺新客，为店铺引入流量，积累店铺人气。精准未触达人群。

老客户召回：圈定店铺已购买老客，促进重复购买。包括认知用户、成交用户、触达用户。

目标人群：圈定计划投放的人群范围，未选中的人群不会被投放。

成交用户：近期对本店铺宝贝有购买行为的用户。

认知用户：近期对本店铺/宝贝有搜索、浏览，或有收藏加购行为，但未购买的用户。

精准未触达：系统精选与本店铺人群相似度高的未触达用户。

触达用户：近期对本店铺/宝贝有曝光或点击，但无搜索、收藏加购行为的用户。

营销目标：系统会按照卖家的营销目标去优化定向人群和出价。

促进购买：以促进购买为目标，系统推荐人群会偏向于购买人群。

促进进店：以促进进店为目标，系统推荐人群会偏向于点击人群。

目标人群相关度：目标人群与本店人群的相似程度。

人群数量：通过定向可以圈定的人数。

触达客户：广告展现人群。

兴趣客户：广告点击人群。

意向人群：店铺搜索、店铺点击人群。

行动人群：收藏宝贝、收藏店铺、加购、确认订单人群。

成交人群：购买人群。

相似宝贝定向：对指定宝贝的竞品宝贝感兴趣的人群。

访客定向：近期访问过某些店铺的人群，系统通过“您的访客”“宝贝标题”等多维度自动挖掘出的适合该宝贝的买家人群。

喜欢我的店铺的访客：近期浏览、收藏、加购物车、购买过本店铺的买家人群。

喜欢相似店铺的访客：近期浏览、收藏、加购物车、购买过相似店铺的买家人群。

相似宝贝定向：对指定宝贝或竞品宝贝感兴趣的人群，系统通过“您的访客”“宝贝标题”等多维度自动挖掘出的适合该宝贝的买家人群。

购物意图定向：根据买家购物意图标签定位买家人群。

资源位：经过钻展推广后店铺或商品经过推广后展现给消费者的位置。不同展位因展现位置不同，看到的人数不同，因此带来的点击率与转化率也不同。

习题：钻石展位

微课：淘宝直播

任务四　利用粉丝流量——淘宝直播

淘宝直播在 2016 年 3 月正式上线。在“内容为王，粉丝经济”的现代，淘宝直播就像是一个知识传播平台，通过平台卖家传授消费者与商品相关的知识，增加店铺的私域流量，减少运营成本。知识和互动型的营销对于电商来说是大势所趋，它有着更大的提升空间和成长空间，对于淘宝直播来说，它的前景广阔。

本任务以“颐莲旗舰店”为例阐述淘宝直播的操作与优化。

一、淘宝直播的基本介绍

淘宝直播是构建在淘宝生态上面，使用直播技术全景展示商品、即时答复消费者咨询的新消费场景。淘宝直播的产品设计从诞生之初就是以商品为核心，没有打赏，没有滤镜，全面真实的讲产品通过直播展现给用户，真实的产品展示确保了商品展示的专业度。

1. 淘宝直播是一种新的获客渠道

通过淘宝直播，品牌、商家可以为消费者提供货品和优惠，消费者对于商品可以获得更直观的感受互动，因此，淘宝直播是一种新的营销工具和获客渠道。

2. 淘宝直播是一种知识型营销

淘宝直播的主播都具有自己的个人魅力，同时又具有控场技能，因此通过直播更容易将自己的粉丝转化为商家的客户，能够取得商家的信赖。同时，对于消费者来说，主播以自己的专业知识和体验教消费者选择合适的商品，因此更容易取得客户的信任。

3. 淘宝直播是一种用户新体验

淘宝直播可以让用户获取专业的产品知识和符合自身需求的合适推荐。同时通过这种直观的展示和互动的购物过程，用户更能心情放松，轻松购物，缩短购物决策时间，更好地体验购物的娱乐性。

二、开通淘宝直播

作为新经济形态下的新营销手段，相比于传统的网店营销手段广而泛的特点，淘宝直播营销内容精而深，内容更富有趣味性、个性化和可信性，相较于传统营销方式，它的前景很被看好。

（一）淘宝直播开通规则

现阶段很多商家争相进驻淘宝直播，但入驻淘宝直播的商家或产品必须满足以下标准：

1. 直播的产品不在淘宝管控类目中

淘宝平台设置了一些不能进行直播推广的商品类目，如保健品、虚拟类目、OTC计生用品、成人用品、情趣用品、书籍/杂志/报纸、音乐/影视/明星/音像、女士内衣/男士内衣/家居服、厨房/烹饪用具、水产、生肉、休闲生活、洗护清洁剂/卫生巾/纸/香薰、医药用品、装修设计/施工/监理、鲜花速递/花卉仿真、绿植园艺 >> 园艺用品 >> 园艺/刀/剪/锯、居家布艺 >> 缝纫 DIY 材料、工具及成品 >> 剪刀、母婴 >> 婴童尿裤等。在此需要注意的是，若一级类目不支持开通，则该一级类目下都不支持入驻。

2. 商家账户直播不得存在违规行为

商家账户直播不得存在违规行为，如直播挂机，即主播不在镜头前，或者跟消费者无有效互动，或黑屏且时间超过 15 分钟的都为挂机；直播过程中出现主播换人，直播过程中以任何形式宣导其他平台或通讯软件账号信息等违规行为，直播中主播主动或者被动提供线下的联系方式（如微信、二维码、电话等）。

（二）淘宝直播开通的流程

天猫商家满足淘宝直播开通中的两个条件，可自主申请开通淘宝直播发布权限。开通方法如下：

1. 打开手机应用中心查找“淘宝主播”，下载“淘宝主播” App 并安装。如图 4－83 所示。

图 4－83　下载淘宝直播 App

2. 进入“淘宝直播”App，登录网店账号，选择“主播入驻”。如图 4 - 84 所示。

3. 进行“实人认证”与“资料填写”，通过“眨眼”等动作进行实人认证，填写头像与昵称并同意协议后，即可入驻。如图 4 - 85 所示。

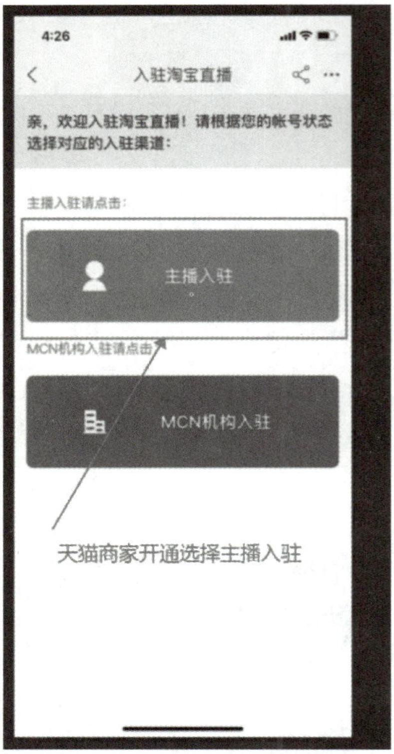

图 4 - 84

图 4 - 85

4. 若入驻直播提示：“该账号不能入驻”，说明你的综合竞争力不足，店铺的综合数据不符合直播要求，目前无法开通。建议提升店铺的综合数据，包括但不仅限于以下数据：店铺 DSR 动态评分、品质退款、退款纠纷率、消费者评价情况、虚假交易、店铺违规等。

（三）查看淘宝直播发布权限

进入“千牛卖家中心”，点击“营销中心”，点击右上角“我的”权限，点击查看，如果开通成功显示直播发布权限“已开通”，如图 4 - 86 所示。

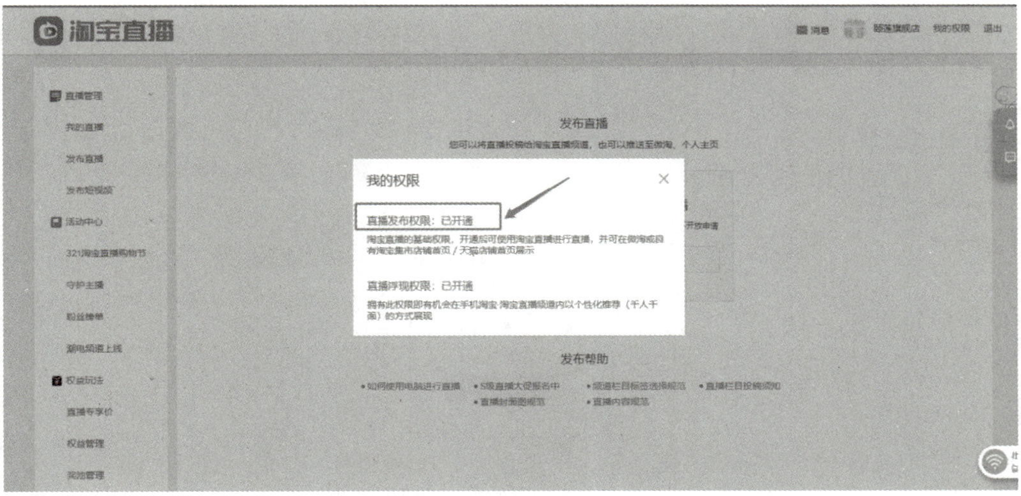

图 4－86　淘宝直播发布权限查看

三、发布淘宝直播

为了满足不同商家的需求，淘宝提供了多种发布直播的渠道，不同的发布路径，发布直播的流程不同。鉴于手机直播和千牛直播的一些限制因素，一般商家都会选择电脑直播。电脑可以使用有线网络来直播，网络会更稳定，有效避免直播中的卡顿。在直播过程中，电脑可以对音频进行加工，增加更多趣味性元素。相比于手机直播和千牛直播，PC 客户端直播对消费者来说购买体验更加丰富。

PC 端淘宝直播发布的流程：

1. 发布直播

进入“千牛卖家中心”，点击“营销中心”，点击“淘宝直播”，并点击“发布直播”。如图 4－87 所示。

图 4－87　发布直播

2. 创建普通直播

点击“普通直播”的开始创建，如图 4－88 所示。

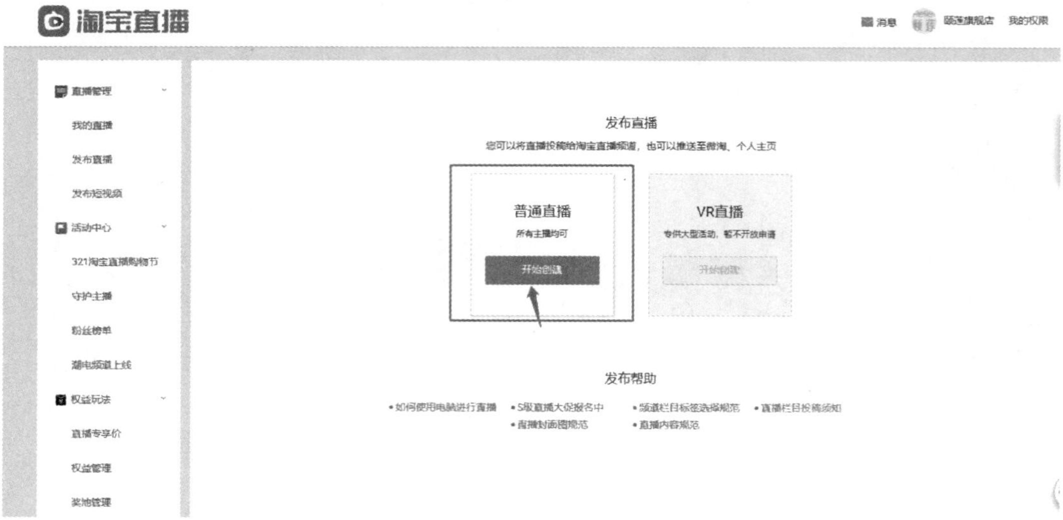

图 4－88　创建普通直播

3. 创建直播页面

进入直播创建页面，创建直播页面包括直播形式、直播信息和直播宝贝三部分内容。

（1）直播形式包括直播活动与直播画面。直播活动分为上新直播间、日常直播间、聚划算直播间。上新直播间只能直播上架 30 天以内的商品，上新直播间会同时在微淘的上新频道直播；聚划算直播间用于聚划算活动期间直播；日常直播间用得最多，店铺内上架 30 天以上的商品都可以进行直播。直播画面是指直播画面为竖屏或横屏，本任务直播活动选择“日常直播间”，直播画面选择“竖屏”，如图 4－89 所示。

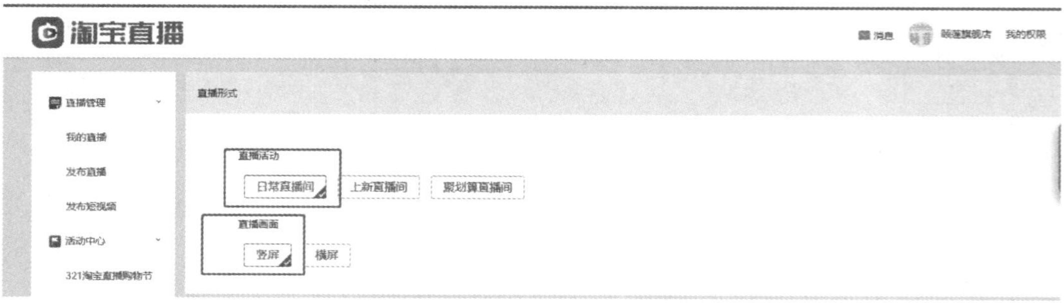

图 4－89　直播形式设置

（2）直播信息包括直播开始时间、封面图、标题、简介、直播栏目、直播位置等信息，如图 4－90 所示。在填写直播信息时，封面图有 750 × 750 与 1120 × 630（横向封面）两种尺寸。封面图要不掺杂文字、不使用拼接图片、不使用表情包等元素，不使用带有播放器的按钮等，否则，淘宝会提示封面图不符合要求。

标题要简洁、易懂、有重点，标题不能出现“测试”“测播”等字样；主播 App 端标题可设置上限为 16 个汉字，中控台仅支持上限 10 个汉字。

简介要求 18 ~ 26 个字，可以是主播介绍，可以是对标题进一步解释的一句话。直播栏目选择最贴近直播商品的栏目，以获得精准的粉丝。

直播位置必须真实填写。

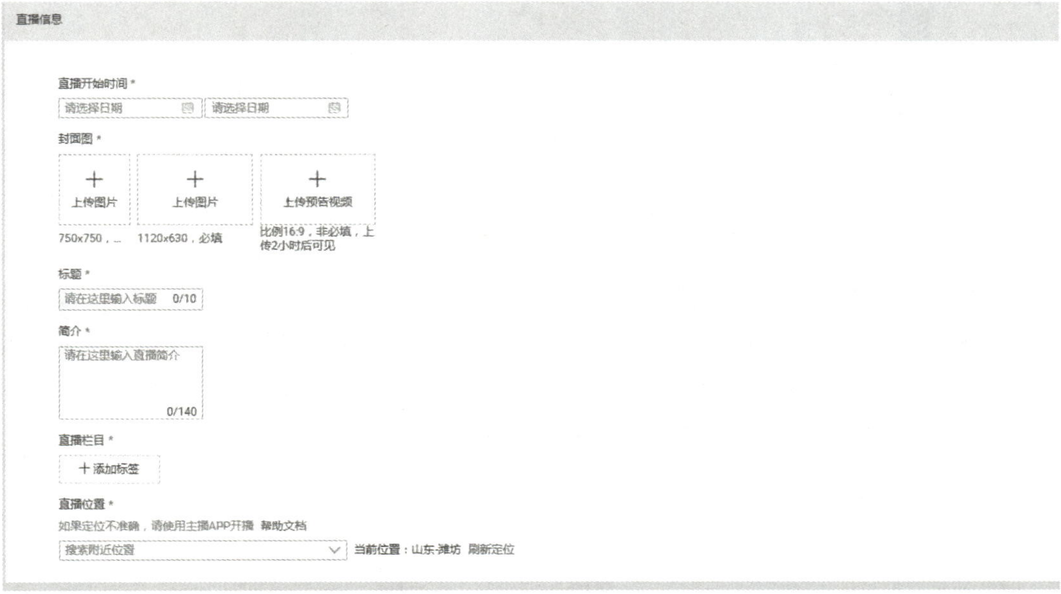

图 4－90　直播信息填写

（3）添加要直播的商品，点击页面右下角“发布”，即完成“直播宝贝”的发布。如图 4－91 所示。

图 4－91　添加要直播的商品并发布

四、淘宝直播数据分析

通过 PC 直播中控台—我的直播，查看直播历史数据，如图 4－92 所示。淘宝直播数据包括数据效果概览、流量分析、商品分析三部分。卖家可以通过分析直播的数据判断直播是否达到了预期的效果，帮助商家对产品策略和直播策略做出及时的调整。

图 4－92　账户下的历史直播

（一）总览分析

总览模块主要包括“数据效果概览”和“观看次数”两项数据。“数据效果概览”主要是展示直播整体观看次数、引导进店次数、封面点击率等数据，可与历史直播场次数据横向比较分析。观看次数是每个时间点观看直播人数的走向趋势。整体数据是访客数据与粉丝数据的和或者是算术平均值，如图 4－93、图 4－94 所示。

图 4－93　直播数据效果概览

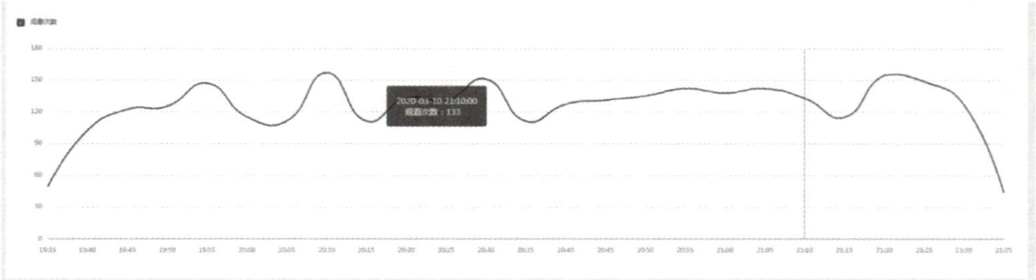

图 4－94　直播观看次数

（二）流量分析

流量分析模块主要展示直播关注、推荐、微淘、店铺等流量来源实时流量趋势，如图 4－95 所示。通过流量分析可以得出本次直播流量主要来自直播关注，来自微淘、店铺和详情页的流量相差不大，其他来源流量较低，如图 4－95 所示。可结合正在直播商品追踪每时刻的直播数据波动，及时调整直播策略。

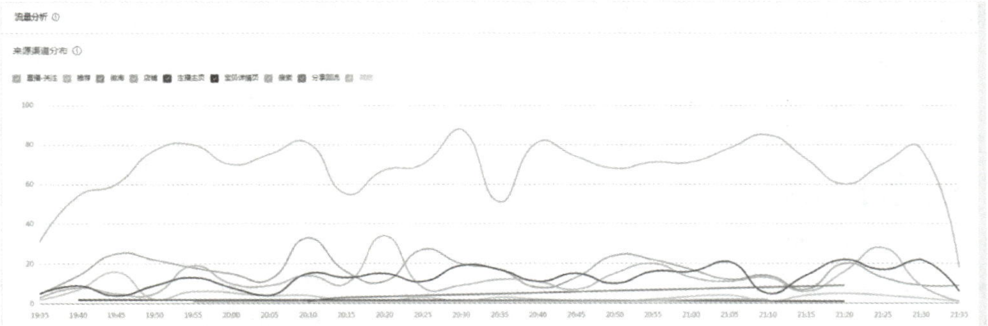

图 4－95 流量分析

（三）商品分析

商品分析主要统计直播间内商品访问实时累计表现，可综合判断商品的吸引力、成交潜力、优化选品和价格策略，如图 4－96 所示。

商品分析

排名	商品	商品点击次数	商品点击人数
1	颐莲玻尿酸补水喷雾舒缓保湿爽肤水化妆水定妆喷雾官网正品福瑞达	141	99
2	颐莲竹炭净肤清洁面膜 去角质深层清洁控油去黑头面膜女 清洁毛孔	109	61
3	颐莲敷夜水乳套装玻尿酸神经酰胺修护套装护肤品官网正品女学生	69	38
4	颐莲烟酰胺身体啫喱玻尿酸补水 身体乳保湿滋润香体 女士持久留香	60	39

图 4－96 商品分析

五、淘宝直播优化

（1）根据横向对比封面点击率，按封面规则优化封面图。

（2）发布时间优化。根据流量分析和观看人数时间走势图，寻找直播最优时间段，将其纳入直播时段内。

（3）通过流量分析，分析最优来源，加大流量最优来源宣传力度。

习题：淘宝直播

（4）提高主播的引导能力。如以上案例中，本次的直播流量主要来自粉丝，访客 598 人，但关注的人数只有 4 人。如果主播引导关注能力较强，就会增加粉丝数量，以后的直播观看人数等数据会有很大提高。

任务五 找人卖货——淘宝客

微课：淘宝客

淘宝客，是按成交计费（CPS）的一种推广方式。与直通车和钻展相比，它有效地避免了只耗费用不成交的局面，尤其是对于中小卖家，大大降低了他们的运营风险。卖家与淘宝客之间是互利共赢的关系，应当把淘宝客当作自己的合作者，共同努力，实现互利共赢。

本任务以淘宝集市店为例进行淘宝客的讲解。

一、淘宝客的基本原理

（一）什么是淘宝客推广

淘宝客是一种按成交计费的推广工具，由淘宝客帮助推广商品，买家通过推广链接进入完成交易后，卖家支付一定比率的佣金给对应的淘宝客，提升店铺成交机会。商家支付的佣金 = 商品实际成交价格（不包含运费）×商品佣金比率，佣金是在订单交易成功（确认收货）时从卖家店铺绑定的支付宝中扣除。

（二）淘宝客的组成模式

淘宝客涉及淘宝联盟、卖家、淘宝客和买家四个角色，缺一不可（见图 4 -97）。

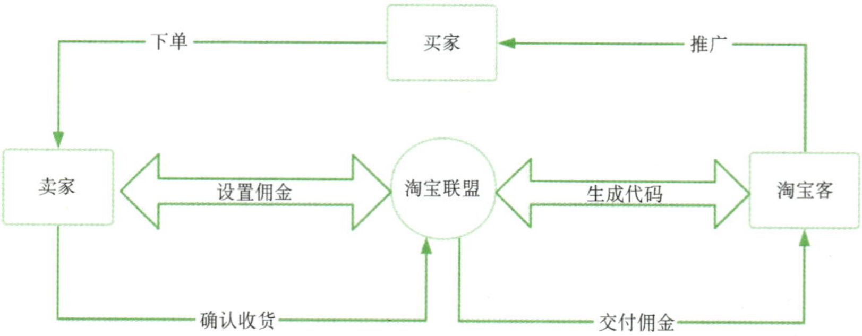

图 4 -97 淘宝客的组成模式

1. 淘宝联盟

淘宝联盟是帮助卖家推广产品的平台，帮助淘宝客赚取利润，并从每笔推广的交易中抽取相应的服务费用。

2. 卖家

卖家是佣金支付者，他们在淘宝联盟中提供自己所要推广的产品，并设置每卖出一个产品应支付的佣金。

3. 买家

买家是商品的意向购买者。

4. 淘宝客

淘宝客是佣金赚取者，他们从淘宝联盟中寻找卖家发布的产品并进行推广，当买家通过淘宝客的推广链接成交后，就可以赚到卖家设置的佣金（一部分需要作为淘宝联盟的服务费）。

（三）淘宝客类型

淘宝客主要有两大类型：

1. 拥有独立平台的专业淘宝客

这类淘宝客精通计算机网站技术，能够搭建专业的平台，如淘宝客返利网站、独立博客、商品导购平台、用户分享网等平台吸引顾客。

2. 自由的淘宝客

这类淘宝客没有固定的推广方式，不管技术还是实力相对比较薄弱，主要以论坛、SNS 平台、微博、QQ 群等作为推广方式，比较适用于大众新手。

（四）淘宝客的运作方式

当淘宝客挑选好自己认可的商品后，就需要借助平台将产品推广出去。目前，淘宝客利用网络个人传播媒介、大众传播媒介和第三方平台网站三种方式进行推广运作。

（1）利用网络个人传播媒介，如个人博客、IM 工具、QQ、SNS 交友社区、微信等进行产品推广。

（2）利用大众传播媒介，如门户网站的贴吧、社区、信息发布平台等方式进行运作，但该方式经常会被删帖甚至被封号。

（3）利用第三方平台网站，在专门的淘宝客平台等可以发布信息的网站投稿，稿件中可以携带自己的推广链接，但所发文章必须有一定的质量。这类网站其实就是对商品信息的正面利用和开发，它们将看似杂乱的广告信息用一定的逻辑结构整合起来，成为对消费者有价值的信息平台。这类平台一方面免费，另一方面由于浏览者具有很强的目的性，所以是淘宝客的一个选择。

二、淘宝客的推广流程

（一）如何加入淘宝客

首先，卖家应到阿里妈妈客服中心确认店铺已符合淘宝客准入规则（https：//help. alimama. com/）。在确认符合淘宝客准入规则后，登录“我的淘宝”—点击“千牛卖家中心”—找到“营销中心”—点击“我要推广”—找到“淘宝客”，点击“开始拓展”，进入淘宝客推广界面。

（二）淘宝客的推广计划及操作流程

淘宝客推广计划有五种类型，分别为“营销计划”“自选计划”“通用计划”“如意投计划”和“定向计划”。在设置淘宝客的推广计划时，主要是选择推广的商品、推广时间、设置佣金比率及设置推广券。推广时间最快为次日，也就是说设置完之后并不会立即推广，需要次日才会正式生效；推广券要在“我要推广”下的“优惠券”模块中进行设置，设置时选择“阿里妈妈推广券”，设置完成后淘宝客会同步优惠券。如图 4－98 所示。

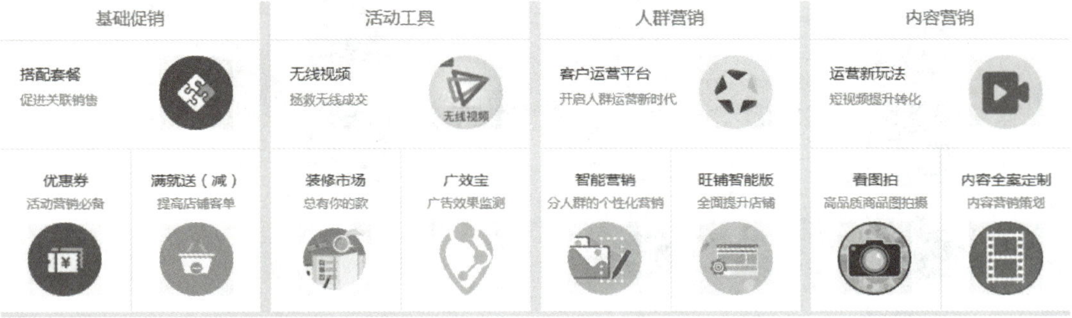

图 4－98　“我要推广”页面下“优惠券”选项

淘宝客各推广计划操作流程基本相同，本任务以淘宝客“营销计划”的操作流程为例进行讲解。

1. 营销计划

营销计划支持单品推广，商家可自定义设置推广单品、阿里妈妈推广券（即淘宝客渠道优惠券）、推广佣金、推广时间等，并支持查看推广实时数据及多维度推广效果（如单品效果数据）。

淘宝客营销计划操作流程：

（1）进入淘宝客推广页面后，点击“营销计划”，如图 4 – 99 所示。

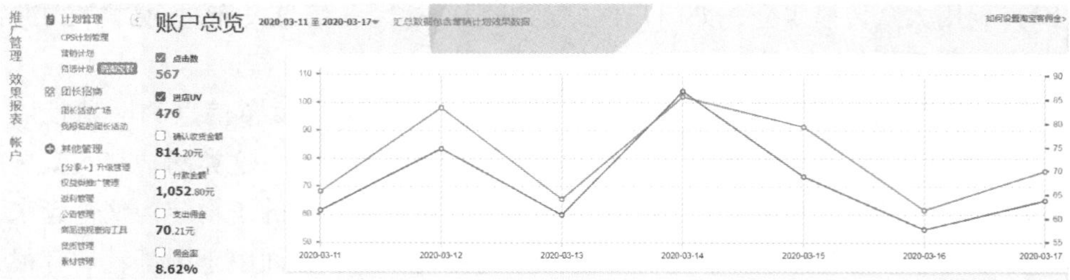

图 4 – 99　淘宝客推广页面

（2）添加主推商品，最多可添加 10000 个商品，不能重复添加，如图 4 – 100 所示。

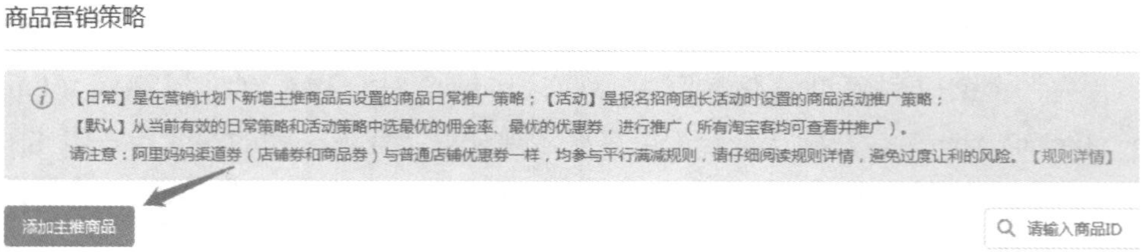

图 4 – 100　添加主推商品

（3）进入添加主推商品界面后，选择要推广的商品，点击确定，如图 4 – 101 所示。

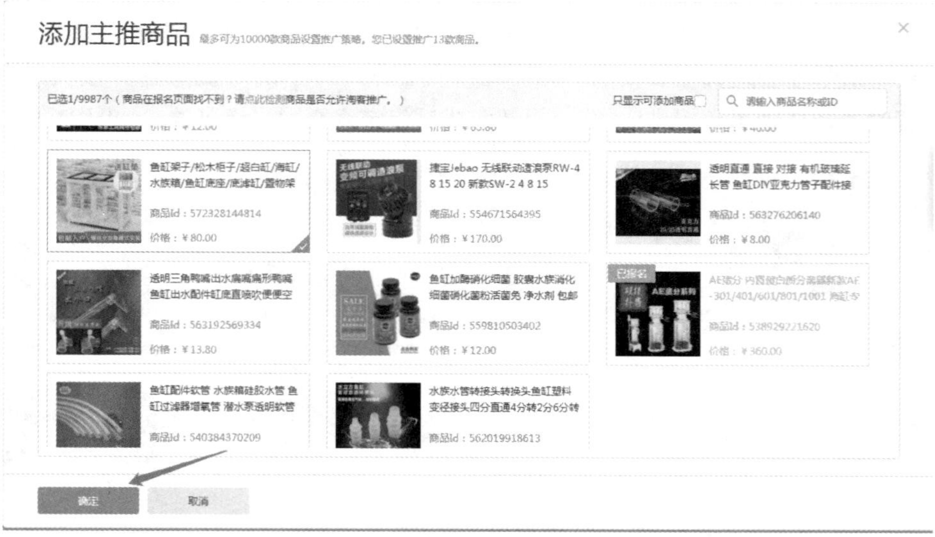

图 4 – 101　选择主推商品

（4）设置推广策略，推广策略包括推广时间和佣金率。一个商品可以设置三个日常策略，商家在不同策略里，设置不同时间段与佣金率，以实现较好的推广效果。设置完成后，点击保存设置，如图 4－102 所示。

图 4－102　设置推广策略

2. 自选计划

自选计划是店铺中设置为公开自动审核定向计划的升级计划。该计划是为商家管理淘宝客而量身定制的新计划。除提供淘宝客推广店铺效果数据、淘宝客推广能力评估外，商家还可根据各淘宝客的推广情况选择同淘宝客建立具体的推广关系，如为某淘宝客开设人工审核的定向计划等。

在自选计划中，若主推商品总数量大于 30 个，将展现全部主推商品，但商家不可在自选计划下新增主推商品，如“水立方鱼缸店”淘宝客自选计划设置中，再添加主推商品时，显示已设置 30 款产品，不能再添加主推商品（见图 4－103）。

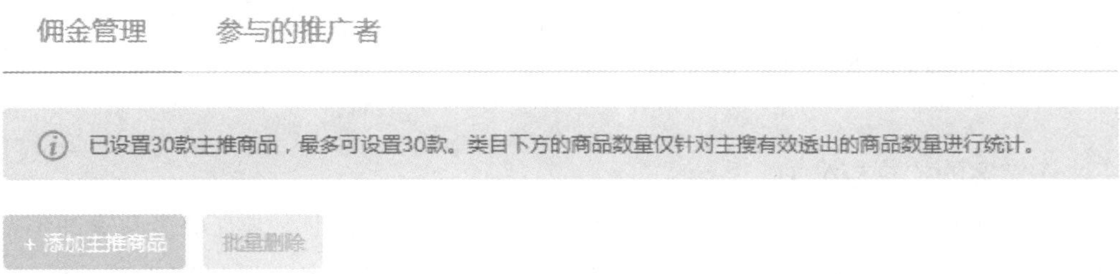

图 4－103　自选计划主推商品超过 30 款提示信息

3. 通用计划

通用计划是卖家加入淘宝客推广默认开启的计划，主要由淘宝客单独获取某个商品或店铺的推广链接发送到淘宝网以外的地方进行推广。通用计划推广全店商品，目前只能设置类目佣金比率，任何淘宝客都可以获取链接进行推广。

4. 如意投计划

如意投是为淘宝卖家量身定制，按成交付费的精准推广营销的服务，需商家自行激活，由阿里妈妈系统根据商品佣金比率及商品综合质量情况，将商品智能推送到爱淘宝搜索结果页、中小网站橱窗推广等展示位。

5. 定向计划

定向计划区别于通用计划，由卖家在后台自行创建，可以自定义一些功能，目前只能设置不公开且手动审核的定向计划。定向计划也是全店商品参加，未设置主推商品按类目佣金结算。定向计划设置如图 4－104 所示。

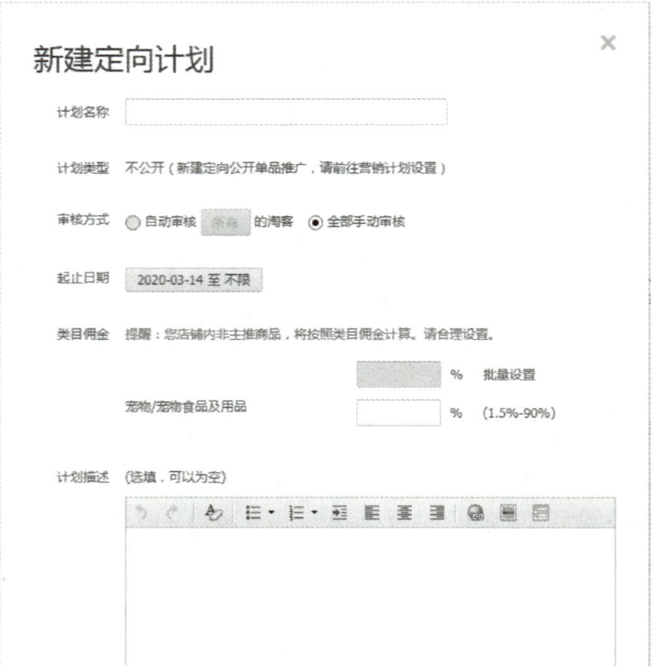

图 4－104　定向计划设置页面

定向推广计划建完成后，选择要推广的商品，添加完成后，编辑设置佣金比例即可，操作步骤可参考“营销计划”。

三、淘宝客的招募与维护

相信运营店铺一段时间的商家都会知道淘宝客的重要性，但有很多商家却不知道设置淘宝客佣金的技巧以及如何找到淘宝客。此外，找到淘宝客后，在店铺运营过程中，对他们进行不断的优化和维护也是至关重要的。

（一）设置佣金的技巧

佣金是吸引淘宝客的核心，这直接决定着淘宝客的收入。因为类目、产品、店铺经营的实际情况不同，在设置佣金比率的时候，方法也有所不同。

1. 经营时间较短的店铺

对于新店而言，宝贝销量、信誉及老客户数量都比较薄弱，要想吸引大量淘宝客就需要提高产品推广的佣金比例，并且及时提供淘宝客所需要的推广素材和技术支持，最大限度地为淘宝客提供优良的服务，这样很多淘宝客还是愿意参与进来的。

2. 运营稳定的店铺

随着店铺进入稳定发展的阶段，不管是宝贝销量、好评、转化率还是各方面服务都已经步入正轨，店铺运营日渐成熟，在此阶段，大部分淘宝客都会主动帮助推广产品。此时可根据店铺利润以及行业竞争对手的情况进行佣金的设置，佣金比行业佣金略高即可。

3. 爆款商品

每个店铺都有自己的爆款商品，爆款商品具有较高的性价比，在设置佣金比例时要充分考虑商品利润区间，并且佣金比例要保持稳定，一旦商品形成爆款或者处在稳定发展阶段，不宜大幅度调整佣金比例。若淘宝客看到佣金大幅下调，会造成忠诚度下降，从而减少对商品的推广。

（二）淘宝客招募

1. 站外平台寻找淘宝客

（1）QQ 群。QQ 群必然是各种圈内人士交流的最佳场所，具有简单高效，聊天记录方便查看等优势。大家可以在 QQ 找群栏目中搜索“淘宝客交流群”等淘宝客信息（如图 4－105 所示），进入他们圈子后可以找到符合自己类目商品的淘宝客合作。任何群体都有一个圈子，只有跟这个圈子的人熟悉，了解他们，知道他们的需求，喜欢推广什么样的商品，卖家才能做出适当的调整，达到最佳的推广效果。

图 4－105　查找淘宝客交流群

（2）微博。微博是广大用户打发碎片化时间，了解资讯、热点新闻非常重要的渠道，一些大 V 有几百万甚至上千万的粉丝。关注度本身就有价值，所以在微博中也可以找到很多淘宝客大 V。以“水立方鱼缸店”为例，我们在微博中搜索“鱼缸”（如图 4－106 所示），就会发现很多博主在做该产品的推广。然后我们可以点进博主的个人主页，查看粉丝数，还有过去发表的帖子风格是否统一，比如一直是关注运动健身这方面的主题，说明粉丝大多数也是偏运动方面的，这样可以做精准营销，产品转化率也较高。同时，在博主的微博认证介绍里，一般都有联系方式，我们可以私信或者 QQ 的方式添加他们，做进一步沟通。

图 4－106　搜索鱼缸类微博

（3）站外的专业网站。以下主要推荐两个网站，通过这些网站，可以方便卖家来寻找符合自己店铺的淘宝客。

第一个是专业做淘宝客选品和方便商家对接淘宝客的领先网站——大淘客（http：//www. dataoke. com/），如图 4－107 所示。进入网站后在最上方的导航栏中点击“大淘号”，进入主题页面后可以发现里面有很多的淘宝客团队以及这个团队的一些介绍，如淘宝客推广方式、推广过的产品数量、信用等级、团队实力等，并且有联系方式，非常方便洽谈业务。

图 4－107　大淘客首页

第二个推荐的网址是淘客镇（https：//www. taokezhen. com/），如图 4－108 所示。淘客镇是一个免费的淘宝客分享展示平台。淘客镇将淘宝客按两种方式分类，第一种是按照淘宝客性质分为个人淘宝客与团队淘宝客；第二种是按淘宝客的粉丝数分为 1W + 级、5W + 级、10w + 级。商家可根据店铺运营需要找合适的淘宝客。

图 4－108　淘客镇首页

2. 淘宝站内寻找淘宝客

淘宝官方也会提供一个淘宝客聚集的平台，就是“团长活动广场”，如图 4－109 所示。进入我们店铺淘宝客后台，在推广管理中可以找到团长活动广场。进入活动广场可以看到对团长们从营销场景和招商类目两个维度进行分类。营销场景分为品牌团、单品招商、券直播、白菜价、直播/达人招好货等。商家可以根据自己的需求直接选择适合自己的营销场景，简单高效。招商类目中，店家可以根据自己的类目选择，最快找到合适的团长。细心的店家会发现每位团长旁边都有可以联系的旺旺图标，方便自主沟通，订制淘宝客跑单的个性化方案。

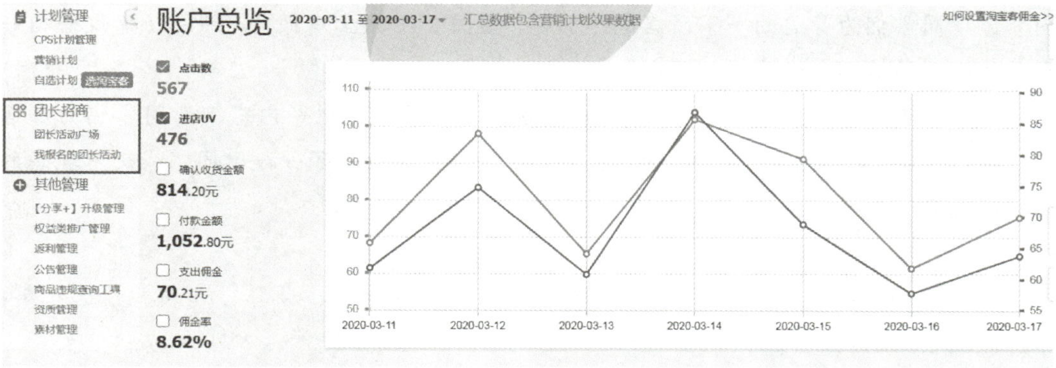

图 4－109　团长活动广场

（三）淘宝客的维护

在店铺的运营过程中，只有维护好现有的淘宝客并不断发展新的淘宝客，才能取得较好的淘宝客推广效果。我们可以从沟通、奖励政策、素材及技术提供、产品竞争力四个方面进行淘宝客的维护。

1. 沟通

商家要及时与淘宝客进行有效的沟通，沟通过程中要直入主题，耐心告知淘宝客想要了解的相关信息，同时要建立 QQ 群、微信群等即时通信工具维护淘宝客。此外，还要做好推广方式、淘宝客流量大小、淘宝客联系方式、是否需要提供素材等方面的统计工作，根据记录内容，及时对运营策略做出调整。

2. 奖励政策

一个好的奖励政策可以激励更多的淘宝客推广店铺产品，能够让自己的店铺在同行淘宝客推广中增加竞争力。例如，可以使用“推广佣金满奖励”“推广销售额满奖励”及“推广笔数满奖励”等方式激励淘宝客推广产品，所选的奖励政策要根据店铺商品需要和实际情况进行选择。

3. 素材及技术提供

很多淘宝客有很强的引流能力，但图片设计、美化的能力较弱，针对这部分淘宝客，店家要把准备好的素材提供给他们，让他们可以直接放到网站进行推广，为淘宝客节省时间，使其更专注于推广，提高他们的引流效率。同时对于技术偏弱的淘宝客，店家要提供相应的技术支持，帮助他们进行推广，这样可以拉进与淘宝客的距离，提高他们的忠诚度。

4. 产品竞争力

淘宝客比较注重的三个要素是商品的佣金、转化率和客单件，三个因素缺一不可，任何一个要素的缺失都将会影响淘宝客推广商品的欲望。因此我们要从这三个方面提升产品竞争力，在同行竞争中脱颖而出。同时我们要告知淘宝客商品的卖点、竞争因素和核心，让淘宝客在推广过程中有的放矢，提升推广效率。

实战与提升

1. 任务一我们主要学习了 SEO 优化的原理、标题优化、类目优化、七天上下架等内容，请同学们为身边的一家网店进行标题、类目、七天上下架的优化。（建议给出一个具体类别的店铺或者商品，下同）

2. 在任务二我们主要学习了直通车的原理、设置与优化等内容，请同学们为身边的一家网店制订一份直通车推广计划，并对这个网店里上架了一段时间、成交不理想的商品进行直通车推广。

要求：

（1）直通车推广计划书要有直通车推广的可行性分析、预算、选词、精选人群、推广进度等内容。

（2）根据商品的特点，选择合适的营销场景与推广方式，根据直通车选词工具为商品添加关键词，并设定合理的出价。

3. 任务三我们学习了智钻推广，请同学们为上题中的店铺写一份智钻投放计划书，并选择一件商品进行单品推广设置。

要求：

（1）智钻投放计划书要有智钻投放的可行性分析、预算、投放方式、定向人群、投放进度等内容。

（2）根据店铺的经营数据及计划书，选择最优的商品进行单品推广。

4. 任务四我们学习了淘宝直播，在“6 · 18 大促”来临之际，请同学们为你身边的网店策划一个直播活动。

5. 任务五我们学习了淘宝客，请同学们为你身边的网店进行淘宝客推广。

习题：淘宝客

思考与练习

1. 如果前面【实战与提升】中的商品转化率较低，请同学们根据商品的所属类目与目标人群，分析转化率较低的原因并制订详情页优化方案。

2. 如果前面【实战与提升】中直通车推广的商品展现量较高，但是点击率较低，请问如何解决这个问题？

3. 智钻推广一段时间，如果发现推广的商品展现量较低，请问该如何优化？

4. 淘宝网上是否任何店铺中任何商品均能够参加淘宝平台的淘宝直播？

5. 为保证淘宝客较好的推广效果，请问如何招募新淘宝客、维护老淘宝客？

项目五

店铺促销活动

学习导图

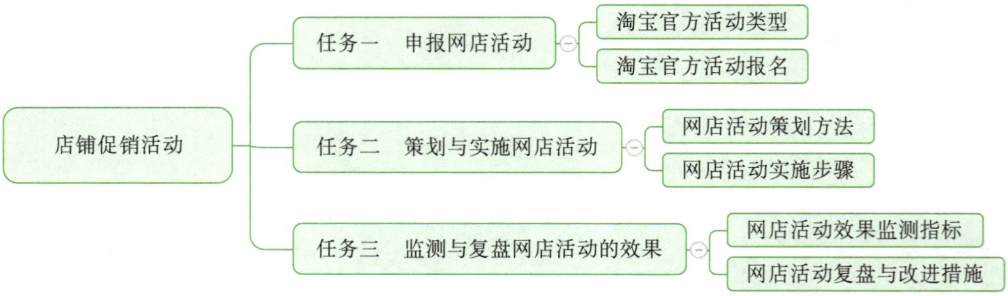

学习目标

素质目标

- ☐ 具备正确的世界观、人生观、价值观
- ☐ 强化心理抗压与解压能力
- ☐ 强化数据思维与互联网意识
- ☐ 培养创新思维与创业精神
- ☐ 培养系统化思维与批判精神

知识目标

- ☐ 了解网店活动类型
- ☐ 熟悉网店活动规则
- ☐ 掌握网店活动策划与实施方法
- ☐ 掌握网店活动效果监测与复盘方法

能力目标

☐ 具备良好的团队合作与协调能力
☐ 具备良好的图文表达与沟通能力
☐ 具备良好的时间与资源管理能力
☐ 具备良好的数据采集、分析与应用能力
☐ 具备良好的成本意识与资金管理能力

网店流量的获取与提升，除了可以借助直通车、钻展等付费推广工具及其他引流工具之外，店铺促销活动是另一种不可或缺的手段。店铺活动有两个主要来源：一是所在平台的官方活动，如淘系的“双 11”购物狂欢节、“双 12”活动、年货节、聚划算，京东的“6·18”年中大促等；二是店铺自身所经营产品类目官方活动，如经营童装的店铺在“六一”儿童节进行的促销、化妆品店铺必然在 3 月 8 日进行“女王节”“女神节”活动等；三是店铺自运营活动，如品牌周年庆等。这些活动是网店日常运营的主要营销方式，对店铺流量的提升与转化有着非常重要的作用。

基于电商平台的活动营销方法相对比较简单，只要店铺满足活动要求即可报名参加或竞争活动名额，但要注意不同的活动推广效果不同；店铺自身的促销活动相对比较灵活，在不违背平台运营规则前提下，可以根据需要创造性地开展。为了最大化营销效果，店铺促销活动必须要注重策划、实施以及效果监测。

项目导入

颐莲玻尿酸补水定妆喷雾是颐莲品牌最近重点打造的爆款产品之一，属于高客单价商品。该商品自 2016 年 6 月上线以来通过多种途径进行推广促销，知名度大幅提升，淘系店铺、天猫店内该产品的浏览量、转化率、复购率均保持良好上升态势（见图 5－1）。2019 年该产品全年销售额为 5000 万元，这一效果，源于颐莲团队对该产品进行的全方位促销和推广活动。其中，店铺促销也起到了良好作用。回顾该产品上线以来参与过的店铺促销活动，除了淘系、京东等平台的促销活动几乎全部参加之外，颐莲店铺自身也经常开展促销活动且效果显著。

以淘系平台活动为例，该产品参加了 2019 年“双 11”“双 12”和“聚划算”等活动。其中“双 11”当天该产品取得了 1000 万元的销售额，平时参加聚划算活动，每次销售额也在 60 万元左右。

那么，淘系商家其活动有哪些？如何参与活动？其适用情况、收效如何？如何进行活动的策划、实施、复盘？这些都需要运营人员对活动和促销有深度的理解和参与才能逐步发现其中奥妙。

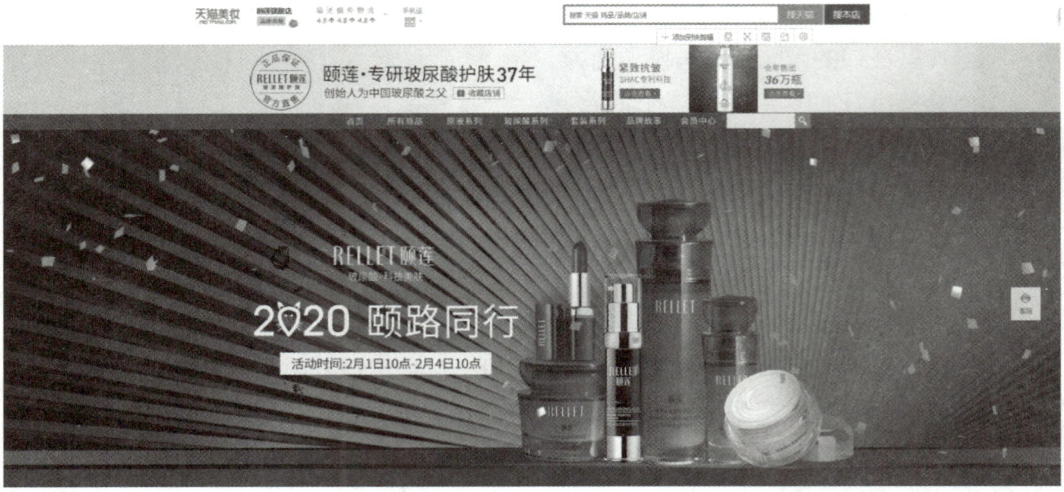

图 5－1　颐莲天猫旗舰店首页

微课：网店活动介绍

任务一　申报网店活动

店铺流量是商家生存和发展的源泉，为帮助商家更好地提升流量，淘系官方组织了各种各样的活动，如：“双 11”购物狂欢节、“6·18”年中大促、“双 12”活动、年货节、聚划算等。这些活动具有影响力大、流量大的特征，但对商家本身也有严格的要求。

如果说店外活动是拉动商家成长的外部动力，那么商家店内活动就是促进销售的内部动力。因此，商家在结合外部流量的基础上，适当地配以内部促销活动，能大大提升店铺转化率、客单价，提升整体销量。

一、淘宝官方活动概述

淘宝官方活动是指淘宝官方组织的优惠或促销活动。该类活动主要在淘宝官方平台专业频道、专题页面展示。由于这些活动拥有广泛的受众群体，因此这些活动具有影响力大、流量大的特征，适当地参加这些活动可以帮助商家提高知名度，促进销量，积累客户，清理库存。

（一）淘宝官方活动

淘宝官方活动主要包括独立品牌型活动、行业型活动和节庆类活动，除此之外还有专门面向无线端的无线手淘活动、专门针对特殊类目的旅游活动。

1. 品牌型活动

“聚划算”“淘抢购”“淘金币”“全球购”“天天特价”“质＋”“极有家”“中国制造”等活动均属于品牌型活动（见图 5－2）。这类活动面向整个淘系平台，受众广、流量大，因此对销量拉动和品牌推广效果比较明显。

图5－2　品牌型活动报名入口

2. 行业型活动

行业型活动即面向行业的专场活动，如男装、女装、化妆品、家电、运动等不同类目的活动。这类活动流量入口主要分布在行业频道页，因此相对来说没有品牌型活动影响力大。

3. 节庆、专题活动

这类活动是指面向节庆、主题的专场活动，如“双11”“双12”专场及七夕专场、“3·8”女王节、新风尚，在这些活动中尤其是“双11”“双12”“6·18”专场可以算得上影响整个互联网的大型活动了（见图5－3、图5－4）。

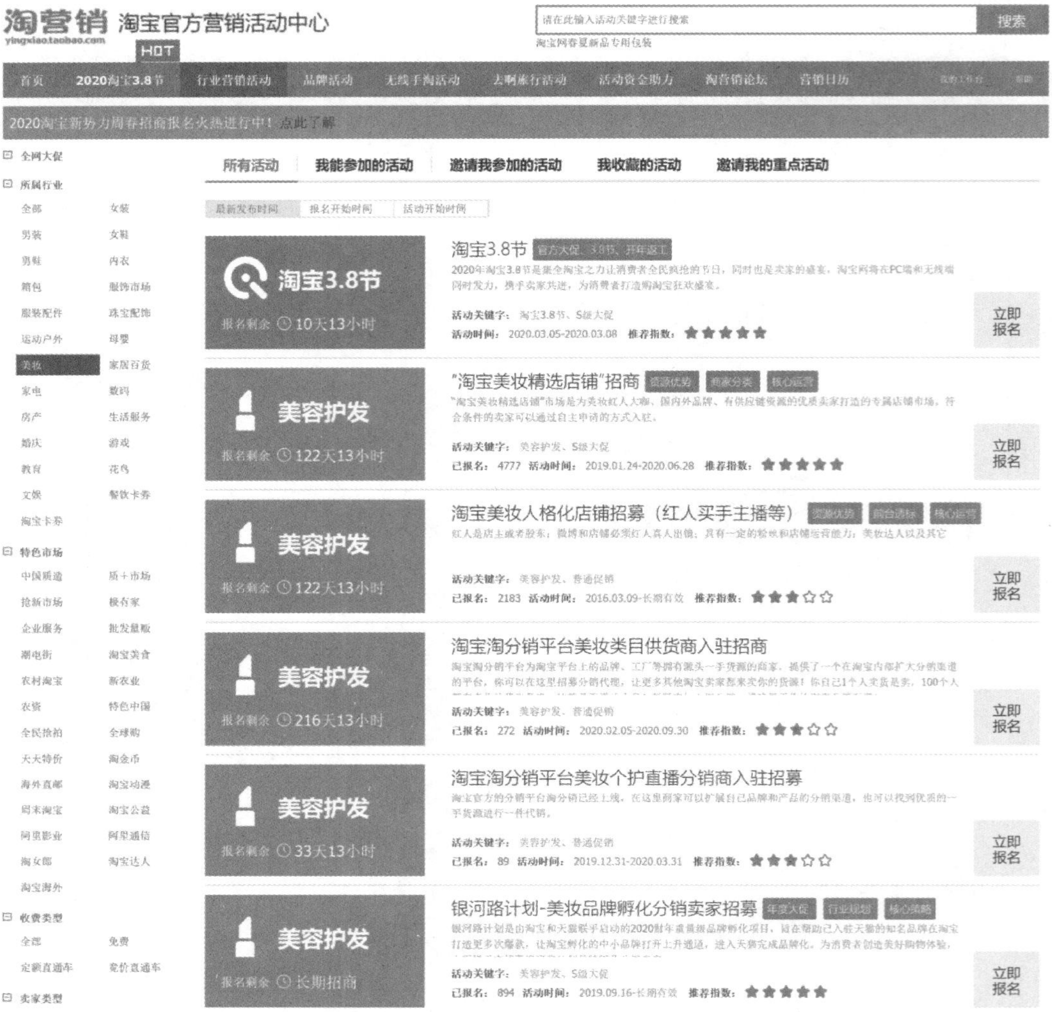

图 5－3　行业活动报名入口

图 5－4　节庆、专题活动报名入口

（二）第三方平台活动

第三方平台活动主要是由淘宝官方以外的第三方平台组织的促销活动，如折800、试客联盟、一块邮、众划算、卷皮等网站活动。当下，由于淘系和外在平台合作关系淡化，因此现在第三方平台活动效果大不如前，但在前期带动基础销量和清库存力度方面效果还是相当明显的（见图5－5）。

图5－5　第三方平台活动活动折800报名入口

二、官方活动报名

（一）淘宝官方活动报名入口

微课：网店活动报名

淘系为商家参加官方活动提供了多元化的活动入口。为了方便商家报名，平台提供了统一的淘宝官方营销活动中心yingxiao. taobao. com的导航页供商家参加各种类型的活动，如图5－6所示。

另外，商家也可以通过自己的卖家中心（商家后台）营销活动中心栏目报名参加活动。由于淘宝卖家中心和天猫商家后台有一定差异，且淘系后台变化比较快，因此后台活动报名入口方式上有一定的出入，但总体基本接近，都在后台营销中心栏目里面。由于商家店铺类型不同以及所属类目不同，因此在对应后台报名页面不同的商家看到的报名列表也有所不同（见图5－7）。

图 5－6 淘宝官方营销活动中心

图 5－7 卖家中心营销活动中心

（二）活动的报名条件

尽管淘宝官方和第三方平台为卖家提供了一系列的活动，帮助卖家提升流量促进销售，但事实上，这些活动基本上都是有一定条件要求的（打开报名页面，商家就会看到各活动的条件要求）。一般而言，这些活动对商家的要求主要体现在以下几个方面：

1. 店铺资质要求

资质要求包括开店时间、B 店（商城店）/C 店（集市店）级别、参加消费者保障计划、实物交易占比、店铺动态评分、DSR 值、违规级别要求等。由于 B 店是淘宝重点扶持对象，因此绝大部分活动都对 B 店开放；对于 C 店，根据其级别不同参加的活动也有差别，一般要求钻级以上的店铺才可以参加活动。当然为了体现淘宝对不同级别店铺的照顾，有些活动专门针对 B 店，也有活动专门针对 C 店。

2. 商品要求

一般来说，对商品近 30 天的销售数量、好评数量，参加活动商品数量、价格折扣及佣金等费用有要求，还要求提供免费产品、证书。

3. 无违规要求以及发货时限要求等

“双 11”购物狂欢节、“6・18”年中大促等官方大促，根据平台审核标准，店铺满足一定的要求方可报名，考核标准较高；聚划算、淘抢购等平台活动，对店铺单品数据有一定的要求，符合者方可报名；品牌周年庆等店铺自运营活动，店铺自主运营，无硬性条件要求。综上所述，并不是所有的店铺都有资格参加各种活动。要参加促销活动，必须对各个活动的要求和流程都有所了解。

玻尿酸补水定妆喷雾这款产品所属的颐莲天猫旗舰店，在参加消费者保障计划、实物交易占比、店铺动态评分、DSR 值、违规级别要求等方面均符合淘系“双 11 大促”“双 12”、年货节、“3・8”女王节和聚划算等官方活动报名资质条件。本商品销售数量、好评数量，参加活动商品数量、价格折扣及佣金等费用等满足官方活动商品提报要求，所以，符合“双 11 大促”“双 12”、年货节和聚划算等官方活动的参加条件（见图 5－8）。

图 5－8 颐莲天猫旗舰已报名活动展示

（三）活动报名流程

1. 营销活动报名基本流程

店铺参加营销活动报名的基本流程如图 5－9 所示。

图 5－9 营销活动报名基本流程

2. 官方活动报名流程展示

（1）报名入口。日常活动入口：天猫商家中心官方活动报名，找到对应活动，点击“去报名”地址：https：//tmc. sale. tmall. com/page/campaign/list. htm，以天猫商家中心页面展示为准。

拓展阅读：天猫官方活动报名流程

（2）活动结构解读。活动结构及阶段：商家报名→预售申报（部分活动）→现货申报→素材提交。

①商家报名。海选报名（部分活动有海选报名，如“双 11”等，具体以页面展示为准）：点击“我要报名”。进入报名页面进行海选报名。

海选结束后，平台会公示海选结果，入围商家根据页面提示进行下一步：协议签署、购物津贴设置、补充信息设置等（以实际页面为准）。

②预售申报。

第一步：在“预售申报”—“预售活动申报”下找到可报名活动，点击“去报名”。

第二步：若符合活动报名要求，则可进入到报名详情页，查看“活动详情”。

第三步：商品提交。

方式 1：批量表格导入：点击“下载 Excel 模板”，在“现货优惠商品列表页”填写好活动价等信息，点击“表格导入”，上传 Excel（见表 5－1）。

导入后，商品状态为“草稿”，点击“设定”进行信息设定。草稿状态是指预售商品重要信息不完善，如定金、总价、发货时间、限购等重要信息不完善，状态会显示为“草稿”，需要通过“设定”完善信息。

信息设定填写完成后，点击“确定”。注意：发货截止时间必须大于预售结束后 2 天，即填写的买家支付尾款后需要大于 2 天（也不能等于）发货。提交成功，可点击“查看详情”。商品状态变为“待审核”，关注审核结果；“异常”状态下可以根据提示原因进行调整；商品为“已发布设定”状态时，才能正常参加活动。

表 5－1　　　　预售申报批量导入表格

方式1：批量表格导入：

注意：该表格模板与以往不同，不再支持旧的Excel表格，需要下载最新的Excel表格模块；

多sku商品，若需要设置不同sku不同总价、定金，建议在表格中先填写商品id，不填写总价、定金等，导入后通过“设定”来对每个sku单独设置。

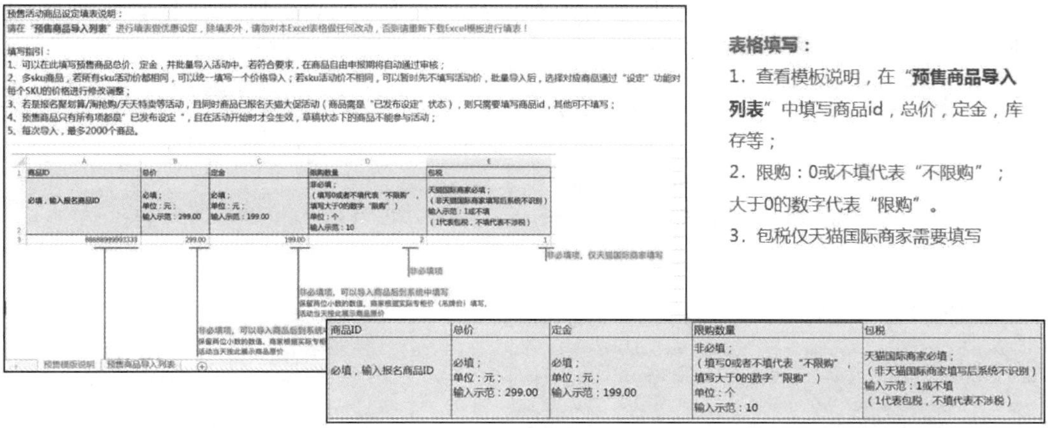

方式 2：选择商品：点击“选择商品”提交按钮，弹出所有商品列表，并提示可报名的商品。如不符合可以点击“查看原因”。

提交后结果会有提示，如提交失败系统会说明失败原因。

提交成功商品显示在活动列表中，若商品状态为“草稿”，点击“设定”进行信息设定，完成设定后提交，状态变为“待审核”，等待审核结果。

颐莲天猫旗舰店颐莲玻尿酸补水定妆喷雾，根据活动提报流程成功完成 2020 年“3·8 女王节”预售产品报名（见图 5－10）。

图 5－10　颐莲天猫旗舰店铺颐莲玻尿酸补水定妆喷雾参加“3.8 女王节”预售

③现货申报。

第一步：观看完商品申报操作说明视频。

第二步：现货商品申报。部分活动有尖货商品申报，具体以页面为准（店铺内尖货商品数，以页面展示为准）。

方式1：批量表格导入：点击“尖货商品下载”导出尖货商品，点击“下载Excel表格模板”，在“现货优惠商品列表页”填写好活动价等信息，点击“表格导入”，上传Excel见表5－2。

表5－2　　　　　现货申报批量导入表格

导入后，商品状态若为“草稿”，点击“设定”进行信息设定。草稿状态说明商品重要信息不完善，如价格等，需要通过“设定”完善信息。草稿状态下可以自主“撤销报名”。

信息设定：点击“设定”或“修改设定”，即可进入优惠设定页面，补充信息后点击“确定”即完成优惠设定。注意“已发布设定”状态才能正常参加活动。

a. 批量设置价格，点击“批量设置”统一设置价格，即对所有sku批量统一设置相同活动价。

b. 最低价批量设置价格：根据最低价设置，即在最低成交价基础上进行折扣设置；举例：设置88%，若最低成交价是100元，那么活动价是88元。不同sku最低成交价不同则活动价也不同。

方式2：尖货商品列表提报：在尖货商品列表中选择需要提报的商品，点击“选择商品”，选择需要可报名的商品进行报名。若不符合，可以点击“查看原因”了解不能申报的原因。

第三步：其他商品申报（表格导入和选择商品报名操作方式同尖货）。

方式1：批量表格导入：点击“下载Excel模板”，在“现货优惠商品列表页”填写需要申报商品及对应活动价等信息。

拓展阅读：淘宝大促活动报名操作手册

拓展阅读：天天特价日常活动报名流程

拓展阅读：淘抢购商家自运营活动报名教程

方式2：选择商品。点击“选择商品”，选择需要报名的商品进行报名；

第四步：商品申报完成后可在对应状态下查看申报情况。

④素材提交。按照页面提示进行素材报名。

在活动报名的过程中，商家除了要关注活动本身对商家资质的要求外，还需要关注活动报名资料的提交，尤其是以下几个方面：报名商品要有竞争力（销量、评价、价格），对提交图片格式、提交商品价格等因素详加审核。同时还需要注意的是，在报名提交成功之后，按照要求上线活动产品，不要随意更换商品信息，任何一个环节出现误差都可能造成活动失败。

微课：网店活动的策划（一）

任务二　策划与实施网店活动

为了使活动营销最大化，满足目标消费群体的需求，提高活动实施效率，避免活动过程中出现各种问题，每次网店活动开始之前，店铺运营人员都会根据店铺目前的实际情况对活动进行非常详细的分析与讨论，制订出网店活动的策划方案，各个部门会根据网店活动策划方案进行活动实施，以保证活动效果。

一、网店活动策划

现在不论是推广产品还是促销活动，各个店铺的做法都基本相同，长此以往用户会产生厌倦心理。一个活动的亮点就在于你的活动有没有完整的策划和好的创意，只有让消费者感到好奇，引发了兴趣，才有可能去参与。不管是策划还是创意的加入，首先都需要深入用户群体去做调研，从了解用户心理开始，获知目标用户的共性需求，开展有针对性的策划及创意，直至吸引整个目标群体。

（一）明确活动目标

网店为什么要做活动？当然是为了提升店铺的运营效果。活动目标不同也代表了活动的性质不同，比如，想通过这次活动涨粉，那就需要围绕拉新和裂变去策划一场活动；如果是想提升网店现有用户的黏度和活跃度，那就应该去围绕现在用户的属性去做研究，分析他们的需求，然后去改进产品或者策划一场维系老客户的留存活动。

网店活动可以贯穿整个运营过程，可以帮助店铺进行拉新、留存、做转化、优化策略，但是针对不同的活动，店铺的目标是不一样的。常见目标：通过活动挖掘潜在用户，提高潜在用户的转化率；通过活动增加品牌知名度；增加客户的注册量；提高已有用户的活跃度、客单价；扩大品牌影响力；增加店铺销售额，完成销售任务；推新品，增加新产品的基础权重。

颐莲旗舰店参加“天猫3·8女神节”，店铺确定此次活动的首要目标是增加店铺销售额，那么就要对销售指标及任务进行拆解，完成销售指标和流量规划。具体包括：

（1）明确销售指标，制订推广计划（免费和付费的推广计划）。

（2）参考历史数据，进行活动的销售预估，同时根据销售指标，明确能完成的销售额、不能完成的销售额。

（3）针对能完成的销售，制订完整的流程计划，做好流量规划和货品规划，避免出现问题。

（4）针对需要增加的销售，分配到核心单品、重点渠道，进行拆解，补充相应的推广，达成销售。

（二）确定活动主题

活动主题是围绕活动目标衍生出来的，是活动的核心。活动主题包括活动噱头和利益点。用户看到网店活动时，首先被吸引的是活动的主题。这就像人们加入一个网络社群，在没加入之前，社群的活动内容细节难以获知，但通过社群标题也可以大致有所了解。活动也是如此，用户首先看到的是活动主题，所以，只有当活动主题足够有吸引力，客户才会有兴趣查看活动细节，否则就会直接忽略。颐莲旗舰店围绕“天猫3·8女神节”确定的活动主题是“女神力MAX”突出女性自主选择的力量，活动的最大利益点是“全场满300减50”，以此来吸引消费者。

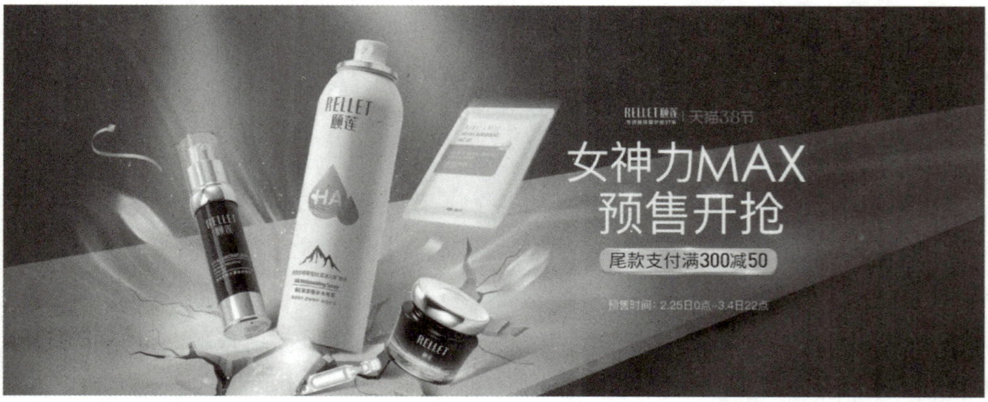

图5－11 颐莲旗舰店“3·8女神节”活动主题海报

活动主题确定后，就要围绕活动主题以及品牌定位进行活动视觉页面的策划。运营人员要确定视觉页面的活动商品及文案，与视觉设计人员沟通确定视觉页面布局规划，可以在纸上完成视觉页面的策划原型图，再不断讨论修改确定最终的视觉页面策划方案。图5－12是颐莲旗舰店围绕“天猫3·8女神节”确定的活动视觉页面策划原型图局部。

图 5－12　颐莲旗舰店“3 · 8 女神节”活动视觉页面策划原型图

（三）掌握活动节奏

电商运营活动节奏包括全年活动节奏和单个活动节奏。全年活动节奏需要提前根据平台的全年活动计划来制定本店铺全年活动的安排（见表 5－3）。

微课：网店活动的策划（二）

表 5－3　　　　店铺全年活动促销安排节奏表（示例）

	1	2	3	4	5	6	7	8	9	10	11	12	13	14	15	16	17	18	19	20	21	22	23	24	25	26	27	28	29	30	31
3月						38女王节									微信、京东											新风尚					
4月																									男人节						
5月	劳动节			青年节										母亲节						表白日								端午节			
6月	儿童节					618第一波					618第二波							618和父亲节													
7月											狂暑季																				
8月								爸爸节																			开学季/七夕节				
9月									99大促	教师节																					
10月	国庆节/中秋节																											重阳节			
11月											双十一																				
12月												双十二												平安夜	圣诞节						
1月	元旦																年货节														
2月														情人节																	
颜色代表																															
店铺/国际节		天猫淘宝大促																													

每一个活动都也会有一个周期，也就是单个活动的节奏。运营人员要知道在什么时期要做什么准备，才能更好地达到活动效果。一般活动节奏为五个时期：造势期（非必需）、预热期、正式期、返场期（非必需）、尾声期（非必需）（见图 5－13）。

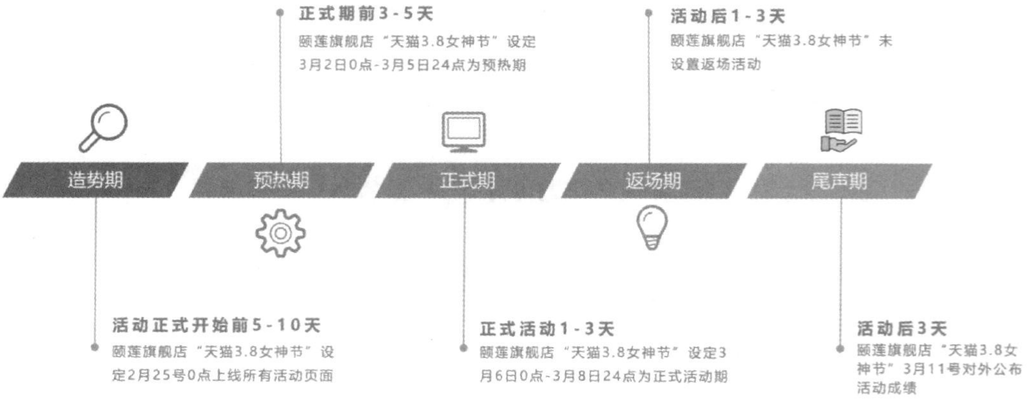

图 5－13　颐莲旗舰店“3·8 女神节”活动节奏安排图

1. 造势期（活动正式开始前 5～10 天）

这一时期的主要任务是炒热气氛，带来巨大曝光度，透露活动亮点，引发用户猜测和关注。颐莲旗舰店“天猫 3·8 女神节”从 2 月 25 日 0 点开始就上线所有页面，通过各种宣传渠道开始造势。

2. 预热期（正式期前 3～5 天）

这一时段主要是公布活动亮点及利益点，在电商主要表现为曝光活动商品、预售、玩游戏领优惠券和红包等。颐莲旗舰店“天猫 3·8 女神节”设定 3 月 2 日 0 点—3 月 5 日 24 点为预热期。

3. 正式期（1～3 天）

这段时间的主要任务是将聚集流量转化、优化至转化环节的各个细节。颐莲旗舰店

“天猫 3 · 8 女神节” 设定 3 月 6 日 0 点—3 月 8 日 24 点为正式活动期。

4. 返场期（活动后 1 ~ 3 天）

这段时间的任务是持续活动热情，将活动延续进行。返场期一般只有在 “双 11” “双 12” 等平台特大活动才会有，其他活动要根据活动效果决定是否有必要做一场返场活动。

5. 尾声期（活动后 3 天）

这一时段主要是对内总结复盘，对外宣布此次活动圆满结束，包装活动的亮点、爆点、成绩，做一次漂亮的公关（见图 5 - 14）。

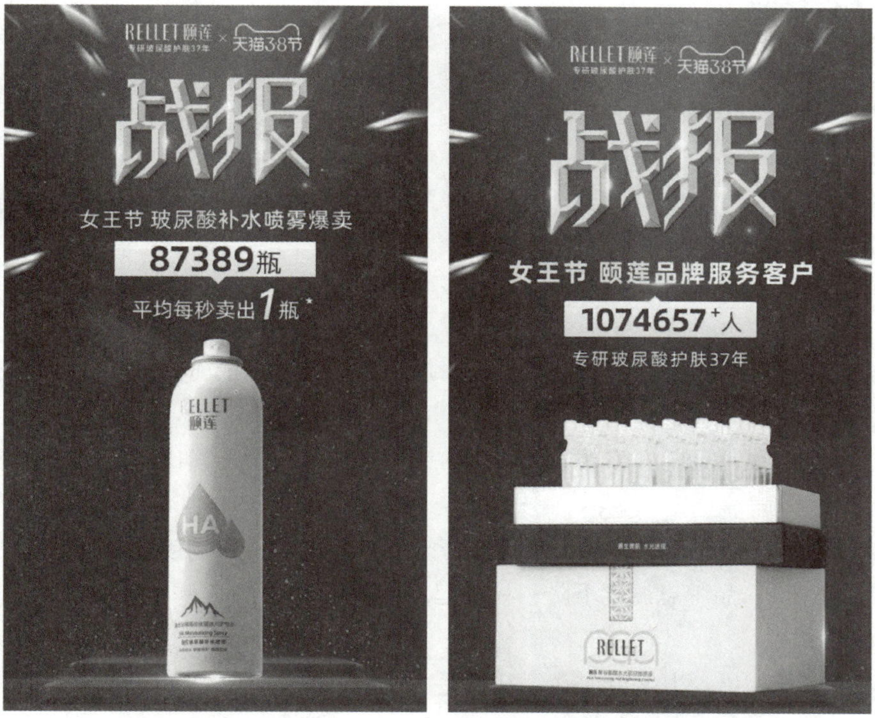

图 5 - 14　颐莲旗舰店 “3 · 8 女神节” 活动对外宣传活动战报

（四）选择活动规则

选择活动规则是最关键的，总结起来就是如何与消费者互动，或者说消费者如何参与活动，也就是活动规则设置。事实上，当店铺活动目标和主题确定下来之后，规则设置就是水到渠成的事情了。规则设置最主要的应该满足两点：简单、有趣。简单就是以最直接的方式让用户参与到活动中来，为了避免用户流失，所有规则步骤要最简化；有趣是吸引用户参与的一个刺激因素，抓住用户的兴趣点（如爱占便宜、喜欢八卦、情感共鸣等），就是给用户参与活动一个理由。网店活动的规则多样，但各有优缺点，店铺要根据各自的实际情况合理选择。以颐莲旗舰店 “天猫 3 · 8 女神节” 活动为例，该店铺选择的活动规则如表 5 - 4 所示。

表 5－4　颐莲旗舰店“天猫 3 · 8 女神节”活动玩法规划表

店铺优惠					
优惠券	店铺券: 99-10: 199-20: 399-30:				
	购物津贴满300-30，上不封顶；叠加店铺优惠全场满300-50，所有商品可用				
满赠	199	玫瑰护手霜0412033+玻尿酸科技美肤尊享装（补水面膜3片+多重5g的礼盒）A00005001			
	299	化妆棉 8800126+玫瑰护手霜0412033+玻尿酸科技美肤尊享装（补水面膜3片+多重5g的礼盒）A00005001			
	399	玻尿酸充盈紧致眼霜JG0035+化妆棉 8800126+玫瑰护手霜0412033+玻尿酸科技美肤尊享装（补水面膜3片+多重5g的礼盒）A00005001			
店铺活动					
主要利益点					
正式全场利益点	全场满300-50；				
	全场实付满99元加赠膜和定制帆布袋				
店铺活动					
引导加购					
加购活动（3.2日上线）	1、加购抽奖送红包-加购后获得1次抽奖资格 2、分享加购指定商品送优惠券-成功邀请加购指定款（多重、喷雾、嘭润礼盒、聚谷氨酸）送 100-20元优惠券-成功参与后自己领券				
微淘秒杀（3款商品，每天1款）	3.2号10点	蜗牛修护原液	到手价9.9	每个id限购1件	813009
	3.3号10点	竹炭净肤清洁面膜棒30g	29.9	每个id限购2件	A00921002
	3.4号10点	聚谷氨酸水光肌面膜单支	9.9	每个id限购2件	412045
会员触达	1、嘭润专属50元优惠券（叠加津贴，到手148元） 2、裂变券100-20元 3、催付券200-40元				

电商的活动规则大致有以下几种：

1. 打折

打折是指直接折价促销，如打八折、七折、五折等，是最简单直接的促销方式、也是消费者最喜欢的方式之一。

优点：快准狠，短期内刺激消费，拉动销售增加购买量；相比竞品处于主动的竞争地位。

缺点：利润下降；价格一旦下降很难恢复到之前水平，影响接下来官方流活动报名（会被小二压价）；品牌忠诚度下降；易引起恶性价格竞争。

2. 秒杀

秒杀与打折相比，力度更大（往往都是 10 元内秒杀/半价五折秒杀），商家设置活动时间、秒杀价格、是否限量限地区、包邮与否，等等。

优点：便于引流，增加店铺关注、收藏度，一定程度上增加销售额。

缺点：引来的粉丝大多数情况下是“垃圾粉”（价格灵敏度为 100%），利润下降甚至损失。

采用这种促销方式时，对活动成本的测算一定要把控再把控，秒杀活动可以带来多少 UV，是否值得做秒杀。为了使秒杀活动收到更好的效果，最好是做预热提前放出消息，引导客户收藏、加购物车，更适用于日 UV 较大、转化率较高的店铺产品。颐莲旗舰店“天猫 3 · 8 女神节”满减设置了三款秒杀产品，见表 5－5。

表 5－5　颐莲旗舰店“天猫 3 · 8 女神节”活动秒杀产品规划表

微淘秒杀 （3 款商品，每天 1 款）	3 月 2 日 10 点	蜗牛修护原液	到手价 9.9 元	每个 ID 限购 1 件
	3 月 3 日 10 点	竹炭净肤清洁面膜棒 30g	到手价 29.9 元	每个 ID 限购 2 件
	3 月 4 日 10 点	聚谷氨酸水光肌面膜单支	到手价 9.9 元	每个 ID 限购 2 件

3. 满减

满减分为领券满减优惠券/系统自动满减，可设置多级多档。

优点：刺激消费，尤其是领券式满减，吸引客户二次进店。

缺点：利润下降；若说明和操作不到位（比如是否可以叠加使用，客服人员神游去了），很可能会起到反效果，引起客户的不满。

采用这种方式时，需测算整体活动利润空间，满减具体金额的设置需参考活动期间平均客单价，最好把握在再搭一个单品即可享受到第一档满减为佳。比如平均客单价为150元，平均热销单品价格为30元，可设置第一档满减为满180减10。颐莲旗舰店“天猫3.8女神节”满减设置为满99减10、满199减20、满399减30三挡（见图5－15）。

图5－15　颐莲旗舰店“3·8女神节”活动满减设置图

4. 满返

“返”的内容包括：现金、优惠券、产品等。可设置全场商品或指定商品参与，人工操作或系统自动。

优点：对品牌形象影响较小；不引发竞品间的价格竞争；刺激消费。

缺点：利润下降；刺激力度有限，不能引发非常强烈的参与积极性。

采用这种方式需事先测算整体活动利润空间，重点检查是否与满减、满送策略重合；“返”实现的难易程度，若人工操作增大客服工作量和错误率，需考虑是否值得做。颐莲旗舰店“天猫3·8女神节”满减设置为满119、169、239分别送不同的产品（见图5－16）。

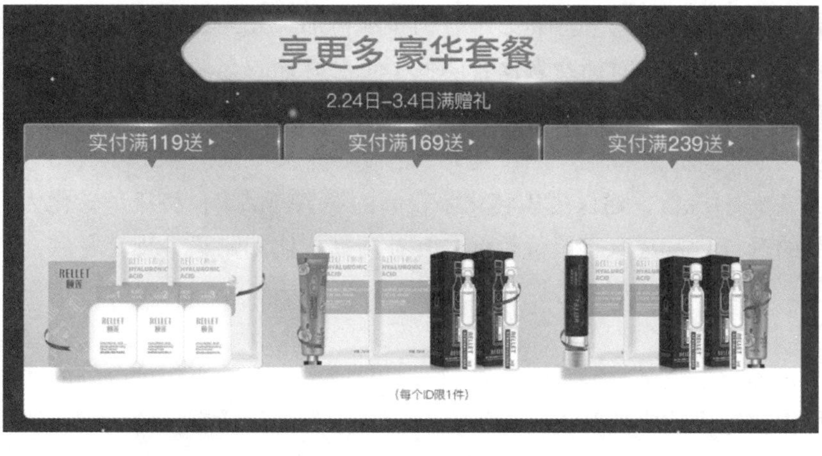

图5－16　颐莲旗舰店“3·8女神节”活动满返设置图

5. 买送/捆绑

这种方式是变相打折的一种。买送商品又可分为买 A 送 A（送同款）和买 A 送 B（送其他款）。

优点：变相打折，在刺激消费的情况下不会有直接降价带来的一系列问题。

缺点：利润下降；若捆绑产品太差反而会影响售品的评价。

采用这种方式需先测算商品利润空间可以支撑哪种类型买送（买 A 送 A 还是送 B），买 A 送 A 实质就是打五折，买 A 送 B 的折扣根据赠品而定。若包邮，切勿忘记加上运费成本。颐莲旗舰店“天猫 3 · 8 女神节”买送/捆绑设置了多款产品（见图 5－17）。

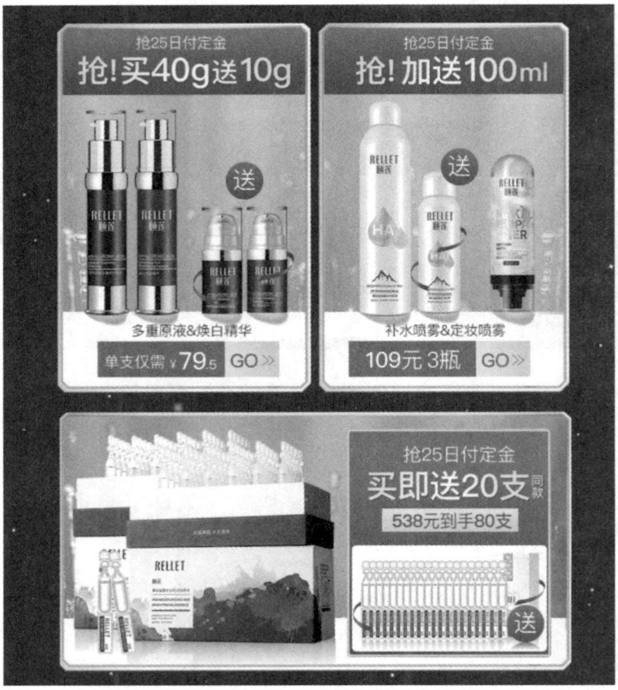

图 5－17 颐莲旗舰店“3 · 8 女神节”活动买送/捆绑设置图

6. 搭售

搭售即搭配销售，分为 × 件商品组合销售和再加 × 元换购 × 商品。

优点：套餐式销售，对消费者而言降低了单品叠加的金额形成购买；引流产品与爆款产品组合将流量形成转化；关联销售提高转化率；为其他商品导流。

缺点：利润下降；若搭配产品没选好，容易带来反效果。

若商品 A 是引流款，建议搭售转化率较高的爆款商品 B，将流量转化为订单；加 × 元换购商品的选择尽量选取客单价较低的互补商品，比如购买牛排套餐后，换购产品可以选择刀叉、意面、配汤等互补产品。

7. 包邮

包邮对于客户来说是种心理安慰：邮费本身就是自己购买商品以外的费用，支付邮费只会增加自己这次购物的开支，而不会对商品本身的品质有任何影响，所以如果能不支付，必然会省掉一小部分费用；消费者会把包不包邮当成最后是否下单的决定因素。

其实商家们都知道，羊毛出在羊身上，但这就是消费者心理。

优点：包邮策略配合店铺内部的关联销售，降低商品跳失率，拉高客单价。

缺点：若因邮费价格而选择太差的快递公司，造成快递时效性差与派送范围不足，会引起过多的中差评导致评分降低，得不偿失。

包邮标准的限制价格最好不要超过客单价的150%。例如70%的客单价在70元左右，则包邮的标准最好是在88～98元，而且店铺内也要有相应的18元以上或28元以上的产品与之配合。颐莲旗舰店“天猫3·8女神节”活动客单价都在70元以上，所以设置了全场包邮。

8. 好评/晒单

对好评/晒单给予奖励的内容包括但不限于：实物商品、优惠券、现金。顾客购买到满意的商品，他们不一定会来给好评，但买到质量差的产品，非常大概率会给差评。很多用户买东西首先看店铺评分，然后看评价（尤其是买家秀），最终才决定要不要下单。

优点：提高信誉度、店铺评分；提高新客购买转化率；培养用户的购物习惯。加快资金周转速度（确认收货了，钱款就会转到商家账户里）。

缺点：利润下降；若客服对此政策不熟悉反易招来差评。

9. 试用

试用是将商品（一般都是新产品或者试用装）赠送给潜在目标客户，并诱导其购买。试用分为付邮试用（申请用户需支付邮费）和免邮试用。

优点：提高产品入市速度；有针对性地选择目标消费群体；形成传播效应，提高品牌知名度、亲和力；增强互动。

缺点：成本相对较高；对于同质性强或者个性色彩较弱的产品效果较差。

快消品、化妆品以及高消耗性品可以采取此种方式，其他行业产品慎用。若为付邮试用，试用品的价值需高于邮费。

10. 抽奖

抽奖的奖品可为实物或虚拟商品。奖品的设置分为噱头、一般奖品和参与奖。其中噱头是吸引眼球的产品；一般奖品金额与个数视活动效果与预算而定；参与奖是为了拉动二次消费而设置的（优惠券、抵用券）。

优点：覆盖大范围的目标消费群体，促进消费；吸引新顾客尝试购买，老顾客再次购买。

缺点：刺激效果有限，见多不怪；对品牌提升作用不大。

颐莲旗舰店“天猫3·8女神节”设置了抽奖活动（见图5－18）。

图5－18　颐莲旗舰店“3·8女神节”活动抽奖设置图

11. 积分/会员

这是指建立会员制度和积分制度，包括会员专属折扣、积分换购等。

优点：刺激多次消费，增强品牌忠诚度，提高产品的竞争力；运作成本低。

缺点：对新客户的吸引力比较差；回报较慢需要经常性地维护；因为周期长，效果也比较难评估。

12. 团购

团购需设置单人成团或多人成团、成团人数、阶梯价格、时间等参数。单人团折扣有限，多人团折扣根据人数而定。

优点：强力增粉，“好友拼”和“U 掌柜”等就是采取这种模式。

缺点：利润下降。

若是基于微信上的团购（更带有社交属性），团购的选品要格外注重用户体验和复够率，即低价的同时更在乎商品的好坏产生传播力和二次复购。而在平台上，成团的价格灵敏度要大于产品的黏性复购率属性。

13. 预售

预售是指提前付定金，届时再付尾款。相当于是现在就把商品定下来了，但是货要等统一预告时间发货。预售价格需低于大促期间价格。颐莲旗舰店“天猫 3.8 女神节”对多个产品设置了预售（见图 5－19）。

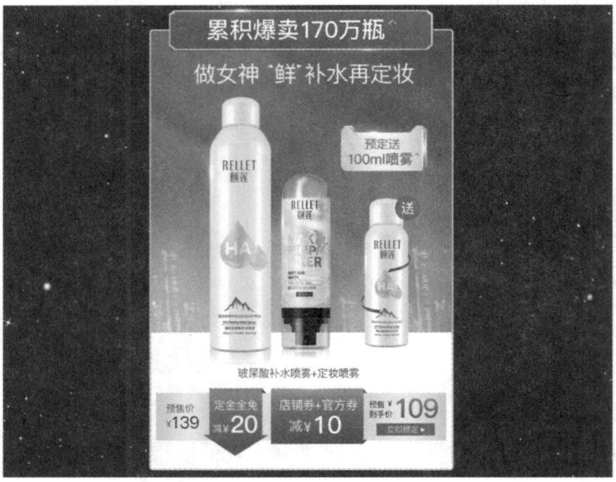

图 5－19　颐莲旗舰店“3·8 女神节”活动产品预售展示图

优点：减轻大促当天的压力（比如“双 11”“双 12”），商家可根据订单量提前备货，避免多余人工成本、生产成本；增加商品曝光，拉长销售时间战线，增加销售额。

缺点：客户下单后需要等待的时间很长，若商品或包装、客服等环节稍有差池，很容易换来一个差评；预售支付定金通常不可以拿回。

14. 游戏/H5

这种方式是以游戏/H5 的方式吸引客户参与，从而达到促销的目的。

优点：加强的参与感，以有针对性的游戏吸引参与，达到促进产品销售的目的。主要是在产品上市前进行产品和市场的预热。

缺点：太浮夸或太 Low 都容易引起反感。

整个活动设计和页面设计都需要反复推敲，要好玩有趣、给消费者限时特价以增加紧迫感。

15. 跨界/联合

这种方式是指两个或者两个以上的品牌或者公司合作开展促销活动，推广产品和服务，以扩大活动的影响力，提升各自的品牌和服务，采取利益分享、费用分摊的原则举行的促销活动。包括互相导流、换粉、供应产品等等。

优点：快速接近目标，降低相应的促销成本；有针对性地选择目标消费群体，形成产品互补。

缺点：协调问题速度较慢；各自产品的优势得不到集中展示，产品优点给消费者易造成模糊的印象。

（五）活动预估与跟踪

不管是什么类型的活动，都要进行效果预估。预估流程为：先核算大概的曝光数字，按照以往经验保守转化能有多少比例，进而推出大概的效果数据，便于做好库存准备与应急处理。通过成本和预估效果能大致预估出活动的投资回报，衡量活动是否有价值。活动数据的收集要和活动目标结合起来，比如活动为了增加店铺销量，那么就重点分析活动期间增加的店铺销量都是通过哪些途径增加的；如果是为了增加转化，那么就统计一下活动期间的转化率相比平时的变化等。但无论如何，对活动的效果数据要做好跟踪分析，因为只有数据才能分析出活动产生的价值。

二、网店活动实施

微课：网店活动实施

网店活动策划做得再完美，如果活动实施落实不到位的话，整个活动效果肯定会受很大影响。为了保证活动效果，必须要严格按照网店活动策划来执行和实施，并且网店活动实施要设定完成各项工作的时间节点，这样才能保证活动实施效率。网店活动实施需要多部门协同完成，包括运营、企划、视觉设计、生产、客服等部门，是一个系统工程。

（一）活动前准备工作

根据网店活动策划方案，活动前准备工作包括以下几点：

（1）确定活动商品，进行库存盘点，更新库存信息。

（2）根据活动策划方案，确定商品价格及利益点。

（3）活动涉及的视觉页面素材准备。

（4）推广渠道安排，推广素材准备。

（二）销售指标和流量规划实施

流量是完成店铺销售额任务的重要保证，流量规划实施一定要全方面考虑，多个维度能够带来多少流量。根据往期活动流量、平台流量及日常店铺流量，做好流量规划实施，为货品规划实施打好基础。推广是指渠道的推广安排，根据分配的销售指标和流量规划，计算出整体的活动流量、推广预算及产出。

（1）根据销售指标和流量规划计算出需要多少免费流量，主要包括活动平台引入流量、老顾客流量、收藏加购流量、PC 端流量、无线端流量、淘宝直播流量等，要在活动前和活动中完成相应数据指标。

（2）根据销售指标和流量规划计算出需要多少付费流量，主要包括钻展、直通车、淘宝客等，活动前和活动中完成相应数据指标。

（3）根据销售指标和流量规划计算出需要多少站外流量，主要包括各种新媒体平台（抖音、快手、今日头条等），活动前和活动中完成相应数据指标。

（4）根据销售指标和流量规划进行费用预算，包括成本费用、物流费用、推广费用、店铺活动费用等。

（5）根据销售指标和流量规划预估计算出活动产出数值。

（三）货品规划实施

货品规划是根据活动规划和流量规划来制定，多大的流量对应多少库存，同时货品规划实施也要联系各个部门来进行协调。

（1）根据活动规划确定好对应的活动商品，表 5－6 是颐莲旗舰店活动商品规划。

表 5－6　　颐莲旗舰店“天猫 3 · 8 女神节”活动商品规划表

正式活动商品		977	857	
官方打标—主推商品				
品名	活动报名价	到手价	利益点	备注
玻尿酸补水喷雾300ml	69	69	买大送小	每个id限购20件
透明质酸多重修护原液	88/176	88/166	买20g送10g/买40g送20g	每个id限购20件
嘭润水乳套装	198	188	/	每个id限购20件
颐和仙境时光限量礼盒	349	299	/	预售款，限购20件
红石榴鲜养焕白滋颜臻享礼盒	225	205	送鲜养紧致眼霜	
聚谷氨酸水光肌日抛原液	598	538	买即送20支同款	
肌源修护次抛原液	678	588	买即送20支同款	
水漾新肌次抛原液	598	538	买即送20支同款	
胶原蛋白冻干精华	218	198	/	
玻尿酸多重抗皱眼霜	98	98	/	每个id限购20件
官方打标—买2送1专区				
品名	活动报名价	到手价	利益点	备注
医用冷敷贴	109	99（单盒价=66）	买2送1	每个id限购20件
玻尿酸补水保湿面膜	69	69（单盒价=23）	买20片送10片	每个id限购4件
玻尿酸嘭润晚安冻膜15粒	58	58（单盒价=35.3）	买2送1	每个id限购20件
胶原蛋白肽弹力修护面膜	78	78（单盒价=49）	买2送1	每个id限购20件
石墨烯膜力焕颜面膜	99	89（单盒价=63）	买2送1	每个id限购20件
水润皙白防晒露SPF50 PA+++	47.5	47.5（单瓶价=32）	买2送1	每个id限购20件
水活防护喷雾	49	49（单瓶价=33）	买2送1	每个id限购20件
其他打标商品				
品名	活动报名价	到手价	利益点	备注
烟酰胺亮皙纤颈霜	78	78	/	每个id限购20件
玻尿酸水光肌原液面膜	98	98	/	每个id限购20件
烟酰胺花漾光感身体啫喱	59	59	/	每个id限购20件
橙糖唇部护理3件套	179	169	/	每个id限购20件
玻尿酸魔力海泉水	69	69	/	每个id限购20件
玻尿酸洁颜泡（花朵洁面）	29.8	29.8	/	每个id限购2件
透肌去角质慕斯	69	69	买1送1	每个id限购2件
透明质酸原液30g（小白瓶）	59	59	/	每个id限购20件
辣木籽氨基酸洁颜泡	39/78	39/78	/	每个id限购20件
神经酰胺浓缩精华	149	139	送同款7粒装	每个id限购20件
焕白亮肤精华	89	89	/	每个id限购20件
非打标活动款—前2小时5折				
品名	活动价	到手价	利益点	备注
水感清透妆前乳	78	39	前2小时5折	每个id限购4件
透白新肌美白面膜	59	29.5		每个id限购4件
蜗牛修护霜	69	34.5		每个id限购4件
聚谷氨酸水光肌试管面膜	178	89		每个id限购4件

（2）完成活动商品的标题设置、卖点设置、价格设置、库存设置、促销活动设置等。

（3）与仓库沟通，做好发货准备，了解生产周期、活动时出货等安排。

（4）与客服提前沟通活动，准备话术，做好接待准备工作，考察客服人员对商品以及活动的了解程度等。

（四）活动视觉页面规划实施

根据运营与视觉设计人员进行沟通确定的活动视觉页面原型图，来进行视觉页面的设计实施。

（1）视觉设计人员根据视觉页面策划的需求，在规定时间内完成素材的整理。

（2）视觉设计人员根据视觉页面策划原型图，完成首页、活动页面、产品主图、详情页等活动页面的设计。

（3）视觉设计人员将完成的页面与运营人员进行沟通调整，确认无误后将页面按照规定时间进行上传。图 5－20 是颐莲旗舰店“天猫 3·8 女神节”活动上线首页（局部）。

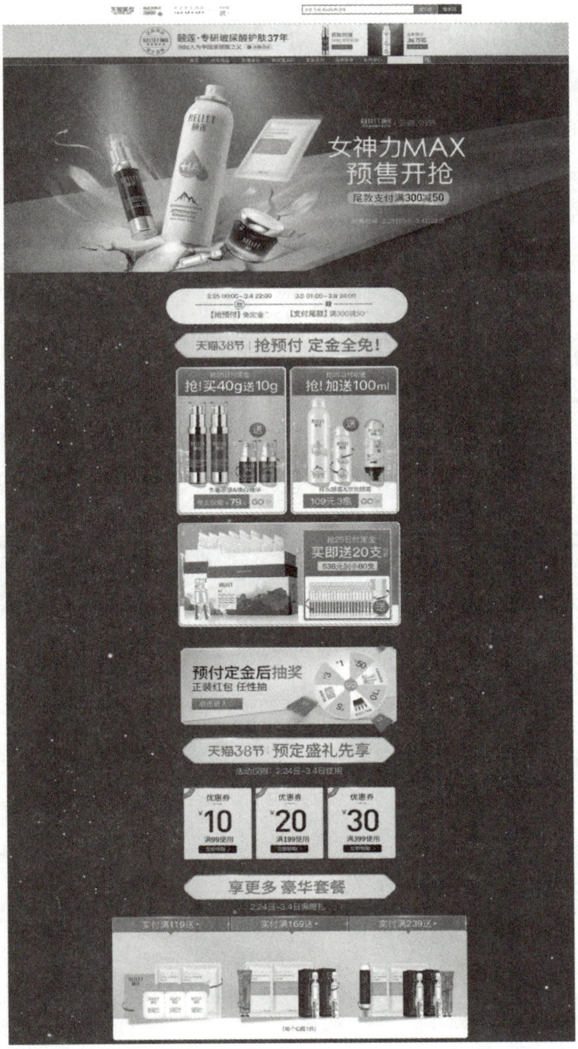

图 5－20　颐莲旗舰店“3·8 女神节”首页展示图

（4）视觉设计人员在活动期间根据店铺实际情况，与运营人员保持沟通及时调整活动视觉页面。

（5）视觉设计人员提前准备好活动后店铺页面，待活动结束后及时更换页面。

案例：阿芙案例解析——视觉

任务三　监测与复盘网店活动的效果

很多运营人员觉得活动一旦推出之后，后面就没有什么事情可以做了，基本上就等最终的结果了。其实活动正式推出之后，只是走出了第一步，网店活动效果监测需要持续去做，效果监测做得是否足够精细、足够到位，很大程度也会决定活动的最终成败。活动结束后还要回顾一下整个活动的过程和结果，对活动进行详细的复盘，针对活动的策划、实施情况进行总结和分析，储备活动经验，为以后的活动提供指导。

一、网店活动效果监测

网店活动效果监测是指活动正式发布之后直到活动全部结束这段时间对活动相关数据的监测。网店活动效果监测至少需要完成后如下几项工作：

微课：网店活动数据监测

（一）预热数据监测

预热期是没办法直接成交的，所以客户只能通过加购收藏和交付预售定金的形式把产品先提前锁定，通过预热期加购收藏和交付预售定金的数据，就可以测整个活动的一个大概销售业绩。通过店铺后台生意参谋的“作战室”，点击“活动分析”里面 KPI 进行查看，就能看到预热期的收藏加购数据（见图 5－21）。

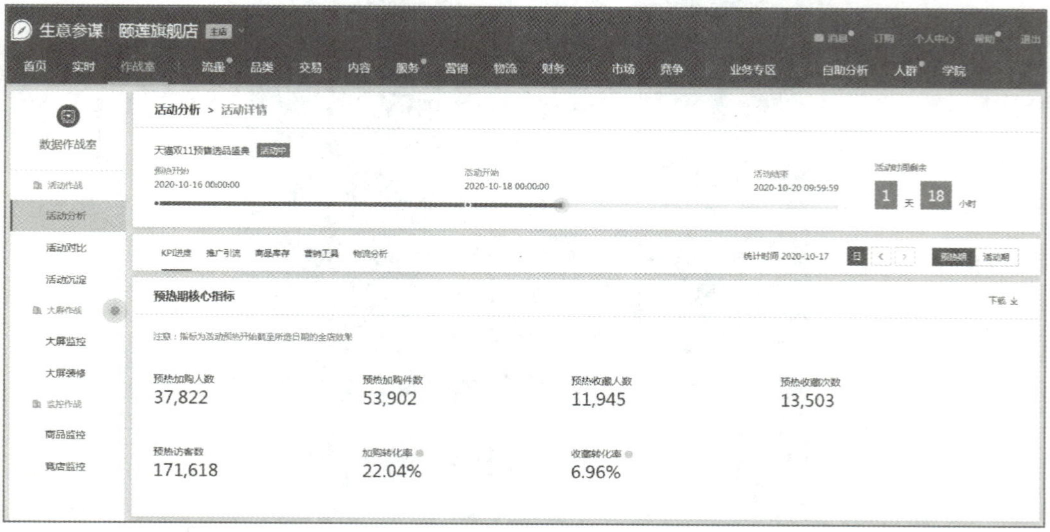

图 5－21　店铺后台生意参谋作战室活动分析页面

还可以通过店铺后台生意参谋的“作战室”，点击“活动分析”里面的“推广引流”查看流量来源数据，根据数据情况对推广计划进行调整（见图5－22）。

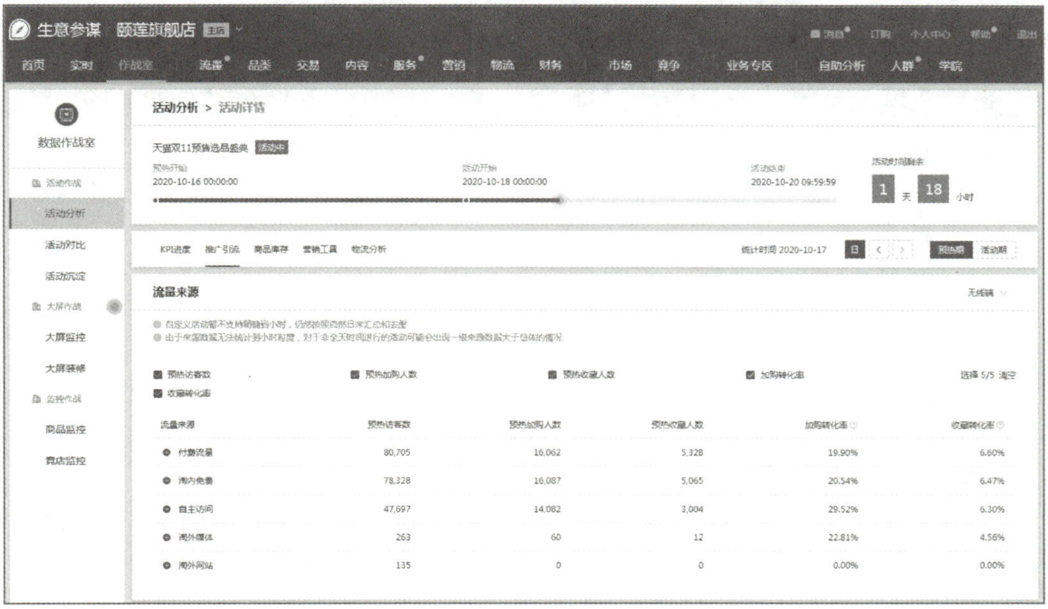

图5－22　店铺后台生意参谋作战室推广引流页面

（二）活动期数据监测

活动正式开始，可以通过店铺生意参谋实时概况和实施直播查看店铺活动期间以下相关数据。

1. 活动页面浏览量、访客数、活动成交金额

活动页面浏览量（PV）、访客数（UV）是指活动页面的打开次数和人次，是活动最基本的指标，没有活动页面的打开也就没有活动的参与及后续流程。此外，可以实时查看活动成交金额，与预期目标进行对比。活动页面浏览量（PV）、访客数（UV）、活动成交金额可以直接在“生意参谋”首页的“实时概况”中查看（见图5－23）。

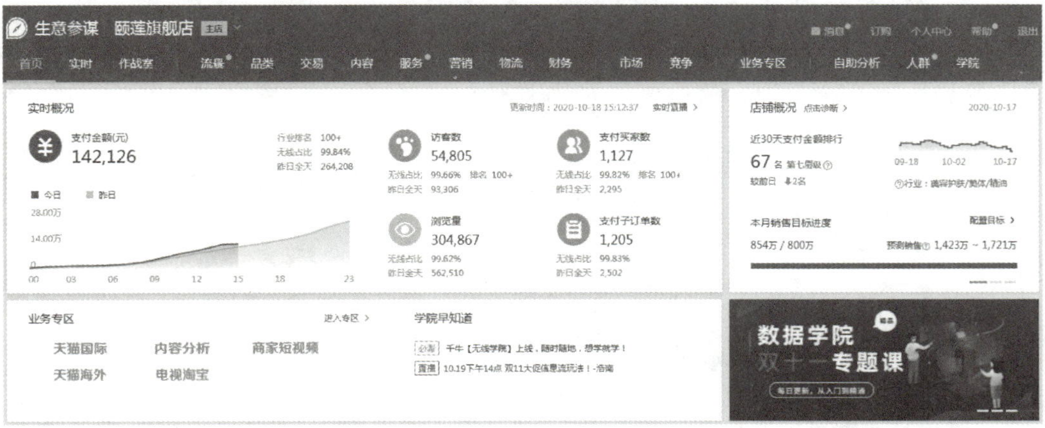

图5－23　店铺后台生意参谋首页

2. 活动流量来源

活动流量来源可以通过“生意参谋”首页上方流量里的“店铺来源”进行查看。活动流量数据可以反映活动推广效果，根据活动流量来源可以进行实时调整（见图5－24）。

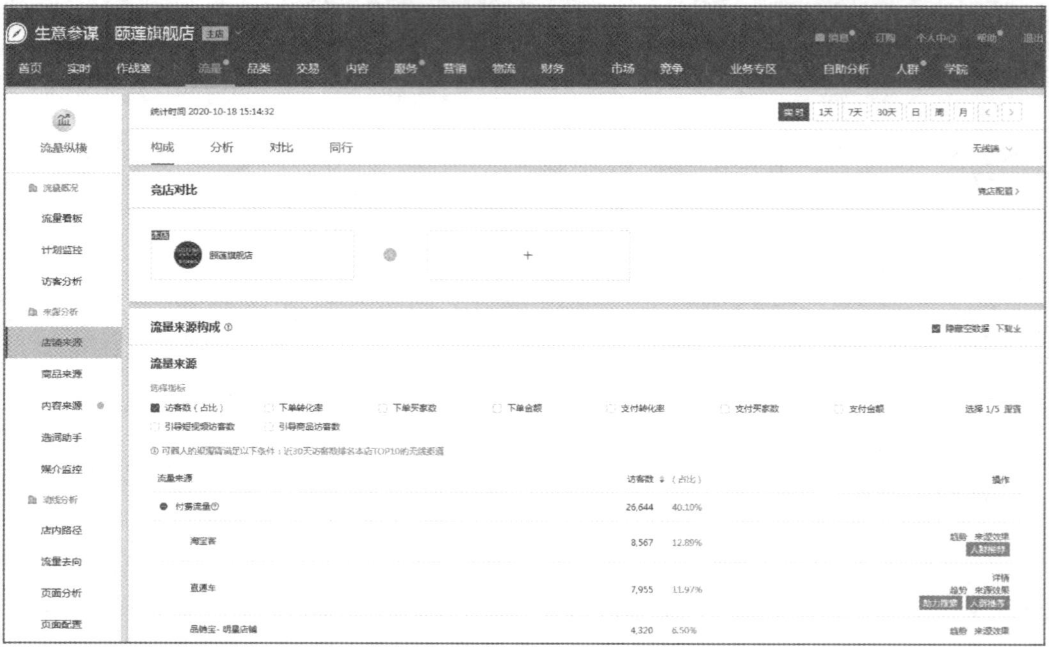

图5－24　店铺后台生意参谋店铺来源页面

3. 活动转化率、客单价

活动转化率、客单价可以通过“生意参谋”首页“整体看板”进行查看。活动转化率和客单价可以反映活动规则的效果，根据数据情况可以调整活动规则（见图5－25）。

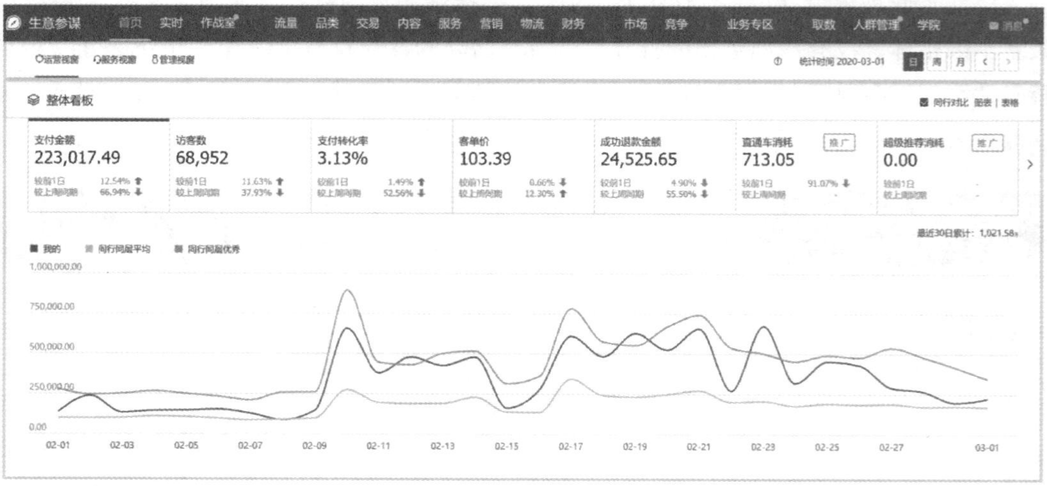

图5－25　店铺后台生意参谋整体看板页面

4. 实时单品数据

实时单品数据可以通过“生意参谋”首页上方品类里的“实时播报”进行查看，通过实时单品数据监测可以进行货品操作调整（见图5－26）。

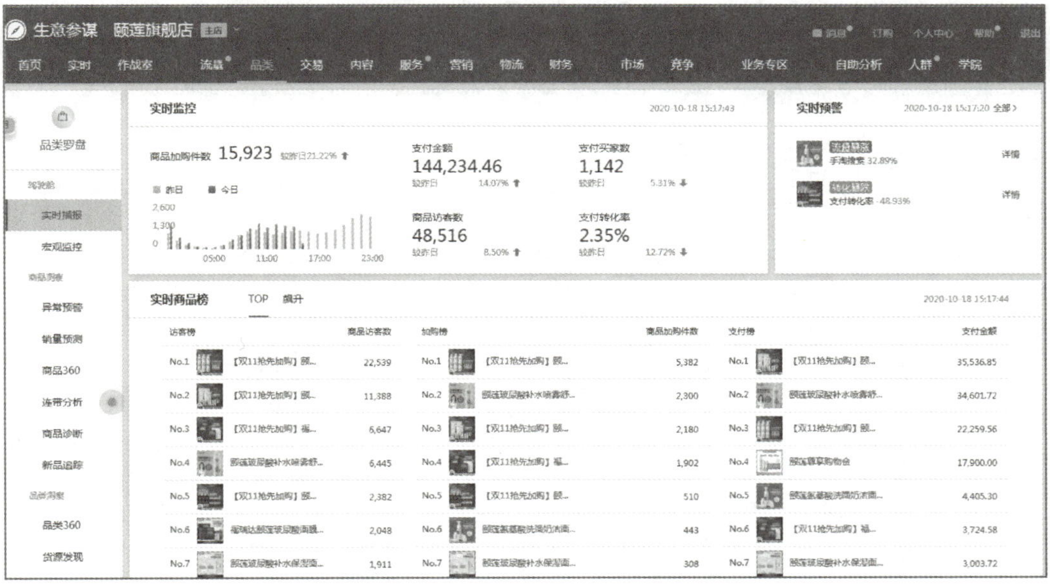

图 5-26　店铺后台生意参谋实时播报页面

（三）活动结束后数据监测

1. 订单发货情况

订单发货情况可以通过“生意参谋”首页上方“物流概况”进行查看。通过对订单发货情况的监测，及时处理物流发货相关问题（见图 5-27）。

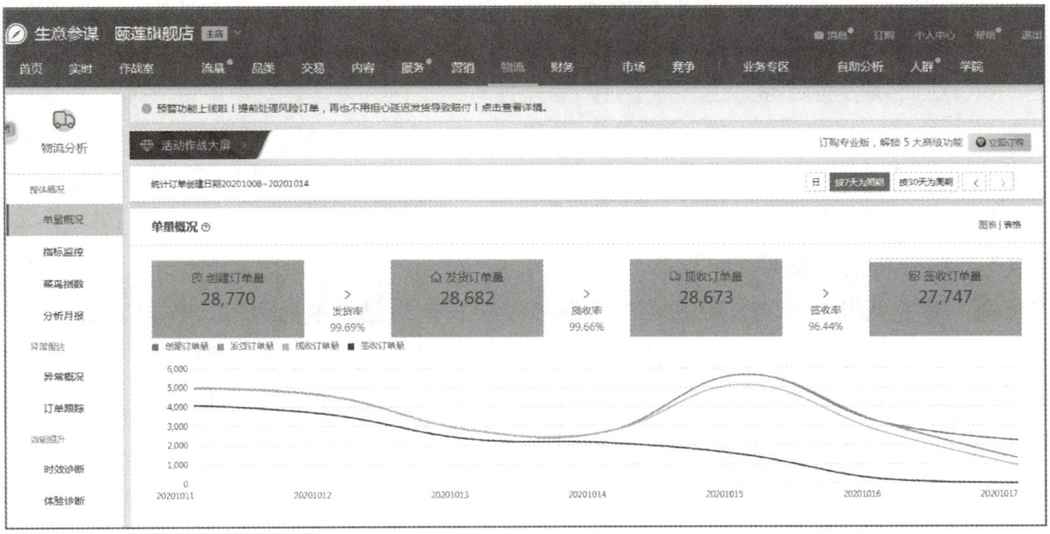

图 5-27　店铺后台生意参谋物流概况页面

2. 活动整体数据监测

活动整体数据监测可以通过“生意参谋”首页上方的“交易概况”进行查看。通过对活动整体数据的监测，了解活动的整体效果（见图 5-28）。

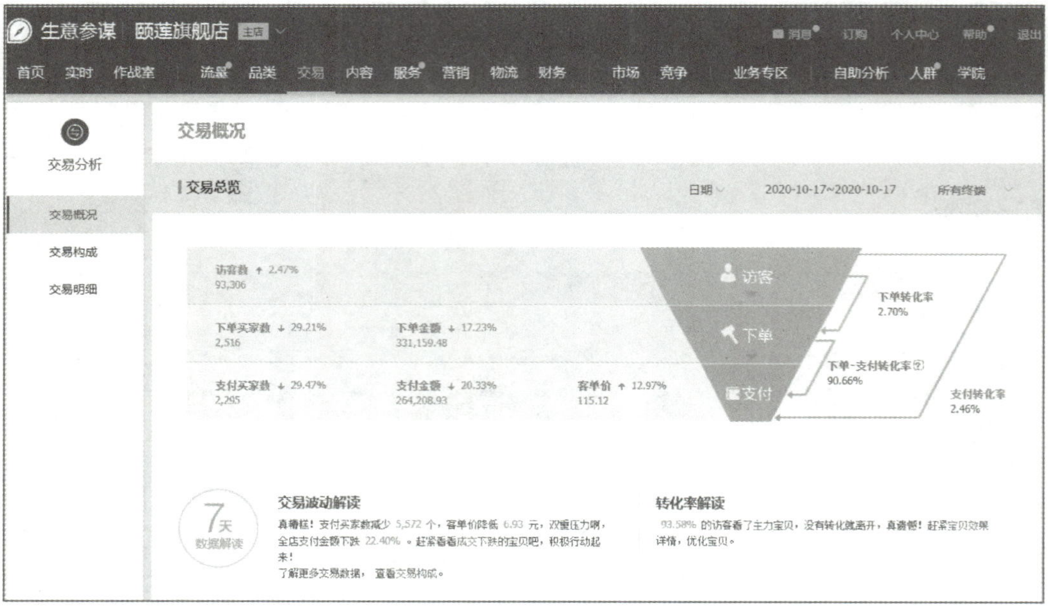

图 5－28　店铺后台生意参谋交易概况页面

二、网店活动复盘与改进措施

微课：网店活动数据监测和复盘

每次做完活动，都应该去做复盘，它可以帮助运营人员更宏观地了解活动结果，并依据本次的数据去判断当下的决策是否正确。复盘有利于吸收经验教训，总结出改进措施，对之后的活动进行调整，优化下次活动的运营方法。复盘步骤如下：

（一）回顾活动目标

复盘的第一步就是将实际的活动结果和预期的目标进行对比，看看是否达到目标，离完成目标还差多少或超出目标多少。除了与店铺预先制定的活动目标进行对比，还需要对比行业和竞品的数据，做一个宏观的判断。

（二）分析活动结果

第一步完成与目标对比后，第二步就需要分析产生结果的原因了。首先需要把与活动目标相关的数据整理出来，将活动前、活动中、活动后所做的设置和调整都列出来。可从对影响销售额的关键指标入手进行拆解和分析，围绕销售额＝流量×转化率×客单价这个公式进行重点分析。

1. 各渠道引流情况分析

列出在活动期间投放在不同渠道的引流人数以及投入产出数据，从数据中找出问题，并做一些假设，然后去验证。做好这些假设的验证，目的是为下次活动做准备。

2. 转化率

转化率是最重要的指标，流量越精准，转化率才会越高。每个渠道都对应一个消费人群，从每个渠道的转化率数据中可以看出哪些消费群是高价值的，值得后续重点运营。对于转化率不高的渠道，也要找出是在哪个环节流失的，分析消费者从点击商品、查看商品详情页及主图，到查看评价、询问客服，再到议价直至下单付款的行为路径中，是在哪个节点放弃购买，找出原因，并提出解决方案，在下一次活动中试用验证。

3. 客单价

客单价一般是和商品的特性（是否适合购买多件）、促销形式的设计以及商品组合情况有关。分析客单价，首先也需要拿出数据，去比较日常客单价的变化情况以及在活动期间各个 SKU 的销量是多少。分析活动的主推商品选择是否正确，是否可以带动店铺其他商品的销量；店铺推荐位有没有利用好；活动中的热卖品具有哪些特点等等。

（三）总结活动经验

1. 找到高价值消费群

店铺经过活动后都会涌入大量的消费者，可根据回购率、客单价等人群标签，筛选出高价值的人群，也为自己店铺的商品勾勒出更加具象的人群画像，之后的店铺运营重心可以相应转移。

2. 更好地掌控活动节奏

推广运营计划一定要契合活动的节奏才能产生最佳的效果，卖家应该记录活动的每个节点应该要做哪些事以及如何做。

3. 投入产出高的运营渠道

活动搭配的各种营销工具、推广渠道都需要花费一定的成本，但毕竟活动的价格已经让利很多了，所以在运营渠道的选择上一定要符合“便宜且有用”的标准。这就需要运营人员在复盘中不断总结经验，选择最佳渠道以及获取使用技巧。

4. 活动商品的选品方向

对比每次活动前在选品上所考虑的因素和活动中热卖商品特征的吻合度，然后不断去修正后续挑选活动商品的维度和标准。

5. 店铺管理问题

在活动期间，大量订单的涌入会让店铺存在的问题更加凸显，店铺短时间内承载的压力越大，平时隐藏的问题就越容易暴露。店铺内部管理问题就是各岗位人员的问题，比如评估客服岗位，可以看客服的回复率、询单转化率等指标；评估打包发货的岗位，可以查看物流异常率、物流时效以及物流服务评价等。从数据中发现各个岗位的问题，及时加以调整改善。

活动结束之后要针对活动的所有环节进行一次全面的复盘和总结。每一次活动，都是为店铺积累经验，只有细心地复盘，找出每次活动的长处与不足，总结出改进措施，才能在下次的活动中做得更好。

实战与提升

1. 选择您熟悉的一个网店，分析其参与所在平台官方活动的情况，并预测其未来参与活动的可能性。

网店	
所在平台	
主要参与过的平台官方活动	
参照历史经验，未来 12 个月，该平台有可能举办的官方活动	
假设该平台未来 12 个月活动规则不发生较大变化，该网店能够参与哪些活动？	
假设该平台未来 12 个月活动规则不发生较大变化，该网店不能参与哪些活动？原因？	

2. 选择上述列举的其中一个平台的一种活动，描述该网店参加该活动的报名流程。

步骤 1：________________________________

步骤 2：________________________________

步骤 3：________________________________

……

1. 选择该网店参加的一次活动，整理出该网店活动策划与实施方案。
2. 统计该网店活动效果数据，进行活动复盘并提出改进措施。

思考与练习

1. 是否任何店铺中任何产品均能够参加淘宝平台的促销活动？
2. 什么样的产品适合参加淘宝平台的“聚划算”？
3. 哪些内容是网店活动策划需要考虑的？
4. 网店活动策划实施步骤有哪些？
5. 哪些重点活动数据需要进行监测？
6. 网店活动复盘需要做哪些工作？

习题：店铺促销活动

项目六

网店客服

学习导图

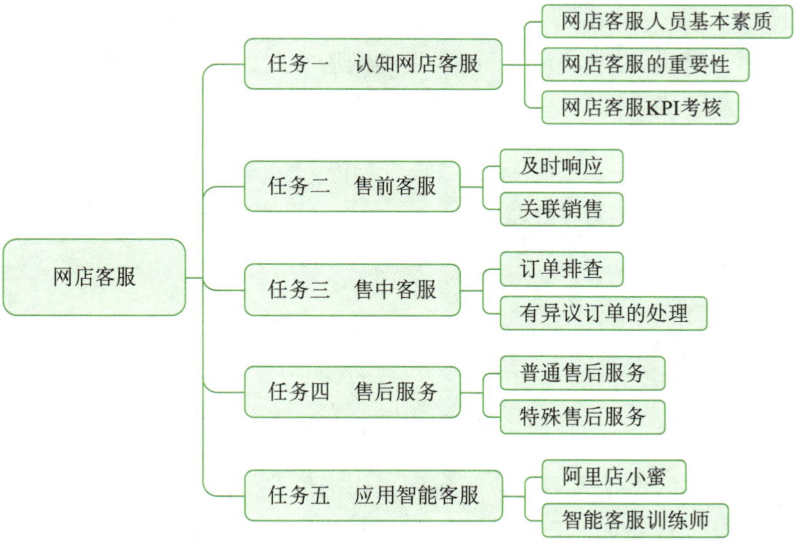

学习目标

素质目标

- ☐ 具备正确的世界观、人生观、价值观
- ☐ 具备积极的心态
- ☐ 强化"以消费者为中心"意识
- ☐ 具备较强的责任心与主动服务意识
- ☐ 培养创新思维与创业精神
- ☐ 强化数据思维

知识目标

□　了解电子商务消费者服务的重要性

□　熟悉售前客服的核心要素

□　掌握关联销售的要点

□　掌握售后客服工作要点

□　了解智能客服的作用及应用方法

能力目标

□　具备良好的沟通协调能力

□　具备良好的应变能力

□　具备良好的心理抗压与解压能力

□　具备良好的时间与资源管理能力

□　具备良好的数据采集、分析与应用能力

网店运营过程中，客服是唯一能够跟消费者直接沟通、交互的岗位。售前重销售、售中促订单、售后解难题，因此，客服极其重要，是必不可少的角色。不同电商平台、不同规模、不同产品，网络客服人员的岗位划分方式与工作职责会有所不同，但均涉及售前、售中、售后等工作环节。高水平的网店客服，通过提供高质量服务，能有效提升消费者网络购物满意度，进而提升其对网店的忠诚度，增加复购率，从而从根本上改善网店运营效益（见图 6－1）。

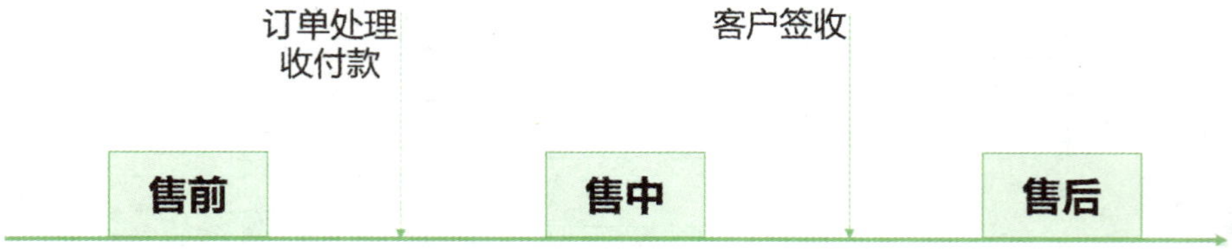

图 6－1　网店客服工作环节

网店客服，原本是人力资源密集型工作岗位，但随着大数据、人工智能等技术的应用，智能客服工具（如“阿里店小蜜”）出现并发挥越来越重要的作用，它们已经成为改进网店客服质量、提升店铺运营效益的重要工具。

项目导入

颐莲玻尿酸补水喷雾在天猫、京东以及诸多淘宝分销店均有销售。该款产品遵循颐莲品牌高性价比定位，一经上市，快速得到众多消费者的认可。无论是这款喷雾的迅速崛起，还是“颐莲”这个品牌的创立过程中，专业、细致的客户服务都起到了不可或缺的作用。以颐莲旗舰店为例，该运营团队共有 12 名网络客服人员，其中 9 名主要负责售前导购；3 名主要负责售后及订单相关的事项。同时，为了弥补人工客服的不足，该店铺自 2018 年 7 月开始启用智能客服“千牛店小蜜”，全天候在线，即时处理消费者提出的各类问题。

任务一　认知网店客服

一、网店客服人员基本素质

一个合格的网店客服人员必须具备四大基本素质，即：心理素质、品格素质、技能素质和综合素质等。

1. 心理素质

客服人员所在的是服务岗位，会面对形形色色的消费者。作为一个合格的客服人员，良好的心理素质来源于良好的自控力。面对任何消费者的问题甚至刁难，客服人员都必须控制好自己的情绪，耐心地解答，有技巧地应对。网店客服人员良好的心理素质包括在服务过程中能够承受各种压力、挫折，具有“处变不惊”的应变力。具体表现为：

（1）受挫折打击的承受能力。

（2）情绪的自我掌控及调节能力。

（3）承载负面情绪的抗压能力。

（4）积极进取、永不言败的良好心态。

2. 品格素质

（1）诚信。诚信是商家立足的根本。客服人员对待消费者必须秉持诚信的工作态度，做到不虚夸、不推诿、不敷衍。

（2）耐心。网店客服人员对待消费者的提问一定要有耐心。当消费者对产品有较多疑问时，客服人员必须耐心地解答，打消消费者的疑虑，满足消费者的需要。

（3）细心。细心是客服人员必备的品质素养。每一个交易环节，特别是退款业务，客服人员必须了如指掌。只有细心处理好每一项事务，才能减少错漏和贻误，避免耗费更多的人力、物力。

（4）同理心。同理心就是把自己当作消费者，设身处地来体会消费者的处境和需要，给消费者提供合适的商品和服务。

（5）忍耐与宽容。忍耐与宽容是优秀网店客服人员的一种美德。面对消费者的“无理取闹”，只有以宽待人，学会忍耐，才能更好地与消费者交流。

（6）热爱与热情。一名优秀的网店客服人员只有热爱企业，爱岗敬业，才能热情地投入工作，兢兢业业地做好每一件事。同时，客服人员必须具备对消费者热情、主动的服务态度，充满激情，让消费者在接受服务的同时接受产品。

（7）谦和的态度。客服人员一定要有一个谦和的态度，谦和的服务态度是赢得消费者对服务满意度的重要保证。

3. 技能素质

客服人员必须掌握以下四种基本技巧：

（1）良好的文字语言表达能力。高超的语言沟通技巧和谈判技巧是一名优秀客服人员的重要技能，能让消费者迅速接受产品，获得利益的最大化。

（2）丰富的行业知识及经验。客服人员必须掌握店铺所经营产品相关的专业知识。如果客服人员对产品不了解，就无法在第一时间给消费者满意的回答，会造成一定的客户流失。因此，客服人员应当对产品的种类、材质、尺寸、用途、注意事项等有所了解，并适当了解产品的相关知识，如产品的使用方法、洗涤方法、修理方法等。同时，最好对同类产品也有基本的了解。只有这样，客服人员才能给消费者提供更好的解答，赢得消费者的信任，从而促成交易。

（3）敏锐的观察力和洞察力。敏锐的观察力和洞察力是网店客服人员赢得消费者信任的重要因素之一。清楚地了解消费者购买商品的心理变化，并针对不同的消费者心理采用不同的服务，这样才能因势利导，赢得消费者的信任。

（4）具备良好的人际关系沟通能力。良好的沟通是促成交易的重要步骤之一。客服人员与消费者在整个交易过程中要保持良好的沟通，这是保证交易顺利完成的关键。不管是售前、售中还是售后，都要与消费者保持良好的沟通，这样不但可以顺利地完成此次交易，更是让消费者成为“回头客”的重要手段之一。

4. 综合素质

（1）主动热情。消费者在询问客服人员问题时经常持怀疑或不确定的态度，心理有一定的防御。为了展开愉快的沟通，客服人员首先要营造一个轻松愉快的沟通环境，多使用语气词和表情符号来调节聊天气氛，主动及时地回复消费者的问题，切勿长时间不回复。

（2）简洁明了。面对消费者提出的问题，先要简洁明了地给予答复，及时发送出去，切勿拖延，然后再进行详细的解释。不要把答案融入解释中，大部分人不愿意去仔细阅读一行以上的文字，更不愿意通过分析得到答案。

（3）分析答疑。从消费者的问题分析出消费者真正关心的是什么，透过现象发现本质，然后通过专业的介绍说明从根本上解除消费者的疑虑，同时还要能够从消费者的第一个问题中发掘出下一个问题，提前给予答复，不要简单地一问一答。

二、网店客服的重要性

1. 塑造店铺形象

店铺形象的建立，除了基于店铺最基本的装饰，还要依靠客服。对于一个网上店铺而言，消费者看到的商品都是一个个的图片，图片再好看、再吸引人，但没有与店家沟通，无法了解店铺及商品的真实情况。这个时候，通过和客服的直接交流，消费者可以切实感受到商家的服务和态度，客服的一个笑脸表情或者一个亲切的问候，都会让消费者感觉不是在跟冷冰冰的电脑和网络打交道，而是和一个善解人意的人在沟通，这样，消费者就会放弃开始的戒备。亲切的态度和细致耐心的解答，会在消费者心目中树立一个良好的店铺形象。

2. 提高转化率

现在很多消费者都会在购买之前针对不太清楚的内容询问卖家，或者询问优惠活动等。客服在线能够随时回答消费者的疑问，可以让消费者及时了解有关情况，从而达成交易。有的时候，消费者不一定对产品本身有什么疑问，仅仅是想确认一下商品是否是和图片所讲的一样，这时在线客服就可以及时解惑，打消消费者的疑虑，促成交易。网店客服在店铺转化率当中起着至关重要的作用。

3. 增加消费者复购率

每当完成了一次交易，消费者不仅了解了卖家的服务态度，也对卖家的商品、物流等有了切身的体会。如果买家对商品质量和卖方服务都十分满意，那么当他需要再次购买同样商品的时候，就会倾向于选择他所熟悉和了解的卖家，从而提高了消费者再次购买的概率。

4. 提高网店 DSR 评分

在 DSR 动态评分当中有一项是服务。这一项的评分来自消费者通过购买宝贝后发起的评价，当没有很好的客服服务的时候，消费者肯定在服务这一项打分比较低，就会造成 DSR 动态评分服务分比较低。这样的话，就会对整个店铺权重造成影响。

5. 减少退款率

网店客服良好的沟通，会安抚消费者的情绪，让消费者愿意为服务买单，即使产品有一些小瑕疵，也可能会因为客服人员诚恳的态度而不做退货处理。

三、网店客服 KPI 考核

网店客服 KPI 考核是指卖家通过对客服人员进行目标式的量化考核，使网店的总体运营目标可以分解为可操作性强、分工明确的个体目标。同时，网店客服 KPI 考核明确规定了客服人员的主要任务，明确了每个客服人员的业绩衡量指标。

网店客服 KPI 考核有以下指标：

1. 咨询转化率

咨询转化率是指所有咨询客服并产生购买行为的人数与所有咨询客服人数的比值。咨询转化率能直接反映出一个客服人员的工作质量。在同等条件下，咨询转化率越高，对网店贡献越大。

2. 支付率

支付率是成交总笔数与下单总笔数的比值。支付率直接影响网店利润，同时网店支付率在一定程度上也会影响网店排名。订单支付率是衡量网店利润的指标之一，同时又和客服人员 KPI 考核息息相关。

3. 落实客单价

落实客单价是指在一定的周期内，客服个人的客单价与网店客单价的比值。落实客单价直接把客服个人客单价与网店客单价联系起来，掌柜可以很直观地看出客服在整个团队中的水平，更容易及时发现问题，有利于整个团队 KPI 的提升。

4. 响应时间

响应时间是指当消费者咨询后，客服回复消费者的时间间隔。当消费者通过阿里旺旺咨询客服，表明消费者对该宝贝比较感兴趣。客服响应时间会影响商品的成交转化率，如果客服的响应时间短、回复专业、态度热情，那么，将会大大提升商品的成交转化率。

5. 售后

退货率能直接反映出客服的服务质量。当客服与消费者进行沟通时，应该注意一定的方式与技巧，结合消费者的喜好推荐商品，减少退货率。

网店客服 KPI 从多方面对客服进行考核，不仅仅是个人的业绩能力，更是团队协作能力、工作态度等多方面指标，能够更加透彻地反映出目前客服团队存在的问题。

任务二　售前客服

微课：售前客服

传统企业的客服，往往指的是“售后服务”岗位，以处理退换货、投诉等工作为主。与之相比，网店客服的工作内容要庞杂很多——网店客服不仅要处理售后事宜，更是延伸到售前和销售过程中，从消费者信息收集开始，到产品销售、消费者下订单前后的各种问题处理、交易管理、消费者评价管理以及消费者提出的意见收集等，均为网店客服的工作任务。除此之外，网店客服还需协助运营、美工、物流等岗位，共同提升消费者购物体验和满意度。

与复杂的工作内容相对应，客服岗位从业人员需具备较好的知识储备、熟练的计算机应用技能以及良好的心态、较高的沟通能力、抗压能力、应变能力。他们还需要熟知网店所经营产品的相关知识、所在电商平台的规则以及必要的客服工具（如：阿里电商平台的千牛）、网店后台管理、各类支付工具、仓储物流管理工具等。

不同于在实体店购物时可以直接与商品进行物流接触，网店主要通过文字、图片、视频等媒介传递所销售商品的信息，缺少对商品的直观体验。因此，对于之前未曾购买过的商品，消费者在下订单之前，除了浏览其他购买者对该商品的评价之外，通常也会希望从网店工作人员那里获得一些必要的信息，以支持其做出购买决策。他们往往通过网店客服接口（如：淘宝旺旺）进行联系。网店客服一定要对消费者咨询进行及时响应，在此过程中，还可尽量达成关联销售。

一、及时响应

1. 快速

及时响应，尤其是对消费者第一个咨询或问题的及时响应非常重要。及时，首先强调的是“快”——网络客服讲究“黄金 6 秒法则”[①]，即消费者联系网络客服后，等待响应的时长理论上应该是 6 秒以内（实际操作中，也有说 40 秒），超出时间，其情绪就可能受到影响而离开。这意味着，客服从业者的计算机操作要熟练，打字速度快，至少

---

① 脑科学研究结果显示，人类有一个有趣的特征，即容易受到初次看到、听到的事物影响，并留在记忆中挥之不去，这在心理学上被称为“开头效应”，即“初步印象”，而“初步印象”的形成仅需短短的几秒钟（1～6 秒）。之后，再经过反复关注几次，就会形成比较确定的“第一印象”，而“第一印象”会在人的脑海中保存相当长的时间。这一现象被商家所有，经常被称为“6 秒原则”。阿里客服体系则将其提炼为“黄金 6 秒法则”，用于表示客服人员对消费者必须给出尽量快捷的响应，以便让消费者产生较好的“第一印象”。

要达到50字/分钟，且不能有错别字。即，在能力范围内，对消费者的响应一定是越快越好。例如：颐莲天猫店要求客服人员首次响应消费者的时间是4秒。

2. 专业、友好

快速响应消费者时，还需表现出专业且友好的态度。根据品牌定位或品牌调性，选用适当的表达方式（文字、表情包等）。很多网络客服人员喜欢用“在的呢”“好的呢”等类似的日常语气助词来传递友好的态度，但并非所有商品都适合。如果品牌调性是商务、简洁等，更正式的“您好，请问有什么可以帮您的吗”或许是更好选择。因此，网店需根据自身商品定位确定适宜的沟通语言和方式。例如：颐莲因为其商品以高性价比的玻尿酸护肤品为主，其消费者主要是青年女士，因此他们喜欢称消费者为“莲粉”“小仙女”等，语气助词喜欢用“哦”，通过这些传递品牌的亲切感。在不了解消费者信息的时候，会通过引导性的回复来获取消费者信息，比如：“请说一下您这边的肤质和年龄，我们可以更好地为您提供产品推荐”等形式。

3. 有效

（1）回复的内容要言之有物，一般应包含如下内容：①对消费者的称呼，除了淘宝平台经典的“亲”之外，网店更可采用符合店铺定位和风格的称呼。②点出店铺名称，增强消费者对店铺的认知度。③报出客服人员的名称，让消费者产生1对1服务的VIP感。④充分表达出愿意为消费者服务的态度。例如：“亲，欢迎光临颐莲旗舰店，我是您的专属客服水莲，很高兴为您服务。”

（2）用好自动回复+关联问题，但是，要慎用大篇幅的文字。因为目前的网购者绝大部分是在手机等移动设备进行操作，如果商家还保留PC时代的习惯，用大段文字进行关联，将可能影响消费者对客服的体验度。应用简洁、精准的关联是较好选择。例如：“亲爱哒感谢您光临【颐莲天猫旗舰店 专研玻尿酸护肤37年】，很高兴为您服务。”

二、关联销售

拓展阅读：淘宝客服沟通技巧

一般而言，网店业绩与网店流量、转化率及客单价均呈正相关关系，运营人员通过各种方法引来的流量能否成功转化，与客服的工作能力直接相关；流量转化之后的客单价能否保持较高水平，也是网店客服工作绩效的重要体现。电商客服中所说的关联销售，指的是客服人员根据消费者咨询推断消费者潜在需求，主动推荐店铺内商品，从而提升客单价的行为。

关联销售领域有一个经典案例：啤酒和尿布的故事。该案例在数据挖掘、关联营销分析时几乎必然被提到，据说是美国沃尔玛超市对顾客的购物数据分析后产生的成果。案例大意如下：20世纪90年代，美国沃尔玛超市管理人员分析销售数据时，发现了一个令人难以理解的现象——“啤酒”与“尿布”这两件看上去毫无关系的商品，会经常出现在同一个购物单中，且大多出现在年轻父亲购物时。他们分析这个现象背后的原因发现，在美国有婴儿的家庭，往往是母亲在家中照看婴儿，要求年轻的父亲去超市买尿布。而父亲们在购买尿布的同时，往往也会顺便为自己买点啤酒。如果这些年轻的父亲在一个超市中只能买到这两种商品之一，则他们很有可能会转到另一家店，直到可以一次同时买到啤酒与尿布为止。沃尔玛发现了这一独特的现象，开始尝试将啤酒与尿布摆放在相临近的货架，让年轻的父亲购物者可以很容易地找到这两件商品，满意地完成购物。这种关联销售提升了商店的收入。

网店售前客服人员需要提升关联销售能力，一方面源自网店流量和经营绩效的压力，同时也是自身业绩提升的重要途径，因为网店售前客服的工资很大比例来自销售提成。

然而，关联销售不能随意、盲目地进行。例如，消费者意欲购买一种价格60多元的面霜，客服人员若直接推荐一款价格300元以上的日抛型精华液就不一定会被接受，因为所推荐商品的价格与消费者所咨询产品差距颇大，匹配度不高；消费者若需要美白型产品，而客服推荐祛痘型，也属于盲目推销。

（一）关联销售知识储备

客服进行有效的商品推荐，必须掌握一定的商品知识才能够体现推荐的专业性，得到顾客的信任。一般客服需掌握三类商品知识：

1. 商品的专业知识

客服应当对商品的种类、材质、尺寸、用途、注意事项等都有一定的了解，最好还应当了解行业的有关知识，同时对商品的使用方法、维护修理方法等也要有一个基础的了解。

2. 商品的周边知识

不同的商品可能会适合不同的人群，比如化妆品，有一个皮肤性质的问题，不同的肤质在选择化妆品时会有很大的差别；再比如内衣，不同的年龄、不同的生活习惯都会有不同的需要；还比如玩具，有些玩具不适合太小的婴儿，有些玩具不适合太大的儿童等等，这些情况都需要客服有个基本的了解。此外，对同类的其他商品也要有个基本的了解，这样客服在回复消费者关于不同类商品的差异的时候，就可以更好地解答。

3. 店铺商品的促销信息

客服应该了解每一个阶段店铺促销的详细信息，以便于在跟消费者进行沟通时，能够为消费者提供及时的促销信息，即使消费者对于咨询商品没有购买欲望之后，客服也可以把促销信息提供给消费者，这有可能令消费者产生兴趣，进而提交订单，达成交易。

（二）关联销售策略

做关联销售，最重要的当然是做好数据分析与挖掘，找出消费者购买商品的相关性。然而在与消费者交流过程中，根据其咨询信息发现难以符合一般规律时，也可按照一定策略或原则进行关联销售。

拓展阅读：售前客户咨询

1. 推荐店铺的热销产品

每个店铺几乎都有爆款产品，即使消费者本身并未对其加以关注，客服人员也可以进行推荐。

2. 所咨询产品的替代品

店铺内相似或者功能相近、价格接近的产品，可以进行推荐。

3. 成套产品

消费者咨询可能是针对单品，此时可以有针对性地推荐套装产品。如，消费者到顾莲旗舰店咨询红石榴焕白精华水，客服人员可以关联推荐红石榴焕白精华水与红石榴焕白精华乳组成的套装，或可直接推荐由精华水、精华乳、精华霜、洗面奶等产品共同组成的优惠套装。

4. 延展产品

消费者可能选择的是精华水乳，客服可推荐眼霜、唇膏等成系列的产品进行关联推荐；想买女士职业装配套的衬衣，客服可推荐丝巾、装饰腰带等配饰。

关联销售是否能够成功，很大程度上取决于所推荐产品是否与消费者潜在需求能够匹配到位。如果消费者在乎性价比，那么适当的价格刺激策略很可能成功。如：两个产品组成的套装价格是单独购买的 8 折，这对消费者来讲吸引力就会比较大；通过加购被推荐的产品享受包邮等政策，对消费者也有一定吸引力。

（三）销售过程中异议处理

只有把消费者的所有异议都排除了，消费者才有可能下订单。进行异议处理时，客服人员要注意沟通语气，运用专业的沟通术语，避免跟顾客引发争执或使争执扩大化。与客户沟通时要注意：

（1）忌争辩。卖家与消费者进行沟通时，要尽量避免与之争辩，争辩只会招致消费者的反感。卖家要明白，如果去争辩，即使占了上风也是得不偿失，到最后是既流失了消费者，也丢掉了生意。

（2）忌质问。卖家与消费者进行沟通时，要尊重其需求与观点，不能因为消费者不买而采取质问的口气，如，“您为什么不买这件衣服呀?”“您为什么不喜欢这个颜色?”用这种质问的语气与消费者谈话，是不礼貌的表现，同时会伤害消费者的自尊心。

（3）忌命令。卖家在与消费者交谈时，要采取征询、协商或者请教的口气，不可采取命令的口吻。要明白卖家与消费者是平等的，作为卖家无权对消费者指手画脚、下命令或下指示。

（4）忌炫耀。在与消费者沟通谈到自家的商品及店铺时，要实事求是地介绍，切不可忘乎所以地自吹自擂，否则就会给消费者一种言过其实之感。

（5）忌直白。客服在与消费者沟通时，如果发现消费者在认识上有不妥之处，不能直截了当地指出，要因人施语，委婉地指出问题所在，不让消费者觉得丢脸或难堪。

× ×旗舰店售前客服常用语

拓展阅读：淘宝客服基本通用话术

1. 打招呼用语

亲，您好，我是× ×旗舰店客服× ×。很高兴为您服务，有什么可以帮到您的呢?

2. 对话语

C：请问你家这个是正品吗?

S：亲，× ×天猫旗舰店品牌直销哦，旗舰店是需要公司营业执照、注册商标、税务登记证、产品质检报告等手续证明才能开张的。所以这个问题您大可放心，不仅确保正品，而且确保实惠。

3. 议价语

C：活动期间可以便宜点吗？

S：亲，抱歉啊。我们不议价的哦～～现在是活动期间，您拍下的价格已经非常优惠了。

C：买的多有优惠吗？

S：亲。我们的活动是××，而且都是包邮的哦～～价格上请您放心，我们线上线下都是统一定价的，这个××活动是我们线上独享的活动，线下是没有这个优惠活动的，所以您已经享受最大的实惠啦！

C：买了还会再来，能优惠吗？

S：亲，买过且交易成功后您就是××旗舰店尊贵的会员了，再次来购买，亲就可以享受会员价格购买了。

C：优惠后再还价。

S：亲，已经给您优惠价格了哦。这个价格是××旗舰店老顾客的价格待遇呢，一般人都是原价购买的哦，是看亲中意××产品，又跟我聊得挺投机的，特意向领导为您申请的价格，希望亲能理解下～～

C：别家的比你们便宜。

S：亲，我们产品都是线上线下价格统一的，质量是有保证的。别家产品不是很清楚呢，我们是××旗舰店天猫品牌直销，天猫正品保证哦！

C：多次议价的顾客。

S：我只是一个小小的客服，没有权限修改价格的，这样吧，我去帮您向我们主管申请一下，看看能不能拿到折扣，不过这样的机会是很艰难的，我尽量帮您申请吧～麻烦您稍等我2分钟～

（等待2～3分钟后再回复顾客下述语句：）

S：亲，主管说因为天猫价格修改不了，不过我给您争取到了精美礼品一份。这个礼物质量很好的，您看这样好吗？

4. 支付用语

S：嗯，好的！您的订单已受理。我们会在24小时内为您发货。您收货的时候记得检查外包装。包装破损的请拒收。当面清点数量。快递一般为江浙沪内×～×天，江浙沪外×～×天。邮政为×～×天，超过时间未收到请联系本店在线客服为您查件。收到后有任何不满意请及时联系我们，O（∩_∩）O谢谢。

5. 物流用语

S：我们默认快递是××快递。江浙沪皖一般××天左右到货，其他地区××天左右到货。

6. 欢送用语

（1）未达成订单欢送语：

S：亲，非常感谢您的光临，很遗憾没能跟您完成这次交易，希望您可以收藏下本店店铺××旗舰店，以后本店会不定期的有促销活动哦，欢迎随时关注我们，再次感谢您的光临！

（2）达成订单欢送语：

S：谢谢您对本店的支持，希望您对我们的服务满意，欢迎您下次惠顾。亲，可以收藏下我们店铺，欢迎亲下次再来~~

7. 催付用语

（1）未咨询拍下未付款订单：

S：亲，非常感谢您的支持，看到您刚下的订单，麻烦亲核对下收件信息，没有问题的话，直接付款即可，付款后，本店将在24小时之内为您发货，希望亲早日收到××产品！

（2）咨询后拍下未付款：

S：亲，很高兴看到您购买本店的商品，邮费已经为您修改好，您可以在您方便的时候付下款。如有其他疑问您可以随时联系我，我是客服××，感谢您的惠顾！

资料来源：《最全客服流程图：电商客服售前售中售后》https：//www. sohu. com/a/86733901_443230。

任务三　售中客服

网店售中客服的工作重心是订单处理，包括未发货订单排查、打单、督促发货，有异议订单的及时处理、换货处理、物流信息更改、取消订单等。

一、订单排查

排查订单是客服每天必做的一项重要工作，主要是排查前一天遗留下来的未发货订单。这些订单主要是由商品处于预售状态、商品缺货、客服在后台未单击“确认发货”按钮等原因造成的。对于因商品缺货而未发货的订单，需要客服重点排查。

此外，对已发货订单，快递在运送途中可能会出现各种物流相关的问题，导致消费者需向客服咨询，客服需将查询结果及时告知消费者。当商品发货以及进入派送环节后，客服可以用短信方式提醒消费者注意包裹签收，这不仅能让消费者感受到店铺的细致和温馨，还能在提醒消费者签收之余，进行好评邀约，或者邀请消费者下次光临（见图6-2）。

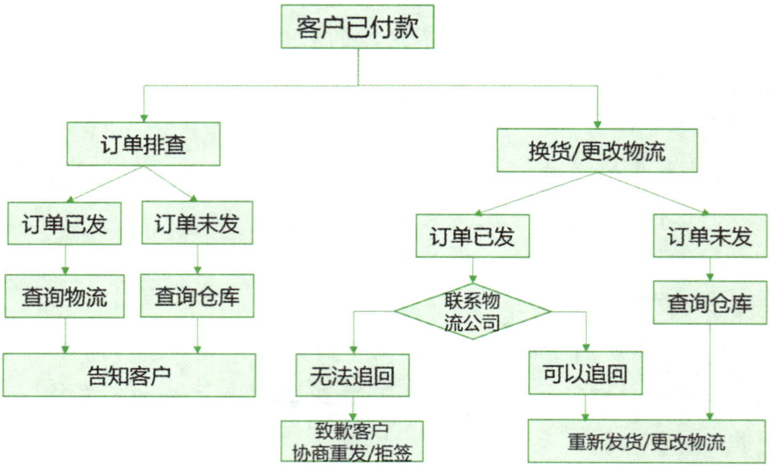

图 6－2　订单排查流程图

二、有异议订单的处理

有时，客服在与消费者确认订单时，消费者没有及时告诉客服订单地址有错误，等到快进行发货时才提出修改地址；或者消费者已经付款，但是临时反悔不想购买，希望取消订单等。在上述情况下，客服需要对这些有异议的订单进行修改、备注及取消等操作（见图 6－3）。

拓展阅读：售中客户应答

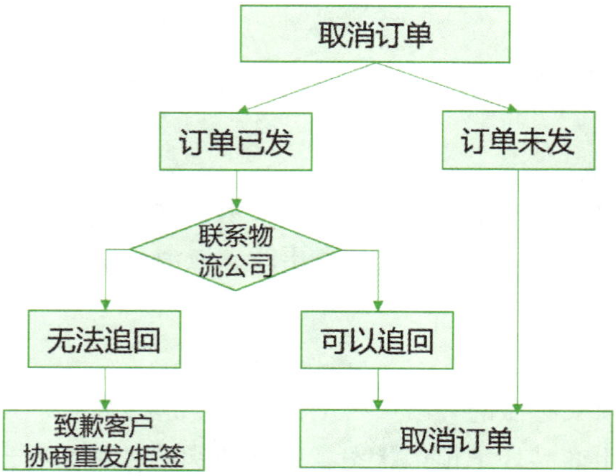

图 6－3　有异议订单的处理流程图

任务四　售后服务

当消费者对收到的电商商品十分满意，一般不存在售后问题。只有当消费者因为自己的主观原因、商品原因、物流原因或者其他原因等产生不满情绪时，才会产生退换货等普通售后或中差评等特殊售后问题。

对于网店而言，售后服务是提升店铺口碑、提升消费者复购率的重要途径，其重要性不言而喻，必须予以充分重视。

一、普通售后服务

普通售后，指在正常交易下，消费者由于某些主客观原因，对商品或服务表示不满，但仍愿意用沟通协调的方式去解决的售后问题。大致原因见表 6－1。

微课：普通售后服务

表 6－1　　常见退换货原因

退换货原因	原因描述（可能包括但不限于）
消费者的主观原因	不喜欢、不想要、拍错了、多拍了
商品原因	大小尺寸与商品描述不符、颜色/图案/款式不符、材质与商品描述不符、做工粗糙/有瑕疵、质量问题、甲醛超标、少件（含缺少配件）、卖家发错货、假冒品牌
物流原因	退运费、空包裹、未按约定时间发货、快递/物流一直未送到、快递/物流无跟踪记录、货物破损已拒签、收到商品时有破损/污渍/变形
其他原因	发票问题、7 天无理由退换货

由此，可能产生退换货等相关的售后服务。

当消费者提出售后申请并与客服协商成功后，一般会达成仅退款或者退换货的结果。此时，买卖双方就可以通过网站后台进行相关标准流程的操作，退款流程如图 6－4 所示。

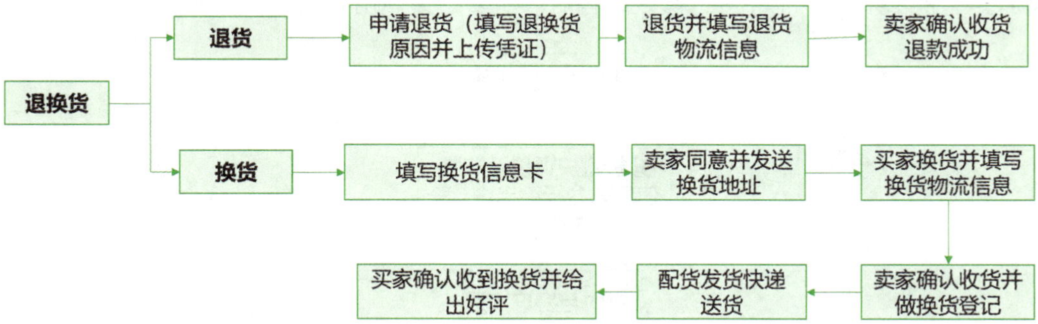

图 6－4　退换货流程图

退换货过程中，需要确认是否影响商品的二次销售。对确定不影响二次销售的商品，可以直接走标准退货流程。卖家在收到退货后，也需要检查商品的完整性。对于确定影响二次销售的商品，售后客服需向消费者说明不能进行退换货。此时要注意安抚消费者情绪，讲清楚不能进行退换货的缘由。此外，最好能提出其他补偿方案，尽可能地满足消费者的需求。

二、特殊售后服务

特殊售后，指交易订单遭受到消费者的投诉维权、纠纷退款或中、差评等，需要卖家做出一定让步或者根据平台交易规则和服务规

微课：特殊售后服务

范进行处理。

1. 中、差评管理

网店经营过程中会跟中差评不期而遇，如何处理这些中、差评，关乎网店品牌形象、排名及网店长远发展问题，因此必须予以高度重视。以淘宝网为例，其评价规则规定，在消费者对订单做出评价后的30天内，消费者可以对中、差评进行修改或删除。中评有且仅有一次修改机会，只能修改为好评；差评只能删除。事实上，尽管规则留给客服30天的处理时限，但在有条件的情况下，客服还是应该在最短的时间内获取最新产生的中、差评并第一时间联系消费者，以快速解决问题。

（1）沟通工具。在进行中、差评售后处理时，电话是首选的沟通工具。语音沟通有文字沟通所无法企及的优势，在售后处理工作量较大的情况下，基本可放弃文字沟通的选择。如果想要达到最理想的处理结果，电话、沟通技巧、诚恳的态度、适当的补偿缺一不可。

（2）沟通时机。消费者修改中、差评是需要登录淘宝后台的，所以最好选择消费者旺旺在线的时候拨打电话。如果不讲究时机，拨了电话过去，消费者又不在线，哪怕答应了，一段时间以后也是很容易忘记。

（3）沟通判断。提高中、差评处理效率，售后客服需要在和消费者沟通的过程中迅速做出判断：消费者答应修改，感谢；消费者暂时不答应修改，做好备注，尽快进行二次跟踪；消费者不答应修改，提供补偿措施（如：赠送店铺优惠券、下次包邮、店铺会员等级、送礼品，或者按商品价值一定比例退款等），进行最后的努力。总之，消费者是否能够对中、差评进行修改，售后客服要迅速做出判断（见图6－5）。

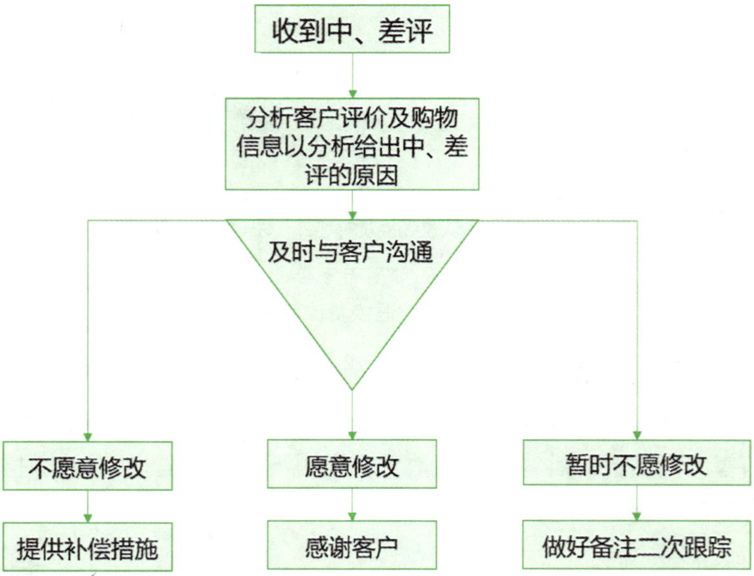

图6－5　中、差评处理流程图

2. 投诉处理

消费者投诉商家实质是一个通过求助电商平台（如：淘宝网、京东等）介入订单解决纠纷的行为。以淘宝平台为例，对网店来说，一旦淘宝平台方介入并判定卖家为过错方，店铺将会面临扣分或惩罚。因此，客服首先要对消费者发起投诉的原因做到心中有数，在交易过程中尽量避免此类问题。

（1）消费者可能投诉卖家的情况有四种：发货问题、承诺未履行、骚扰消费者及卖家拒绝使用支付宝。

表 6－2　消费者可投诉的卖家问题列表

发货问题	承诺未履行	骚扰消费者	卖家拒绝使用支付宝/信用卡
未按约定时间发货、缺货、发不了货、拒绝发货、商家要求加价、错发/漏发/少发、虚假发货	赠品承诺未履行、换货承诺未履行、发票承诺未履行、物流承诺未履行、邮费问题未解决、商家自行承诺未履行	频繁骚扰消费者、辱骂/诅咒/威胁	卖家拒绝使用支付宝/信用卡

一旦消费者提交投诉资料后，投诉信息不仅会提交到淘宝官方，而且还会显示到卖家的网店后台。客服可以通过“淘宝卖家中心”→“消费者服务”→“投诉管理”页面，在“淘宝投诉服务记录”选项卡中查看相关记录。

（2）投诉处理流程：

①找到问题发生的原因，判断问题的严重程度。

②电话联系消费者，首先致歉，然后说明问题发生的原因，动之以情、晓之以理，初步取得消费者的谅解。

③针对问题提出解决方案。例如：错发/漏发/少发商品，可以以成本价让消费者换货。

④给出相应的补偿。即使消费者同意了解决方案，店铺仍旧需要对错误表示自责，并对耽误消费者的时间和精力进行补偿。例如：未按约定时间发货，让消费者等待了很久，为了平复消费者焦躁的心情，可以给予小礼物或优惠券等进行适当的补偿。

⑤换位思考，完美收尾。售后客服是一个要把换位思考时刻铭记于心的岗位，始终要设身处地地站在消费者的立场来说话和调解，这样不仅能够解决投诉问题，还能让消费者从心理上产生亲近感，消除其对店铺的不良印象。

任务五　应用智能客服

拓展阅读：售后投诉与服务

以“阿里店小蜜”为代表的智能客服机器人正在成为电商网店的标配，2016 年开始公开测试、2018 年 8 月正式上线的阿里店小蜜，主要应用于电子商务领域，可以为消费者提供导购、咨询以及任务查询等服务。阿里推出“阿里店小蜜”，旨在提升传统电商领域的服务水平和服务效率。此类客服机器人的推出，在很大程度上迎合了电商公司对易管理、低成本、高产出、全天候无休且回复及时精准的客服团队的需求，因此，一经推出，即对整个消费者服务行业产生巨大冲击，同时对“智能客服训练师”等新职业提出了明确需求。

电商平台的一大特点是消费者咨询信息重复度高，消费者在线时间长，在“双11”“6·18”等促销期会密集地产生大量的消费者咨询问题。阿里店小蜜主要用于解决消费者关于促销规则、商品信息咨询、交易流程、退换货规则、订单详情等简单、重复的问题。对于这类问题，阿里店小蜜能够准确识别并高效率回复，达到为人工客服减压和分流的效果，对于阿里店小蜜机器人解决不了的问题则可以交由流向人工处理，从而提供消费者的消费体验，同时最大化人工客服的价值，减少客服成本。

一、阿里店小蜜

店小蜜属于阿里巴巴智能会话机器人平台 Alime 旗下的产品。Alime 官网显示，店小蜜定位为阿里商家版智能客服机器人，支持所有淘宝和天猫店铺使用。店小蜜的功能包括语音识别、意图识别、多轮交互、会话管理等，可支持售前导购下单、售中订单咨询和售后退款等服务（见图 6－6）。

图 6－6　阿里店小蜜功能展示

资料来源：阿里店小蜜开发平台，https：//www.alimebot.com/home，2020 年 2 月。

1．工作模式

阿里店小蜜有全自动和智能辅助（半自动）两种工作模式。

（1）全自动模式下，阿里店小蜜能够独立接待消费者，当消费者提出的问题阿里店小蜜无法理解或者触发全自动模式设置的直连人工场景时，消费者将被转接到人工客服继续接待。

（2）智能辅助（半自动）依附于客服账号和客服人员一起接待消费者，相当于客服的智能助手，所以也称为半自动客服机器人。该模式又包括自动回复和推荐回复两种子模式，实际上还是有人工客服接待消费者。

2. 应用场景

（1）客服人员下班后，可开启阿里店小蜜的全自动模式，以便于及时响应消费者需求，保障询单转化，减少消费者流失。

（2）同时接待5人以上时，可开启智能辅助模式或者全自动模式，以缩短客服响应时长，提升转化率。

3. 功能模块

现阶段，阿里店小蜜的后台功能模块主要分为知识库、全自动模式、智能辅助模式和数据看板。

（1）知识库可被理解为阿里店小蜜的大脑，所有的回复问题和答案话术都在这个区域编辑，阿里店小蜜弹出的答案和智能辅助模式出现的答案都出自这个模块，而且知识库的维护是智能客服训练师主要的工作内容之一。

（2）全自动模式是阿里店小蜜开启全自动模式前必须设置的一个模块，该模块包含欢迎语卡片设置、相关问题推荐、转人工配置、直连人工等。

（3）智能辅助模式是辅助客服一起接待消费者，辅助客服快速回复、响应消费者的一种智能服务模式。智能辅助模式会调用知识库的问题库和话术库，当消费者的问题与知识匹配度达标时，阿里店小蜜会自动回复（全自动模式的匹配度要求为90%，智能辅助模式的匹配度要求为95%）。

（4）阿里店小蜜的数据看板主要用于查看阿里店小蜜的接待数据情况，帮助智能客服训练师更好地优化阿里店小蜜的回复，提升消费者询问体验，提升阿里店小蜜接待能力和消费者询单的转化能力。

颐莲旗舰店自2018年开始应用阿里店小蜜，在客服接待方面起到了有效作用。尤其是“双11”大促等大型电商活动期间，因为阿里店小蜜的应用，极大地提升了消费者询单回复效率，有效提升了询单转化率。

二、智能客服训练师

随着人工智能技术在电商消费者服务领域的深度应用，店小蜜等智能客服机器人应运而生。伴随而来的，是以提升智能客服机器人服务精准度为核心目标的各类训练师。在此背景下，智能客服训练师、店小蜜训练师（运营专员）迅速成为一个新职业，在BOSS直聘、拉勾网等人力资源平台均可发现企业发布的相关职位招聘信息（见图6－7）。

纵观各公司发布的信息①，可以发现电商类智能客服训练师的工作职责包括：

（1）结合店铺业务，聚类分析消费者咨询高频问题、需求；有效配置店小蜜知识库，并完善公司产品的官方知识库、自定义知识库；优化问答话术，提升问题解决率和交易转化率。

---

① 信息摘编自：拉勾网，https：//www. lagou. com/。

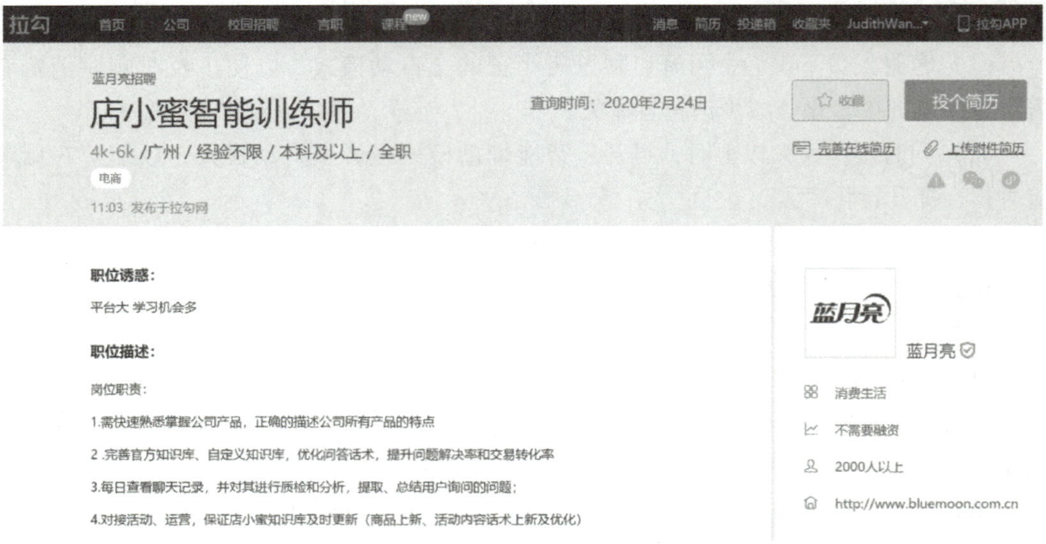

图 6－7　蓝月亮公司发布的店小蜜智能训练师招聘信息

（2）汇总店小蜜好评和差评明细并分析优化，负责智能客服话术设计及性格赋能研究。

（3）每日查看客服聊天记录，并对其进行质检和分析；提取、总结消费者询问的问题，据此对智能客服生产语料进行加工；提炼 QA、结构化数据及应用场景。

（4）负责支持平台智能化服务产品的深度学习与相关研究和开发工作，例：店小蜜的服务升级应用，商品上新、活动内容话术上新及优化、关联销售商品添加及实施、更新小蜜知识库。

（5）每日优化和调整客服机器人的话术设置和逻辑；输出店小蜜相关的周报、月报，需要对数据进行解读和分析并做出优化。

（6）能够与运营、产品、活动等部门及时沟通交流，保证店小蜜知识库及时更新（商品上新、活动内容话术上新及优化），做好电商促销活动前期店小蜜服务布防。

（7）注重消费者体验和满意度，及时发现和提炼问题特征，并能产出优化方案和建议，帮助人工智能产品提升性能。

该类岗位要求一般包括：

（1）善于沟通，有很好的团队合作精神及统筹协调合作能力。

（2）逻辑思维能力及分析能力强，能及时发现和提炼问题特征，并能挖掘优化方案和建议，帮助人工智能产品提升性能。

（3）熟悉天猫、淘宝等电商平台的交易流程和规则。

（4）有较强的文本挖掘与数据分析能力。

（5）注重细节，有非常好的服务意识，注重顾客体验和满意度。

让网店智能客服更懂顾客，发挥出更大的价值

1997 年出生的朱鑫燚是一名训练师，她训练的对象叫“店小蜜”，是某互联网电商平台的机器人智能客服。

跟机器人打交道，与跟人打交道有什么不一样？朱鑫燚觉得，她还是在跟人打交道。“在我看来，店小蜜不是冷冰冰的机器人，更像是人们的购物小助手，而训练师就是帮助店小蜜找到最适合某类网店的工作模式，让网店智能客服更懂顾客，发挥出更大的价值。”从匹配问题与答案，到分析数据，再到提高转化率，虽然工作内容听起来“高大上”，朱鑫燚却觉得，“能够为别人提供一点帮助，是我想要一直坚持下去的动力”。

智能客服训练师是个辛苦活。有一年的网上购物节，朱鑫燚为了优化智能客服的服务效果，前前后后忙碌了差不多两个月。从事先配置到临时修改，从活动规则确认到附加信息调整，一遍遍修改，一遍遍完善。

两个月的努力没有白费，与前一年同期相比，她训练出的智能客服服务的某化妆品网店，在咨询量上升的同时，临时客服从400名减少至200名，超过75%的问题由机器人承接，转化率达到45%，提高了10个百分点。不仅如此，店小蜜专业、准确、高效的回复，为店家节省了一半的相关成本。

“智能客服训练师不是只要把答案机械地传授给机器人就可以了，而是要思考如何让智能客服在店铺应用中表现得更好，这就需要多个部门的联动和沟通。”朱鑫燚说：“自信、细心、成就感，训练师这个岗位带给我的，还有很多。”

（资料来源：人民日报，2020-01-08，数据标注员、网络问诊医生……我的工作在线上。）

实战与提升

1. 关联销售方案设计

选择你熟悉的一个网店的一种商品，根据店铺商品布局情况，为该商品设计一套可行的关联销售方案。

2. 网店遭遇中差评之后的处理方案设计

选择你熟悉的一个网店，与其联系获取其近期受到的中评、差评情况，从专业的角度提供一套有针对性的中差评处理方案。

思考与练习

1. 淘宝平台客服有一套广为流传的“亲”文化，称消费者为“亲”，请谈谈你对这个客服经典用语的感受。是否所有网店均适合采用该称呼（举例说明）？

2. 关联销售的原则有哪些？请举例说明。

3. 列举网店购物消费者收到货物之后产生退换货的原因，并以换货为例，画出处理流程。

4. 列举网购过程中消费者有可能对网店进行投诉的原因，并说明如何做到尽可能避免投诉。

5. 了解并描述智能客服训练师职业的工作职责。

习题：网店客服

项目七

网店物流

学习导图

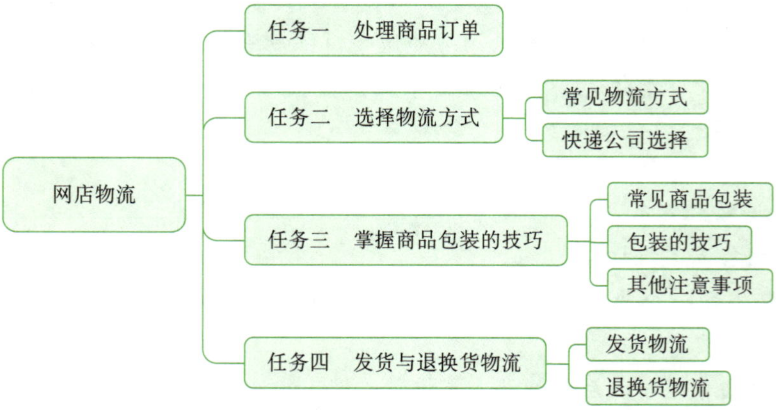

学习目标

素质目标

☐ 具备正确的世界观、人生观、价值观

☐ 强化“以消费者为中心”意识

☐ 具备较强的责任心与主动服务意识

☐ 培养创新思维与创业精神

知识目标

☐ 了解电子商务订单处理流程

☐ 了解电商物流可选方式

☐ 熟悉电商物流伙伴选择要点

☐ 熟悉发货与退换货物流流程、要点

能力目标

☐ 具备良好的沟通协调能力
☐ 具备良好的应变能力
☐ 具备良好的心理抗压与解压能力
☐ 具备良好的时间与资源管理能力
☐ 具备良好的数据采集、分析与应用能力

项目导入

电子商务交易过程中，物流是实现商品交付、退换货服务的重要抓手，不可或缺，极为重要，其质量高低直接关系到网店运营效果。物流有多种分类标准，本书仅关注与网店经营相关的电商物流。多品种、小批量、多批次、短周期是电商物流的重要特征，信息化、数字化、智慧化、无人化是电商物流发展趋势。无论如何发展，物流的目标终归是在正确的时间、用正确的方式、将产品送达正确的地点、正确的人。网店要实现既定物流目标，需要设计或选用合理的物流工作流程、寻找合适的物流伙伴，同时要提供与物流相关的高质量服务。

项目任务

任务一　处理商品订单

微课：商品订单处理流程

已经确定购买的商品订单处理主要有以下几个环节：订单登记→订单确认→单据打印→拣货配货→校验出库→物流配送。

1. 订单登记

订单登记是根据客服人员提供的资料进行订单的登记。为提高效率、减少误差，通常采取 Word、Excel 等文件形式，利用旺旺即时聊天工具传输数据。

2. 订单确认

订单确认是人工进行异常订单的排查，对消费者的特殊要求进行记录。

3. 单据打印

根据订单制作仓库配货单、销售发货单、快递单等单据。仓库配货单（见表 7－1）和销售发货单（见表 7－2）分别针对仓库和消费者对商品信息进行汇总，以便于拣货。快递单用于发货时使用。

表 7－1　　仓库配货单

编号	名称	规格	数量	仓位	数量分布
RS0002	Rellet/颐莲玻尿酸补水喷雾	300ml	1	A2	(2)：1
SM0303	Rellet/颐莲涂抹面膜活炭矿泥清洁面膜	200g	1	A3	(3)：1

打印时间：2020－02－24　19：04：05

表 7－2 销售发货单

销售发货单

JY-100408-001

客户：网店管家144（es862016） 发货方式：中通快递 所在店铺：

收货人： 网店管家144 **地址：** 山东省 济南市 历城区 旅游路4516号 **邮编：** 250103
电话号码： 155XXXX8655 **客户要求：**

库位	商品编号	名称	规格	单价	数量	折扣	合计	备注
A2	RS0002	Rellet/颐莲玻尿酸补水喷雾	300ml	¥69	1	1	¥69	
A3	SM0303	Rellet/颐莲涂抹面膜活炭矿泥清洁面膜	200g	¥98	1	1	¥98	

数量合计：2 货款合计：¥167 应收邮资：¥0 实收金额：¥167 金额大写：壹佰陆拾柒元整

制单：XXXX 制单日期：2020-02-24 装箱签名：

4. 拣货配货

物流中心根据消费者提出的订单商品名称、数量和储存地址，将商品从货垛或货架上取出，搬运到理货场所。拣货配货作业一般有两种方法，即摘果法和播种法。摘果法适合采用上面提到的销售发货单，而播种法适合采用仓库配货单。拣货过程中要注意尽可能满足消费者的特殊要求，提升消费者的购物体验，为店铺赢得更好的声誉。

5. 校验出库

在商品拣货配货结束后，需对商品的种类、数量与配货单进行校验，核对快递详情单上的地址、消费者姓名与订单是否一致，并对商品质量做最后一次检验，避免发错或者发出有问题的商品，尽可能降低差评率和退货率。

6. 物流配送

把拣配校验好的商品连同销售发货单、快递详情单一起交给包装人员。包装好后进入物流环节。

在进行订单处理后，要对库存数量进行更新，当数量低于最低库存量时，要及时与采购部门联系，避免缺货延误交付。

任务二　选择物流方式

一、常见物流方式

网店经营者要根据消费者的收货地址和要求灵活选用适宜的物流方式（见表 7－3）。

微课：物流方式选择

表 7－3　电商物流方式的选择

见面交易，钱货两讫	开店之初，规模不大时可以采用，一般是同城交易。这个阶段的卖家可以请顾客上门提货，也可送货上门
邮局邮递	平信、挂号信、EMS
快递公司发货	接近于 EMS，费用却低很多，送货上门
货运物流公司发货	适用于大件商品的物流，有些不送货上门，由顾客自己去货场提货

根据网店的现状，颐莲旗舰店是开业多年的成熟店铺，消费者遍及全国各地，综合考虑成本、效率等因素，现阶段以快递公司发货为主，个别偏远地区（新疆西藏等地区），采用邮局邮递方式。

（一）邮局发货

中国邮政快递主要有以下三种形式：平邮、EMS、经济快递。

1. 平邮

平邮是邮政中一项寄送信与包裹业务的总称。包括普通的寄信（也就是平信）和普通的包裹，寄送时间都比较慢。平邮是所有邮政递送业务中速度最慢的业务，全国平均 7～30 天送到。平邮虽慢，但价格却是最实惠的；平邮的覆盖面也是所有物流企业中最广的，很多快递公司不派送的偏远地区或农村地区，平邮都能够覆盖到，这是它的独特优势。

2. EMS

EMS（即“Express Mail Service”），邮政特快专递服务。它是由万国邮联管理下的国际邮件快递服务，是中国邮政提供的一种快递服务。该业务在海关、航空等部门均享有优先处理权，它以高质量为消费者传递国际、国内紧急信函、文件资料、金融票据、商品货样等各类文件资料和物品。EMS 价格相对较高，但是该方式速度比平邮要快，省内一般 2～3 天、全国 3～4 天即可送达。此外，EMS 安全性高，覆盖面广，业务范围能够遍及全国的所有市县乡（镇），通达包括港澳台地区在内的全球 200 余个国家和地区。

3. 经济快递

整合了原有的 E 邮宝和中邮快货等三个经济型产品。经济快递主要定位国内物品类市场。主要服务对象为批量交寄、价值相对较高、对安全、信息反馈和综合性价比要求较高的大综客户，如网上购物、电视购物、电子通信产品生产厂家或销售商等。

（二）快递发货

我国快递行业发展非常迅速，目前有约 1200 多家快递公司在开展业务，许多国外的知名快递公司（如：联合包裹运送服务公司 UPS、敦豪国际公司 DHL 等）也在中国开展业务，因此，电商物流的选择面非常广。与中国邮政物流相比，这些快递公司在价格、速度等不同方面拥有相对优势，但服务质量良莠不齐，因此选择时要尽量深入了解，多做调查。

规模较大的国内快递公司有顺丰速运、圆通快递公司、申通快递公司、中通快递公司、韵达快递公司、天天快递公司等。各快递公司提供的服务略有差别，如目前顺丰速递发货速度较快，全国范围一般 2～3 天左右可送达，但费用相对较高；其他快递速度略慢，全国 2～7 天收货，但费用相对较低。目前快递公司均提供上门取件服务，而且收费方式比较灵活，对于长期合作的消费者，可谈判获取一定的优惠。

（三）货运物流发货

除中邮物流公司（CNPL）和中铁快运公司等国营货运物流企业外，国内还有很多私营性质的货运物流企业，如天地华宇物流公司、佳吉快运、德邦物流公司等。货运物流公司多承担大批量的货物运输甚至整车运输业务，不提供送货上门服务，需消费者到物流集散点自提。个别物流企业提供市区免费收取货物，可根据货物数量和类型选择适合的运输方式和物流企业。

目前，颐莲旗舰店综合考量自身经营范围、消费者分布、市场定位以及消费者群体对物流配送速度、服务态度等方面的要求，再结合物流成本等因素，选择了圆通快递、韵达快递、中通快递作为长期的合作物流。在消费者收货地点比较偏僻是可选 EMS，保证店铺能覆盖全国消费者；对物流要求较高的消费者可选择顺丰速递；无特殊要求的消费者开发圆通快递和韵达快递，中通快递。

二、快递公司的选择

网店需综合考虑成本、效率、服务等因素，来选择合适的物流合作伙伴。选择标准并无一定之规，但下面几点仍需充分考量:①

（1）按照发货的范围选择合适的快递公司，比如往江浙沪区域发货，就可以选在这些地区价格明显有优惠的快递公司。

（2）要选择至少两家以上、具有一定互补性的快递公司。例如，网点多的公司，价格可能较高；网点有局限的公司，价格、服务都有一定优势，那么这两种类型的公司都应该选择，互为补充。与两家以上快递公司进行合作，电商网店可以设计出“快递组合”，以便于用相对较低的物流成本，获得较好的物流服务。

（3）关注快递的速度。快递公司的送货速度对店铺的影响很大，所以要多选几家进行比较，择优选取要深度合作的公司。

（4）关注运费。对于网店经营者来说，运费是一种成本，要尽量降低。

（5）商品的运送安全。网店的商品运送能否安全地到达消费者手中，关乎网店的信誉和消费者的利益，无论哪种运输方式，一定要保证货物能安全完整地送到顾客的手中，丢失、损坏货物，会对网店和消费者造成困扰，损失时间和金钱。

（6）快递公司的诚信问题。如果有记录显示一家快递公司无法做到诚信守诺、没有时间观念和服务意识、不能准时送达货物、无礼对待顾客等负面信息，与其合作的潜在风险较高。

---

① 资料来源：摘自百度经验：《开网店怎么选择快递公司》，https：//jingyan. baidu. com/article/e4511cf37b93da2b845eaf31. html。

拓展案例

菜鸟网络

菜鸟网络科技有限公司（以下简称“菜鸟”）2013 年由阿里巴巴集团牵头成立。

菜鸟是一家互联网科技公司，专注于搭建四通八达的物流网络，打通物流骨干网和毛细血管，提供智慧供应链服务。

通过技术创新和高效协同，菜鸟与合作伙伴一起不断提高物流效率，降低社会物流成本，提升消费者的物流体验，为制造业创造更大利润空间。

菜鸟的目标是与物流合作伙伴一道，加快实现“全国 24 小时，全球 72 小时必达”。为此，菜鸟正在推进“一横两纵”战略，建设整个物流行业的数字化基础设施，搭建面向未来的、基于新零售的智慧物流供应链解决方案，打造一张全球化的物流网络。

1. 仓配网络。菜鸟网络联合社会化的仓、配资源及能力，与合作伙伴一起，在大数据支撑下，为商家提供具有行业特色、电商特色的仓配服务，提高商家的仓配执行效率、节约管理成本，同时通过打造多样、个性化的服务向消费者提供更优质的物流服务体验。

2. 国际网络。为更好地服务于消费者和商家，菜鸟网络建立了以协同共赢、数据技术赋能为核心的平台，将更多的合作伙伴纳入其中。截至目前，菜鸟网络的跨境物流合作伙伴数量已经有 89 家，包括燕文、递四方、新加坡邮政、英国邮政、中通、圆通、EMS、IC、斑马等，其物流覆盖能力可至全球 224 个国家/地区，跨境仓库数量达到 231 个，搭建起一张真正具有全球配送能力的跨境物流骨干网。

3. 快递平台。数据和连接助力快递生态建设，提供包括电子面单、橙诺达、货到付款、物流跟踪及服务、发货平台等服务。

4. 其他：菜鸟物流云服务、菜鸟乡村、B2B 物流、菜鸟驿站、E. T. 物流实验室、菜鸟园区、菜鸟仓储联盟、供应链金融等。

据公开资料显示，全球已有超过 3000 家物流企业参与到阿里巴巴菜鸟网络。此外，菜鸟网络还与中国邮政、俄罗斯邮政、西班牙邮政等全球主要国家的邮政网络达成战略合作，与新加坡航空、阿联酋航空、空桥航空等全球主流航空公司建立空运网络深度合作，与中欧班列、东南亚和澳洲海运专线网络形成了常态化运输合作。其未来发展的想象空间巨大。

（资料来源：菜鸟网络，https：//www. cainiao. com。）

任务三　掌握商品包装的技巧

微课：商品包装与技巧

一、常见商品包装

商品包装是商品促销的一种重要手段。包装的好坏在一定程度上会影响消费者对商品的评价。细节往往决定成败，要减少消费者的不满，首先就得包装好商品，所以卖家在发货前的包装工作非常重要，它是网店能否赢得消费者信任、留住客户的重要环节。

商品包装是商品的重要组成部分。商品包装不仅在流通环节保护商品，而且给贮、运、调、销带来方便，防止风吹日晒等自然因素的侵扰，更能美化商品，吸引消费者，因此它有利于增加商品的价值。常见的包装材料有纸箱、泡沫箱、牛皮纸、文件袋、编织袋、自封袋、封箱胶带、警示不干胶、气泡膜、珍珠棉等。常见的包装可分为外包装、中层包装和内包装等。

1. 外包装

消费者拿到商品后，第一眼看到的就是商品的外包装，常见的商品外包装有包装袋、包装箱、包装纸等。包装袋材质要求具有较高的韧性、抗拉强度和耐磨性。现在最常见的外包装箱是纸箱。

2. 中层包装

中层包装也叫填充层，主要是指填充商品与箱子之间空隙的填充材料，常用的有气泡膜、珍珠棉、泡沫板等。

（1）气泡膜。气泡膜是使用最为普遍的一种填充材料，具有良好的防震、防压、防滑功能，是保护商品最好的材料，像数码产品、工艺品、化妆品、家具等商品都适用。

（2）珍珠棉。包装玻璃制品、手机、数码产品等产品，珍珠棉是使用最广的包装材料。珍珠棉有薄有厚，薄的可以用来包裹商品，厚的可以拿来切片、做模固定商品，效果相当于泡沫块。

3. 内包装

内包装是指最接近商品本身的那层包装，一般商品在厂家发出时就已自带内包装。

（1）PE 自封袋。PE 自封袋也称为骨袋、夹链袋，是一种材质柔软、柔韧性好，具有一定透光度且不易破，可多次反复使用，能防潮防水、防止物件散落的袋子。封口处有凹凸的带子，轻轻一按便会密封得严严实实；也有封口处粘有自粘胶条的，如顺丰速运袋，这类材质的袋子适于装纳电器电子、食品、珠宝首饰等商品。

（2）OPP 自封袋。OPP 自封袋透明度高，包装后平整有型，可以增加商品的美感，但材质较脆、易破，而且不能反复使用。OPP 自封袋使用方便，在开口处粘有自粘胶条，使用时装入商品，撕去封条表面的保护膜，将自封袋粘牢即可。这种自封袋美观大方，广泛使用于服装、文具、小饰品、小电子产品等商品包装。

二、包装的技巧

再好的商品如果没有包装好，很可能在消费者收货时出现瑕疵，因此包装的技巧是很重要的。包装商品的时候，应遵循如下原则：避重就轻、严丝合缝、原封不动、表里如一。即包装时应上轻下重；如有空隙，则需用填充物填满；封箱时将纸箱所有边边角角都用胶带封住，并贴上警示贴纸。这样既有利于运输、装卸、搬运、储存、保管等流通环节，也具有防丢失和防损坏的功能。

具体的包装技巧，需针对商品属性来灵活操作。

1. 易变形、易碎的商品

如果店铺出售的是这一类商品（如玻璃制品、工艺品、瓷器等），卖家要先用气泡膜、珍珠棉等把商品包裹好，这些包装材料重量轻，具有一定的缓和撞击作用；易碎怕压的商品在装箱时，一定要将商品周围的空隙用填充物充分填满，这些填充物重量轻，防震效果也不错。

2. 首饰类商品

首饰类商品一般都附送首饰盒或者首饰袋，因此在包装此类商品时可以选用纸箱或纸盒，将商品周围用填充物充分填满，让首饰盒在纸箱或纸盒内不晃动，并将纸箱或纸盒四角用胶带封好，这样可以预防不确定因素造成的损伤，更好地防止外力撞击。

3. 衣服、皮包类商品

这类商品在包装时可以先用牛皮纸、白纸等不同的纸类单独包好，比如皮包类不规则的商品，在包装时可以先用胶带将口封好，然后再把手提袋用纸包好，用胶带固定好，以减少磨损。

4. 数码类商品

数码类商品如手机、计算机屏幕等因为价值相对较高，快递包装就显得尤为重要。因此，在包装这类商品时需“多层严密保护”，可先用珍珠棉、防静电袋等把商品包装好，然后在商品四周边角用瓦楞纸等固定好，并在商品四周空隙处填满填充物，以避免商品在纸箱中晃动撞击而受损。

5. 香水、化妆品类商品

因为香水、化妆品大部分都是乳状、水质或霜状的商品，在包装时除了要包装结实，确保不因碰撞而导致破碎外，还要防止渗漏。因此，在包装时可以先用——些棉花把瓶口处包好，用胶带扎实，再用气泡膜或珍珠棉将瓶身全部包裹严实，防止洒漏，最后用塑料袋装好，以免发生渗漏时污染其他包裹。

6. 其他类商品

如书籍类商品在包装时可以先用塑料袋套好，再用铜版纸（广告纸类）做第二层包装，然后用牛皮纸包好或者用纸箱装好。如果是用纸箱装，还要在空隙处填满填充物，这样做既可以防潮又可以在运输途中防止撞击。像镜子、相框类商品可以用布或者珍珠棉包好后再加以捆扎；刀具类商品可以用厚纸做成护套，将刀刃处包好并用胶带扎紧。

三、其他注意事项

（1）可以在包装内附上一份店铺信息卡，如印有店铺信息的卡片、会员卡等。这样既可以为店铺做宣传，方便消费者发现问题时及时联系卖家，更有利于消费者找到店铺、促成二次消费甚至成为忠实客户。

（2）如果是相对比较复杂的商品，可以在包裹内附上一些具有针对性的提醒资料或者使用说明书，这样可以让消费者感到贴心，增进消费者对店铺的好感。

（3）可以适当赠送一些小礼品，如试用装、配套的小工具、日常能用的一些小物品等，这样会使消费者有一种超值的感受。例如，在箱外附上小的开箱工具，食品类的核桃可以附送开壳工具等。通过这些小细节可以换来消费者对店铺的好感，加深消费者的印象，促成第二次交易。

（4）商品种类较多时应分类包装，可用自封袋分装小件物品，以便消费者收货时清点；放入纸箱时，应分类摆放，先大后小，先重后轻；纸箱的空隙一定要用填充物填满；封箱时，将箱口两侧压平再打胶带，快递单贴在上口开封处，下口开封处可以贴上警示贴纸，以防止被盗。

任务四　发货与退换货物流

一、发货物流

确定物流公司后，网店首先要做的就是正确地填写物流公司送来的发货单证，以确保商品能安全准确地送到顾客的手中。

（一）正确填写发货单

以中国邮政 EMS 为例，快递单可选择用钢笔、圆珠笔或签字笔填写，也可以选择使用打印机打印。快递单的内容一般包括：

1. 寄件人姓名、电话：详细填写寄件人姓名、有效的联系电话。
2. 寄件人地址：详细填写寄件人地址。
3. 寄件人需要进行实名登记认证。
4. 收件人姓名、电话：详细填写收件人姓名、有效的联系电话。
5. 收件人地址：详细填写收件人的地址。
6. 内件分类、内件品名：根据要求注明邮件的内件性质和内装物品的具体名称。
7. 保价栏：如需保价，选择此项并注明需保价的金额，保价金额上限以各公司规定为准。
8. 附加服务：妥投短信、实物返单、电子返单等附加服务的勾选（根据实际需求）。
9. 交寄人签名：交寄人确认所填写内容，认可详情单背面使用须知后签名。

10. 收件人签名：收到邮件时由收件人签名（章）确认。

11. 备注：如有其他需要说明的情况，在此栏填写。

以上 11 项内容由交寄人和收件人填写，其中，寄件人姓名、寄件人电话、寄件人地址、交寄人签名、收件人姓名、收件人电话、收件人地址必须由交寄人填写清楚，收件人签名由收件人在收到包裹时签名（章）确认，详情单上其他项目由快递工作人员填写。

（二）物流信息跟踪

发出货物以后，网店客服人员需密切关注产品信息，以便及时了解货物在途情况，及时与消费者进行沟通和服务，并与物流企业及时联络，以降低因物流配送问题引起售后服务的概率。

二、退换货物流

网店在经营过程中，有可能因各种原因如质量问题、拍错规格型号问题等产生退换货行为。通常情况下，退换货所产生的物流费用，由主要责任人负担。如果是产品质量问题，那么网店就是主要责任人，退换货的物流费用由卖家承担；如果是消费者在选购时拍错了颜色或尺码，则消费者就是主要责任人，此时，退换货的物流费用则应由消费者承担。

（一）换货操作

如果是换货，无须在网上进行操作，只需消费者把需要退回的商品邮寄回来，卖家再把正确的货物发给顾客即可。

（二）退货操作

如果需要退货，就会产生退款，就需要在网店里进行相关的操作了。退货有以下几种情形：

1. 已付款未发货的退款

当卖家还未发货时，消费者可提出退款申请。消费者提出退款申请后，在卖家后台的订单状态界面会有“退款”链接，点击即可进入退款流程。进入退款流程后，卖家有两个选择：同意退款和立即发货。但是无论卖家做出哪种选择，都应及时和消费者沟通，尽量解决问题，即使问题无法解决仍旧需要退款，也能够给顾客留下积极主动的好印象。切不可选择直接发货。未经消费者同意直接发货，消费者的退款申请将被关闭，但消费者可以再次申请退款，并有可能因此产生纠纷。

2. 已发货的退款

消费者收到货物后，有可能提出退货退款的申请，此时，卖家后台的订单状态会有提示。根据提示进行进一步处理，卖家可选操作包括“同意退款”“拒绝退款”。如果卖家“拒绝退款”，在处理过程中，一定要说清楚“拒绝原因”，拒绝退款后，支付宝管家会发一封拒绝退款的通知信给消费者。如果消费者有合理原因执意要求退款，卖家“同意退款”，则消费者把货物通过快递公司发回给卖家，卖家收到货物后，确认收货，并把相应款项打入消费者账号，完成退货退款流程。

（三）处理退货退款时的注意事项

网店经营过程中难免遇到退货退款等情况，为了保障店铺的长远利益，在退货退款时要注意以下几点：

1. 消费者是否已收到货

如果没收到货，淘宝网将支持全额退款。但是有个别消费者在收到货的情况下仍说（没收到货），把新货使用了还要求全额退款。所以卖家一定要核实发货单据，弄清楚消费者有无收到货物。

2. 看清消费者申请退款的金额

一定要检查买家申请的退款金额是否与产品金额或双方协商好的退款金额一致。核对一致后方可办理退款手续。

3. 仔细核查退回的货物，确认无误后退款

如果涉及退货退款，在收到退回的商品时仔细检查，确认无误后再退款。如果是通过支付宝交易的，在消费者发起退款申请时，支付宝系统提醒后要及时做出同意退款或者拒绝退款的反馈，如果在退款超时规则规定的时间内没有做出反馈，淘宝将按照规则自动给消费者退款。

实战与提升

联系当地至少5家网店，分别调研其合作的快递公司，列举出这些网店选择快递公司进行合作的标准，并寻找其中的共性因素。

思考与练习

1. 描述一个典型的电商订单处理流程。
2. 列举电商网店发货常用的物流方式。
3. 分别描述退货与换货物流。
4. 自行查找“菜鸟网络”相关资料，说说为什么物流公司愿意与其合作？

习题：网店物流

